いま哲学に何ができるのか？
What Philosophy Can Do

ガリー・ガッティング Gary Gutting
外山次郎 訳

アナスタシアに捧げる
ともにすごした、すべての素晴らしい歳月に対して

序文

本書は、わたしがニューヨークタイムズの哲学ブログ、ザ・ストーンにこれまで数年にわたり書いてきたものを一冊にまとめたものである。ブログは、数万の人々に読んでもらえた。ほぼ毎回、数百件の投稿が読者から寄せられ、わたしは思考を明確にし、発展させ、修正することができた。コラムでは時事問題を扱うことが多かったが、本書では、もっと一般性をもたせ、深いところまで切り込んでくわしく述べていきたい。

わたしは、自分の研究分野は大衆哲学だと思っている。大衆哲学とは、学術的哲学者が行う専門的で特殊な研究を社会に適用していく作業だ。学術的哲学は、独自の問題、専門用語、厳密さの基準をもった独特な学問分野だが、大衆哲学は、研究を活用して広く関心をもたれている問題に取り組む。また、一般的な問題を哲学的に論じることは、学術的哲学を人間の世界につなぎ留めることにもなる。人間の世界こそがあらゆる哲学的な問題の出発点であり、回答を判断する際の基準となるものだからだ。

大衆哲学は、俗世間から離れた象牙の塔（アイボリータワー）的な解決策を提示するわけではない。公の場で対等な立場で意見をいい合うことは、人々の理解を促進するだけでなく、哲学的思考そのものが試されることになる。科学理論は、実験室できちんと立証されたものであっても、現実に適用していくことでさらに確固たるものとなり、ときには修正を余儀なくされる。同様に、哲学的思考も、意見を戦わせることで試され、向上していくはずである。

本書で論争の対象となるテーマについて、わたし自身の見解をたびたび前面に打ちだしているが、同時に、多様な論点について言及し、考慮すべき事項を紹介することにも心を砕いたつもりだ。意見を異にする人々がとことん考え抜き、場合によっては自らの見解にさらに磨きをかけ、それを擁護することもできるようにと考えてのことである。本書に登場する議論は、相手を打ち負かすための棍棒ではなく、知的発展のためのツールである。

特定のテーマにのみ関心があるという場合は、その章だけを読んでもいただいてもかまわない。しかし、最初から最後まで順番に読みとおすことで、章を追うごとに、より幅広く、より複雑な哲学的思考の訓練がなされていくことに気づくだろう。世間で関心をもたれているテーマで読者を引き込み、哲学的思考のツールを紹介していく。それがわたしの狙いだ。

それぞれの章には、議論を導く哲学的原則、概念、区別が登場する。第1章「政策論争は不毛か？」では、すぐれた議論を行う方法を示すための事例として政策論争を取り上げる。ここで示された方法は、ほかの章でも頻繁に使うことになる。

続く6つの章は、今日の社会でもっとも強大な力といえる、科学、宗教、資本主義をテーマに取り上げる。それぞれについて、関連する哲学的思考のツールを使って批判的に検討していく。ここでの「批判的」というのは、否定的な批判とか、論駁するという意味ではなく、その価値と限界をていねいに評価するという意味だ。

第2章「科学の取扱説明書」では、科学的主張を評価するときに重要となる、論理的原則に着目する。第3章「科学の限界」では、科学者が関心を寄せる哲学的な問題を取り上げ、そうした問題を論証するにあたり、哲学の知見を用いない場合に生じる問題を紹介する。

第4章「科学にもとづく無神論」では、さらに高度な哲学的省察に移り、宗教哲学の中心となる論点「神の存在を信じることは理にかなっているか」について、かなりくわしく論じる。ここでは、ある哲学的見解に対するくわしい分析や批評の方法をみていくことになる。

第5章「宗教的不可知論」は、宗教的信念は合理的であるという見解を展開し、それを擁護する作業に移る。この章でわたしは自分の見解を述べるが、その目的は、哲学論争の内容を例示するために必要となる哲学的ツールを提供することである。この点はとくに強調しておきたい。

第6章「幸福、仕事、資本主義」と第7章「資本主義社会における教育」では、幸福の本質、仕事の価値、資本主義の道徳性、教育の目的について論じる。とても難しく思えるテーマかもしれない。ここでの議論では、先ほどあげたテーマがお互いに関連するものであり、すべてを結びつけることでよりよいくらしに必要な見取り図が描けることを示していく。

続く2つの章は方向性をがらりと変える。どちらの章も、具体的な社会問題に対して、哲学がどのように貢献できるかを示すものだ。第8章「アートの価値とは？」では現代アートの価値を、第9章「人工妊娠中絶は殺人か？」では堕胎の道徳性を取り上げる。この2つの章を読めば、学術的哲学者たちが交わす議論とはどのようなものか、哲学者の専門的知識が、社会問題を議論するなんらかの助けになるかがわかるだろう。

最後の第10章「哲学にできること」は、哲学の歴史上重要な節目について考え、哲学的思考全体を概観する。そして、20世紀のアメリカ人哲学者ウィリアム・セラーズが提唱した自明な世界像（日常的な客体の世界）と科学的世界像（分子と原子の世界）の区別を用いることで、現代思想における哲学の役割を明確にする。

第4章　科学にもとづく無神論　121

第5章　宗教的不可知論　159

第6章　幸福、仕事、資本主義　189

第1章　政策論争は不毛か？

本章では、アメリカでの政策論争を例に、実のある論争に必要となる重要な論理的原則について紹介する。

まずは真の論争と偽の論争の違いを明確にし、さらに善意解釈の原則について実例とともに紹介しよう。この原則からは、議論が公平であるときに、より強い説得力をもつことが明らかになる。次に、演繹的議論と帰納的議論の違いをみていく。帰納的議論に関しては、絶対に必要でありながらしばしば無視される関連論拠の原則についても紹介する。

続いて、確信という概念（さらには、それに関連する見取り図という概念）を紹介する。どちらの概念も、その後の章で重要な役割を果たすものだ。確信が議論において果たす役割を考察することで、論理的なものと合理的なものの違いをみていこう。

そして、特定の論争について等しい能力をもつ人々（認識同等者）のあいだの議論を考察し、思考の自由と思考の正確性の違いへと話を進め、さらに意見の不一致についての論理を分析する。最後に、相手を説得できない議論の価値を考察し、自己理解の原則について系統立てて述べていく。

議論が議論にならないとき

議論が、相手を黙らせたり泣かせたりすることで勝負が決まる感情的な対決となってしまうのは珍しいことではない。しかしながら、哲学者が関心をもつのは合理的なプロセスとしての議論である。すなわち、すぐれた論拠を提示することで、なんらかの見解に同意を取り付ける作業としての議論だ。

わたしたちが政策論争と呼ぶものの大半は、いい争いや単なる意見の応酬にすぎず、議論ではない。対立する立場を代表して発言する人々は、たいていの場合、短くて気の利いたことばの応酬を繰り広げる。たとえば、「戦後、1950年代のにわか景気の頃の税率は今よりも高かった」という発言に対しては、「レーガンの減税策は歳入を増やした」という反論がなされた。

しかし、こうした応酬をいくら積み重ねても、前提が結論を支える論理的な議論にはならない（論理的な議論とはたとえば、「過去50年のあいだに行われた連邦政府による10回の減税のうち、歳入増をもたらしたのは1回だけだ。したがって、減税は歳入の増加にはまずつながらない」といったものだ）。政治家による熱のこもった演説も、単なるスローガンや根拠のない事実の寄せ集めにすぎないことがほとんどだ。

わたしたちは結論を支える前提が示される真の議論と、それ自体では根拠とならない事実を引用するだけの偽の議論を区別する必要がある（のちほどみていくように、たとえ前提が真実でなくても、その前提が結論を受け入れる根拠を与えてくれる限り、その議論は論理的［専門用語でいうなら妥当］である）。

政策論争が真の議論となるとき、なにが起きているのだろうか？　明らかと思われる前提から出発し、その前提から、明らかと思われる結論を導きだしているのだ。

では、次の例はどうだろうか？

（1）オバマ（民主党）は増税して支出を増やそうというリベラル派だから、彼の政策ではわが国の債務問題は解決しない。

（2）共和党は金持ちをより金持ちにすることにしか関心がないので、彼らに格差問題の解決は期待できない。

こうした論争はえてして水掛け論となる。ただし、論理的に「循環」しているわけではない。そうではなく、前提が結論を裏づけていないのだ。（1）の場合、増税して支出を増やすことは経済成長を促すかもしれず、そうなると債務は減ることになる。（2）の場合、人口の1パーセントを占める富裕層が投資を増やすことが経済成長を促し、その効果は富裕層よりも貧困層に顕著に現れるかもしれない。

また、ここでの前提は別の意味でも水掛け論である。結論が正しいと思わない人の圧倒的多数は、そもそも前提が正しいとは思わないだろう。

専門的にいうと、こうした議論は認識的循環のなかで動いているということができる。ここでいう認識的とは人がもっている、あるいはもっていると称する知識（ギリシャ語でエピステメ）にもとづくものという意味だ。

善意解釈の原則

認識的循環から抜けだす、つまり、相手の立場から物事をみるようにすることは、よりよい議論を生みだす契機となる。ここで登場するのが、善意解釈の原則という考え方だ。

ドナルド・デイヴィッドソンが支持したこの原則は、意味や真実についての複雑な哲学的議論のなかでさまざまに使われてきた。そこで、わたしはこのことばを、本書の趣旨に沿って、「議論を発展させるための、相手の立場を最善の形で解釈せよという指令」として用いることにする。ここでいう「最善」とは、もっとも理にかなっているという意味である。議論の相手は知性やモラルが欠如しているなどと決めてかからない態度だ。

善意解釈の第1段階は、相手の立場に対するこちら側の認識を、中立的ないいまわしに置き換えることだ。

たとえば、リベラルな民主党員が、保守派の共和党に反駁したいとしよう。共和党に対する民主党員の典型的な考えは「貧困層や高齢者を排斥したり、軍需産業と金融業界にこれまで以上にお金を流したり、富裕層への課税を減らしたりするなど、エリート層が合意した法案を成立させることしか頭にない[1]」。このような一方的な認識からの発言に、保守派が動じるわけがない。「保守派は貧困層を犠牲にして富裕層をさらに裕福にすることしか考えていないという主張は、富裕層の富が経済成長の原動力となってすべての人が繁栄するという確立された経済法則を無視したものだ」と反論されて終わるのがせいぜいだ。

共和党の立場をより中立的にとらえると、それはたとえば次のようなものとなるだろう。

保守派は小さな政府を支持する。つまり、民間企業への規制を減らし、社会保障制度による保護を減らし、一般市民のくらしへの規制を減らすべきだと考えている。経済面でいうと、保守派の目標は財政収支を均衡させ、負債を返済し、税金を下げ、増益を目指す企業を支援し、それによって雇用を増やすことにある。また伝統的な宗教や倫理的価値を支持することも重要だと考えている。セクシャリティの問題に熱心であり、そのなかでも人工妊娠中絶や同性婚に反対していくことが重要だと考えている。

善意解釈の第2段階は、相手がそのような立場をとる理由をできるだけ肯定的なことばで的確に表現することだ。例をみてみよう。

保守派の見解は、わが国の強さをもたらすもの、繁栄を脅かすものが、次のようなところにあるという考え（前提）から生じている。それは、自由競争制度、そして、宗教や倫理の遺産たる勤勉さ、個人責任主義、伝統的な道徳的基準である。自由競争制度がうまく機能すれば十分な富が生まれ、ほとんどすべての人がまっとうな生活水準を維持することが可能となる。さらには、その生活基準を向上させ続ける技術革新も生まれるだろう。もちろん、運に見放され、あるいは自らの道徳的態度の悪さから、十分な物資に恵まれずに終わる人々もいる。こうした人々に対するなによりの救済策は、信仰生活を送る同胞の慈悲深き施しである。信仰は、単なる物質的繁栄をこえた人間的充足感の源でもある。

このように保守派の見解をとらえると、くらしを脅かす大きな危険が2つあることになる。1つは世俗主義・相対主義であり、これらは道徳的価値観を脅かすものである。2つ目は、物質的欲求を満たす手段としての自由競争制度のもとでも、政府による計画や規制はいい方向に向かうはずだという考えだ。しかし、政府による大がかりな干渉はほとんど常にといってよいほど現状を悪化させると保守派は考える。そして、道徳的価値観や自由競争制度を現状のまま維持することが問題解決の鍵だと考えるのである。

善意解釈の原則は、相手に肩入れするためのものではない。この例で具体的にいうと、保守派に対する効果的な批判の下地をつくるものとなっている。リベラル派は、善意解釈の原則によって、保守派の主張を正確に把握し、相手が明確な答をもたない本当に弱い論点に議論を集中させることができるのだ。

この場合、善意解釈の原則によってリベラル派の論客は保守派の立場にとっての砦、あらゆる主体（雇用主、被雇用者、買い手、売り手）がそれぞれ自分の利益のために行動する、すなわち、規制がもっとも緩い市場が経済的繁栄を最大化するという仮説に議論の的を絞ることができる。もちろん、この仮説に対しては、純然たる経済学的根拠から反論することができる。

善意解釈による分析は、さらにもう1つ重要な批判を提示する。それは、自由競争制度と道徳的価値観のあいだの緊張関係である。キリスト教的道徳観は他者への愛情と自己犠牲を要求するが、これは私欲を原動力とする経済システムとは相いれない。

善意解釈による分析は、市場の見えざる手が個人の利己性によって公益を生むという考えを暗に認めることで、道徳的な拒否反応を和らげることに成功したかにみえる。ところが、保守派の主張どおりだとすると、すべての人が自分の利己的な目的のために行動したとすると、共有できる有形財がそうしなかった場合よりもはるかに多く残るはずだ。だがこれは、功利主義的な議論にほかならない。つまり、わたしたちの世俗的な幸福感を強めてくれる行為が道徳的であると仮定しているのだ。

しかしながら、キリスト教的道徳観は、道徳的であるかどうかが世俗的な評価に左右されることを否定する。キリスト教的な愛や自己犠牲は、世俗的な価値がどうであれ、本来的に道徳的善である。保守派のキリスト教徒は、たとえ人工妊娠中絶や同性婚を認めることが世俗的な幸福感を高めることだとわかっても、これらを容認しないはずだ。利己性によって機能する経済システムを、繁栄につながり、道徳的にも許容できる手段として認めることが果たしてできるのだろうか。

世俗的な考え方をもつという理由で、原理主義的傾向をもつ保守派から不快感をもたれがちなリベラル派が、彼らの姿勢を偏狭で見識のないものだと断罪するのは当然だろう。しかし、保守派の論拠を理解しようとすることから、経済を功利主義的にとらえることがキリスト教的倫理観と矛盾することを明らかにできるのだ。善意解釈の原則を用いることで、相手の前提を否定することなく、彼らの主張そのものを否定するような議論が可能となる。いわば、論理的な「ほめ殺し」である。

もちろん、こうした筋道をたどったところで保守派を論破できるわけではない。それどころか、保守派の考えを好意的に分析することから出発したという点からのきびしい反論も可能だ。このような方法は実りある議論の出発点であり、終着点ではない。

関連論拠の原則

効果的な議論には、関連論拠という、ある立場を支持する、あるいはそれに反対する事実や原則に訴えかけることが求められる。さもなくば、政策論争は感情表現の練習にすぎず、客観的分析とはいえなくなる。

ところが、論拠に訴えかけるというのは簡単なことではない。その理由を知るために、オバマ大統領が提案した2012年度予算をめぐる議論について考えてみよう。

2011年4月、スタンフォード大学の経済学者ジョン・テイラーは、オバマの提案に対し「事実にもとづく」批判を繰り広げた。[2] 目玉は2000年から2011年までの連邦政府による歳出額と、オバマが提案する2011年から2012年までの歳出見通しを示す一連のデータだった。2000年の歳出は国内総生産の18・2パーセントだったが、その割合は年々増加し、2007年には19・6パーセントに達し、その後3年間は平均で24・4パーセントにもなっていた。対するオバマの予算案は、最初の数年間はこの割合をわずかに減らした約23パーセントとし、これを徐々に上げて、2021年には24パーセントをこえるというものだった。

こうした事実と、わが国には赤字削減が必要だとする点では双方ともに異論がなかった。そこでテイラーは、オバマ大統領による2008年から2010年までの「度をすぎた浪費」をいつとも知れぬ将来まで続けるような予算案に、どうしてまともに取り合うことができるだろうかと疑問を呈した。2007年にはGDPの19・6パーセントしか支出にまわさずにやっていけたのだから、今後10年間の歳出もこの水準まで落とすことができるはずだというのである。

これはうまく組み立てられた議論に思える。論拠があげられているし、結論も筋がとおっている。だが、テイラーに勝るとも劣らず著名な経済学者ポール・クルーグマンが、これを覆すような指摘をした。

オバマの予算案における追加支出はそのほとんどすべてが社会保障や老齢者医療保険《メディケア》の受給資格者が増えることによる増加分、医療保険費用の増加見込分、2007年から2009年までの大不況を乗り切るために国民が抱え込んだ負債への対策に充てられたというのだ。[3] つまり、歳出の増加は新たな施策ではなく、現行の制度上避けられないところに原因があったのだ。

テイラーからも、クルーグマンに対するもっともらしい再反論があった。「増加分の大半は変更できない歳出という形だった」かもしれないが、オバマにはこの支出を停止するという選択肢もあった。[4] それにもかかわらず、現行の社会福祉制度（社会保障や老齢者医療保険《メディケア》など）を本格的には改革しないという選択をすることで、莫大な費用がかかる福祉制度を維持することを決めたのだとテイラーは主張した。

クルーグマンはこれに対し、費用削減に向けた改革は受け入れがたい結果を生むかもしれないと再々反論した。

テイラーとクルーグマンが議論に用いた論拠は真っ向から対立しているわけではない。ただ、どちらも論拠がそれぞれの論じている結論の裏づけにはなっていない。しかし、前提から結論に至る論理的流れに瑕疵はなさそうだ。議論のどこにもおかしな点はないのに議論にならないというのは、いったいどういうことだろうか？

その鍵は、演繹的議論と帰納的議論という哲学的な概念の違いにある。これは、政策論争において、常にといってよいほど無視されている。まずは演繹的議論の例を検討してみよう。

人間はだれでもいつか死ぬ。
ソクラテスは人間である。
したがってソクラテスはいつか死ぬ。

前提が真実であるならば、結論も必ず真実でなくてはならない。そうでなければ矛盾する。もしソクラテスが不死であるなら、彼が人間であり、人間はだれでもいつか死ぬという前提はありえないことになる。演繹的議論において、前提を認めたときに結論を受け入れざるをえないなら、その議論は妥当である（ただしこの場合、前提や結論が実際に真実かどうかは問わない）。さらに、前提が実際に真実である場合、その議論は健全である。

妥当な帰納的議論においては、前提を受け入れたからといって必ずしも結論を受け入れなくてもよい。前提は結論を蓋然性のあるものだと思わせるだけだ。つまり、論拠を示して、納得して受け入れられるものにするにすぎない。例をあげてみよう。

ほとんどの人間は100年生きることはない。
ソクラテスは人間だ。
したがって、おそらくソクラテスが100年生きることはないだろう。

演繹的議論の場合と同じように、ある帰納的議論が妥当で、その前提がすべて真実であるとき、その議論は健全である。健全な帰納的議論は、結論が真実である可能性が高いと述べるにすぎない。

このように、演繹的議論と帰納的議論には決定的な違いがあるのだ。演繹的議論では、結論に関連しそうな前提を追加したところで、結論が変わることはない。

もう一度、「人間はだれでもいつか死ぬ」、「ソクラテスは人間である」という前提から「ソクラテスはいつか死ぬ」という結論を導く議論を考えてみよう。この2つの前提があるとき、結論はゆるがない。たとえば、ソクラテスはとても若く、彼が老齢に達するまでに医学は大きく進歩するという前提を付け加えても、結論が変わることはない。

だが、帰納的議論ではこれが当てはまらない。ここが両者の決定的な違いである。
「ほとんどの人間は100年生きることはない」、「ソクラテスは人間だ」という前提から「おそらくソクラテスが100年生きることはないだろう」と結論するのは妥当だが、さらに前提を加えることで結論が変わる可能性がある。ソクラテスがかなり若く、今後の医学に大幅な進歩があれば、彼が１００歳まで生きる可能性は高くなる。さらに別の前提、たとえば、「ソクラテスは道に迷って険しい崖から落ちることになる」をつけ加えたら、議論の結論は再度変わり、「ソクラテスはおそらく１００歳まで生きることはない」となる。

演繹的議論と帰納的議論の違いを念頭におくと、テイラーとクルーグマンの論争でなにが起きていたかがわかる。ふたりは結論の蓋然性を引き出そうとして「帰納的」に議論していた。そのために、高齢化や医療費の高騰を指摘したり、福祉制度の大きな改革は可能だと言及したりといったさらなる関連論拠が付け加わる度に、結論が変わっていったのである。疑問の余地のない論拠から導かれた力強い帰納的議論であっても、あらゆる関連論拠を考慮したという保障がない限り、反論を受けることになる。

ここでの教訓は、帰納的議論が頼りになるのは、結論が正しいかどうかという疑問に直結するすべての論拠が前提のなかに含まれる場合に限られるということだ。この条件を関連論拠の原則と呼ぶことにする。

この原則の役割を明らかにするために、ハーヴァード大学で歴史学を教えるニーアル・ファーガソン教授[5]の議論と、ジョージ・W・ブッシュ元大統領のスピーチライターを務めた共和党を支持する著名なコラムニスト、デーヴィド・フラム[6]の議論をみてみよう。いずれの議論も、2012年の大統領選挙でミット・ロムニーを支持するためのものだった。

ファーガソンは、オバマの重大な「政治的失策」に焦点を当てた。景気刺激策や金融市場改革に関する不適切な法案を連邦議会に可決させ、現行制度を変えることなく財政赤字を増やすことになる医療プラン（医療負担適正化法）を支持し、財政赤字削減について共和党と「包括的取引」を結ぶことができなかったという失策である。ここでファーガソンは、ロムニーならもっとすぐれた仕事ができるはずだということを議論で示す必要がある。

ファーガソンは「ロムニーは自分が考えるなかで、大統領職にもっとも適した候補者というわけではない」と認めながらも、ロムニーを支持する理由をあげていった。その1つは、ロムニーによる副大統領候補の選択がすばらしかったことだった。また、ロムニーには実業家、会社役員としての経験があることもあげている。

ファーガソンの議論は次のように要約できる。

（1）オバマは景気の舵取りにおいて重大なミスを犯した。
（2）ロムニーも最良の候補者とはいえないかもしれないが、
（a）ロムニーの選んだ副大統領候補はすばらしかった。
（b）ロムニーには実業家、会社役員としての経験がある。

（3）したがってロムニーが選ばれるべきだ。

ファーガソンの前提そのものに異論があるかもしれないが、いったん前提は認めるとしよう。しかし、前提が真実であったとしても、この議論はあまりにも説得力に欠けている。オバマの大統領としての仕事ぶりには、外交政策における業績、教育改革、自動車業界への緊急援助、環境政策など、２０１２年に誰が選ばれるべきかにつながるめぼしい事実が数多くあった。そのため、ロムニーに票を投じる理由をはっきりとはみいだせないアメリカ人がおそらく数百万人はいたはずだ。ファーガソンはほかの事実を考慮したところで議論の結論が変わることはないと反論するかもしれないが、これこそ論証しなくてはならないことのはずだ。

フラムの議論は次のようなものだ。彼にはオバマが一期目にすぐれた業績をあげたことはわかっていた。オバマは不況を終わらせ、医療負担適正化法を成立させ、教育改革に取り組み、良識的な外交政策を続けていた。おまけに、対立する共和党の連邦議会議員は近年身勝手な行動をとっており、彼らを牽制しなくてはならない（フラムが善意解釈の原則を用いていることに注目してほしい）。

だがフラムは、選挙は過去ではなく将来について民意を問うものだと発言した。したがってわたしたちが問わなくてはならない問いはこうなる。オバマやロムニーは、オバマがこれまでに成し遂げてきた政策とは異なる、よりよい仕事をするだろうか？

フラムの分析では、次期大統領の主な仕事は次のようなものとなる。

（1）引き続き、責任をもって米国を不況から脱却させるように努める。
（2）医療負担適正化法の実施を成功させる。
（3）教育改革に向けた、よりすぐれた取り組みをみつける。
（4）オバマが成功を収めた外交政策を継続する。
（5）共和党保守派に穏健さを取り戻させる。

こうした将来の務めを考え、ロムニーを選ぶべきだとするフラムの議論は次のようなものだった。

（1）財政面で保守的なロムニーの取り組みのほうが、経済成長の維持に適している。
（2）ロムニーが医療負担適正化法を拒絶しようとするはずはなく、オバマ以上に財政に責任を感じながらこの法律を実施するだろう。
（3）ロムニーの教育改革案はオバマの取り組みよりもすぐれている。
（4）オバマがジョージ・W・ブッシュの政策を継続したように、ロムニーも基本的にはオバマの外交政策を継続するだろう。
（5）共和党保守派の態度も、彼らを激怒させるオバマがいなければ軟化するだろう。

（6）したがって、ロムニーのほうが候補者としてふさわしい。

ファーガソンとは対照的に、フラムは結論にかかわりのある問題を包括的に述べることから議論をはじめている。また、前提（論拠1から5）は、フラムのいったことが正しいとするなら、力強く論理的なものだった。

ファーガソンの議論は、前提に含まれる論拠がすべて正しいとしても失敗している。結論にかかわるほかの論拠（外交政策、教育、景気回復、環境政策におけるオバマの目にみえる功績）を無視しているからだ。それとは対照的に、フラムの議論は関連論拠の原則をほぼ満たしている。前提が正しいとするならば、彼の議論をゆるがす論拠がまだほかにもあると相手側が主張するのはそう簡単ではないだろう。

関連論拠の原則を無視すると、政策論争における自分の立場を見誤ることになる。自分の見解の正しさを示す明白な事実を次々と繰りだしても、それに反論する印象的な事実が次々と示される。どちらの立場も、自分の議論だけに集中していれば、その主張の正しさが決定的になったと感じるだろう。だが実際は、すべての関連論拠を考慮し終えていない以上、なにも解決していないのだ。

すべての関連論拠を考慮したかどうかなどわかるはずがないと思うかもしれない。たしかにそのとおりである。そうした疑問に対する最良の主張は、「広範囲にわたってほかの関連論拠を探したが、議論の結論を変えるような検討事項をこれ以上みつけることはできなかった」というものになる。

いかなる帰納的議論も、議論の相手にとっては潜在的にやっかいな問題である。それに反対する論拠を提出しなくてはならないからだ。ここで再び、善意解釈の原則が登場する。自分の見解をしっかりと裏づける論拠を議論に与えるためには、相手の議論することに精通していなくてはならない。そうなってはじめて、自分の結論につながる論拠が無視されているかどうかがわかるのだ。

確信と議論の限界

ここまで、議論するための原則を論じてきた。だが、よく皮肉を込めていわれることだが、そもそも行う価値のないものに上手に行う価値はない。したがって、議論することそのものにどのような意味があるのかを考えてみよう。

政治を動かしているのは理性ではなく、感情と欲望ではないだろうか。しかし、もしそうであるなら、わたしたちはどうして事実や議論を気にするのだろう。それはおそらく、自分の考えることが合理的であってほしい、ほかの良識ある人々を納得させるようなものであってほしいという願望をもっているからだ。自分の意見のたしかな裏づけになっていると思うものが受け入れられないと、わたしたちは不安になり説明を求める。

　ときとして、自分の政敵には分別がない、いや、それどころか頭がおかしいと考えたくなることがある。2011年、当時は日常茶飯事だった連邦政府による国債発行限度額の引き上げをめぐる論争が白熱していたころ、ジョン・マケインは限度額の引き上げに反対する人々は「手のつけられない愚か者」であり「変わり者」だと発言した。[7] ポール・クルーグマンは、発行限度額について妥協を求めるオバマ大統領の態度は「執念深く、強制的」ではないかとほのめかした。[8] エリザベス・ドリューのように冷静沈着な取材記者でさえ、「みんな正気を失ったの？　そういったとしても、突拍子もないことではない」と報じるところだった。[9]

　議論の相手に理性がなかったら、その相手と議論する理由はなにもない。たしかにわたしたちはみな、たびたび分別を失う。論証の過程で重要な事実を見落としたり、愚かな過ちを犯したりする。そのくせ、自分の賛同できない前提からはじまっているというだけの理由で、相手の議論は理屈がとおらないと考えることが頻繁にある。

　しかし、見解がきちんと裏づけられていないというだけで、その人が理性的ではないということにはならない。いかなる議論にも、議論自体が想定する、立証しえない前提が必ずあるからだ（論理についてはじめて記された著書のなかで、アリストテレスもこの点を指摘している）。立証しえない前提について議論をさらに進めることはできるが、そのさらなる議論も立証しえない前提をもつ。

だからこそ、わたしたちにとってもっとも徹底した合理的作業である数学でさえ、立証しえない公理からはじまるのだ。だから、議論の相手が当人にも立証できない前提から議論をはじめたからといって、それだけの理由で分別がないということにはならない。わたしを含め、誰もが自分では立証できないところから議論をはじめなくてはならない。こうした前提を確信と呼ぶことにする。

確信の役割を説明するために、オバマの予算をめぐるポール・クルーグマンとジョン・テイラーの議論に戻ることにしよう。わたしたちはこれを関連論拠の原則の一例ととらえた。だが、クルーグマンやテイラーのような著名な経済学者がかかわっているとなると、この主唱者2名はあらゆる関連論拠に気づいていたと考えるほうが合理的である。この2名の著名な専門家がどちらもあらゆる関連論拠に気づいていたとするなら、なぜ彼らの結論が相いれないなどということになったのだろうか?

もちろん、ふたりのどちらかが意識的に論拠をごまかして伝えた可能性もある。実際、クルーグマンはテイラーの議論の一部は不誠実だと述べている[10]。しかしここでは、クルーグマンとテイラーが相いれない確信から議論を進めていたと考えてみよう。

テイラーの最後の口撃は次のように結ばれていた。

クルーグマンは、「政府の支出は2007年のGDPに占める割合と同じ、あるいはそれに近い数字であってはならない」と考える理由をあげている。この主張にわたしは異を唱える。現時点における人口予測のもとでも、高齢者医療保険制度や低所得者医療扶助制度のGDPに占める割合を急激に増やすことのないすぐれた改革に着手し、なおかつ、よりよい医療サービスを提供することは可能だ。そして、もちろん、国防費などほかの支出がGDPに占める割合を減らすことも可能である。[11]

この点について、テイラーはすでに知られている事実ではなく、さまざまな経済政策がもたらす将来の結果予測に訴えた。さらにいうと、これらの予測は数学的モデルによるものだが、結局はどのような政策がよりすぐれているかについての確信が拠り所となっている。医療費を抑えよりよい医療サービスを提供するというテイラーが語るすぐれた改革は、政府の規制を減らし、自由競争を強化すれば機能するのかもしれないが、その主張には、市場の特権的な役割や政府による規制の危険についてのテイラーの保守的な確信が現われている。

対するクルーグマンは、経済全体を包括的にとらえるいかなる法則も正当化できないという。マクロ経済学の予測力についてクルーグマンは、「経済学者は人間の理不尽で予測不能な振る舞いを認識し、市場の不完全性を直視し、経済すべてに当てはまる万物の理論の確立はまだまだ先であることを認めなくてはならなくなるはずだ」という。つまり、経済全体としての機能をどうみるかは確信に左右されているということになる。確信は経済の将来予測によって裏づけられるものではない。だからといって、テイラーとクルーグマンの確信が理屈のとおらないものだというわけではない。ふたりの確信には直感的な信憑性があるし、厳密な数学モデルによって定式化されている。ただし、結局のところふたりは、個人的な判断を下していることになる。

通常はいくつかの確信が組み合わさって、わたしが見取り図と呼ぶものが形成される。これは、特定のテーマに関する思考を導くまとまった見解のことである。

たとえば、経済について保守主義的な立場をとる人々は、ビジネスを公共財や経済財の源ととらえ、それらは最大利益を追求する市場原理によって達成されると考える。したがって彼らは、政府の主たる義務は、利益の最大化という目標を民間企業が自由に追求できるようにすることだとする。

これに対しリベラル派は、利益の最大化に向けた取り組みは社会の繁栄に貢献すると同時に、少なくともそれと同程度にその繁栄を脅かすと考える。したがって、政府の役目は、市民を企業の不正行為から守ることにあると考える。

どちらにも長所と短所があり、一方が経済的事象の説明にすぐれる局面もある。また、手に負えない事実を扱う際には、それぞれの見取り図を修正し適合させていく戦術ももち合わせている。きわめて高尚な経済的論争では、保守派もリベラル派も、それぞれの見取り図について哲学的根拠のようなものを練りあげるのだ。しかしながら、自分の見解は理性的な人間が受け入れられるものであることは証明できるが、論理的に説得力のある根拠は誰にもつくりだせない。

これは、論理性と合理性についての哲学上の違いを示すものである。ある見解を論理的議論によって証明できなくても、その見解を受け入れることが合理的であることがある。これは、「2と2を足すと4になる」とか「空は青い」といった、わたしたちみんなが絶対的に明らかであるとして受け入れる真実にも当てはまる。絶対的に明らかなことがらの証明はできないのである。しかし、前記の事実は論理的に証明することはできないが、合理的である。

この違いは、万人が受け入れるわけではない確信にも当てはまる。確信というのは、家族の影響、学校教育、個人的な体験、友人との議論、新聞やブログを読むことなどが複雑に混ざり合ってできあがるものだ。こうした確信を形成する過程には、不適切なところも、不合理なところもない。政治のみならず、倫理や宗教などの重要な問題について、ほとんどすべての人はこのようにして確信を形成する。このようにして得た確信は、たとえ論理的議論に裏づけられていなくても、合理的であるかもしれないのだ。

意見の不一致と転向

合理的な前提からはじめれば、議論を重ねることで、前提を受け入れる人なら誰もが受け入れざるをえない結論へと導くことはできる。だが、政治や実生活の多くの分野では、議論の相手が相反する確信を前提とする場合が少なくない。

では、根本的な前提について意見を異にする人々のあいだに、実りある議論は生じないのだろうか？　驚くべきことに、生じうるのである。

特定の見取り図とそれに関連する確信を受け入れることは不合理ではないが、それに固執することは不合理である可能性がある。

ある事業を規制して公益を増やそうという提案がなされたとしよう。理論上は、リベラル派がそのような政策の支持に傾き、保守派が反対に傾くのはまったく適切であり、合理的である。ここで、両派ともに現実の状況に注意を払い、通常の判断から外れて例外条項（相手の見取り図のなかにある妥当と考えられるもの）が正当化されるかどうかを見極めなくてはならない。たとえば、原子力発電所から放射能が漏れるリスクがあまりにも高くなり、自由市場原理を維持することができなくなるかもしれない。あるいは、失業問題の深刻さからすれば、中小企業については規制の対象外とする必要があるかもしれない。

アリストテレスは、こういった局面で役立つ用語を提供してくれている。アリストテレスによると、ソフィア（理論的知識）が普遍の真理を把握するのに対し、フロネシス（実践知）では、真理を個々の事例に適切に適用することが求められるという。アリストテレス自身は認めないかもしれないが、多元化が著しく進んだ社会の構成員は、多様で矛盾さえしている理論的知識《ソフィア》の源があることを認める必要がある。そしてその源とは、議論の相手の見取り図である。

見取り図の理論的な正しさは、実際の政策決定の場ではほとんど価値がない。政策決定にはしばしばアリストテレス的な実践知《フロネシス》が必要となる。なかでも重要なのが事実を認識する能力で、そこでは、例外条項の見極めが不可欠となる。政策論争の当事者に実践知《フロネシス》が欠けていたら、彼らは分別がないと判断されてしかるべきだ。

最後になるが、議論の相手の見取り図とかかわり続けると、お互いの立場の距離が縮まり、政治的立場の転向が実現することもある。わたし自身は、議論によって自分が間違っていると納得させられたことはないが、思考や議論を長く積み重ねていけば、従来の確信が消え失せ、新たな確信が芽生えることはあるかもしれないと思う。ゆくゆくはかつての論敵と寸分違わぬ世界観をもつようになるかもしれない。こうした転向の過程は、議論において決定的な役割を果たすものではないが、きわめて合理的といえよう。

一般に認められているように、こうした転向は政治家よりも有権者のあいだで起こりやすい。転向者にとっては、根本的見解の明らかな変更は、「光明をみいだした」というよりはむしろ、「プレッシャーを感じた」ということなのかもしれないが。

認識同等者との意見の不一致という難題

政策論争は、相反する確信をもつ人がそこにかかわっていても実りあるものになりうるのだということを先ほど紹介した。相反する確信の例外条項をとおして、実際の行動についてコンセンサスに至ることもあるし、あるいは議論の相手を新しい確信に転向させることもある。

だが、公正で前向きな議論を徹底的に行っても、政策について意見が一致しない場合もあるだろう。

「知識が豊富で分別のある人々のあいだで意見が一致しないことがある」のは、無理もないことだ。しかし、公のディベートでそうした意見の不一致を目撃するのはまれである。典型的な新聞の論説や編集者への手紙を読むと、その問題について適切に判断する能力のある人はみな、新聞の見解に同意してしかるべきだといわんばかりだ。しかも、意見の相違は、知識の欠如や思考能力の貧しさに起因するらしい。

議論の相手が自分よりも知識が乏しいとか、論理的に考える力に欠けるということはまずありえない。論点について自分と同じくらいの知識があり、その知識から少なくとも自分と同じくらい巧みに結論を導くことができる人が反対の立場に立つ人のなかにもいると認めなければならない。事実、わたしたちの大半は、経済政策についてポール・クルーグマンやジョン・テイラーとうまく議論することなどできないはずだ。

自分とは意見を異にするが、認識同等者と哲学者が呼ぶ、すぐれた判断を下すために必要とされる知的資質を自分と同程度に有する人々がいることは認めざるをえない。これをどう考えるべきだろうか？　そんなことは関係ないといってみたい気もする。誰が異なる意見をもとうとも、わたしにはわたしなりの意見をもつ権利がある。それが思想の自由である。

だが、思想の自由は必ずしも思想の正しさを伴わない。なんらかの思想を主張する権利があるからといって、それを裏づけるすぐれた理由があるとは限らない。

わたしたちは自分自身に問いただださなくてはならない。自らの見解を疑問視するような正当な理由はないだろうか？　「自分の考えとは異なる意見」をそのような理由の1つ、つまり自分の立場を不利にしかねない論拠とみなせはしないだろうか？

もしこの問いに対する答がイエスなら、意見が一致していないという事実によって、政治的確信がゆらいでしまいそうだ。認識同等者による否定意見によって正当化することができなくなる見解に、どうして固執しなくてはならないのだろうか？　こうした思考の筋道をたどると、懐疑的になり、脱力感に襲われる。

ブラウン大学で哲学を教えるデヴィッド・クリステンセン教授は、意見の不一致に関する哲学研究に焦点を当てた、おもしろい例を紹介している[13]。

わたしが友人とランチを割り勘にすることにしたとする。請求書がテーブルに置かれ、ふたりともそれをみて、20パーセントのチップを足し、合計額をテーブルにおいた。ところが、友人のおいた額はわたしよりも5ドル少なかった。こうした簡単な計算をするとき、わたしたちは相手を認識同等者とみなし、こうした作業については同じくらい信頼できると考える。どちらも自分の計算が正しいと主張したりはしない。むしろ、間違っている確率はどちらも同じくらいだと口を揃え、双方が一致するまで計算をやり直すはずだ。そして、双方の意見が一致するまでは、どちらも自分が正しいとは主張しない。

認識同等者の政治的見解の不一致の場合はもっと複雑だが、論理構造は同じだ。どちらも、同じくらい信頼のおけるふたりの人間がある見解について意見を異にしているのである。レストランでの割り勘でお互いの意見が一致するまで双方が自分の結論を疑問視すべきであるならば、政治的見解がそうであってならない理由はない。

もちろん、政治の事例では、認識同等者と最終的に意見が一致することはまずありえない。双方が専門家の意見を求めることはあるかもしれないが、その場合は同程度の資格を有する専門家が双方につくことになる。ということは、両当事者は永久に自らの主張を疑うべきである、ということになる。

いっそ、医療費負担適正化法を廃止するべきかどうか自分にはわからないと認めるべきではないだろうか？　しかし、そうしてしまうと次の瞬間には、自らの政治的見解をすっかり捨て去るか、正しい理由もなくそれに固執するかという馬鹿げた二者択一につながる。

こうした結末を避けるためには、レストランの事例と政治での意見の不一致との違いをみつけなければならない。

違いの1つは、ふたりの客は単に請求書をそそくさと確認しただけであるのに対し、政治的見解をもつ人は、折に触れて自分なりの根拠を丹念に考えている。もしもわたしが、電卓を使って何度もチェックしながら自分が支払う金額を慎重に計算していたら、友人の結論がどうであれ、自分の結論に自信をもったはずだ。だが、友人も同じくらい慎重に計算していたとわたしが知っていたらどうだろう。わたしは再計算をせざるをえないのではないだろうか。

2つ目は、レストランの事例はかなり限定的なものだということだ。政治的見解の不一致は広く深い場合がある。医療について意見が合わなかったら、福祉、財政赤字、ビジネスの規制についてもおそらく意見が合わないだろう。こうした不一致が及ぶ範囲はわたしたちの根本的な確信の違いに起因するのかもしれない。

そこまで徹底的に意見が異なる場合は、おそらく議論の相手が認識同等者ではないのだろう。相手があまりにも多くの点で間違っていると思える場合、相手の知識や判断力は自分と同程度だとは認められない。

さらに、レストランの例はあまりにも単純なので、この事例では政治的見解の不一致の複雑さや細かいニュアンスまではとらえきれないということもある。伝票をめぐるいい争いとは異なり、政治的見解の不一致はしばしば道徳的価値観の相違から発生し、強烈で相反する感情、利害、集団的圧力、イデオロギーを生む。さらに、多くの政治的見解の不一致はニュアンスが微妙であり、賛成か反対かという二者択一に単純化することはできない。[14]

レストランの事例は、わたしたちがある原則を遵守する傾向にあることを示している。それは「認識同等者の意見が異なる場合、不一致が解消されるまで判断は控えるべきだ」という原則である。では、政治的見解の不一致のような複雑な事例にも、この原則をあてはめることができるだろうか？

政治的見解は話が別だからといって、同じ原則を適用すべきではないということにはならないだろう。もしそうしたいのなら、なぜ複雑な要素（価値、感情、イデオロギーなど）が原因で認識同等者と意見が一致しないときに政治的見解を固辞し続けたほうがいいのか、説明が必要になる。

実際のところ、その本質的な複雑さからすれば、先ほどの原則を守るのがよいように思える。たしかに、政治的見解の相違は単純なレストランの事例とは異なる。合理的な議論をいくら重ねても解決できない非合理的な要素が含まれている。ところで、もし非合理的な見解が政治的見解の不一致をもたらしているのだとしたら、そうした見解は捨て去るべきだということになってしまわないだろうか？

もしかしたらそうなのかもしれない。しかしながら、わたしたちの根本的な確信、とくに価値観についての確信はそこまで非合理的ではなく、むしろ、どちらが正しいかを決定する単純で客観的な手段が存在するレストランの事例で機能した合理性よりも根が深いものだ。

とりわけ、根本的な価値観についての確信は、その人の道徳的誠実さを反映しているだろう。それゆえに、認識同等者が自分と同じように物事をとらえないからというだけの理由で妥協するのは意味がない。もしソクラテス、イエス・キリスト、ガンディー、あるいはそのほかの歴史上の偉大で品行方正な英雄たちが、彼らと同じように知識があり理性的なほかの人々が賛同してくれないからという理由で自らの根本的な確信を捨てていたら、いったいどうなっていただろうか？　道徳観の違いは、知識や論理的思考を身につけているかどうかに勝ることがあるのだ。

ここで登場した見解は、英国の哲学者、故バーナード・ウィリアムズが功利主義的な倫理観に関する評論のなかで表明したものと近い。功利主義的な見解は、わたしたちは常に社会全体の幸福をもっとも増やすように行動すべきだとするが、ウィリアムズは功利主義的見解を脅かすと思われる事例をあげている[15]。

その事例の要旨を説明しよう。生物化学で博士号を取得したジョージは、なかなか職がみつからない状況のなか、家族を養うために必死に仕事を探していた。ジョージを指導する教授はコネを使い、生物化学兵器を開発する仕事を彼に紹介する。教授はジョージが平和主義者であり、とくに生物化学兵器の使用に強く反対していることを知っていた。教授はジョージがおかれた状況に同情的だったが、もしジョージがこの仕事に就かなければ、彼と同程度の資格を有し、生物化学兵器計画を強く支持するほかの志願者にその仕事を奪われてしまうと指摘する。指導教授はジョージがその仕事に就けば、本人やその家族だけでなく、全世界が幸せになるとほのめかしたのだ。

ウィリアムズは、ジョージはその仕事に就くべきではないと主張する。その仕事に就いたほうがいいとする指導教授の功利主義的な主張は、平和主義者であるジョージとこの仕事の矛盾を解決するわけではないからだ。

これはつまり、個人の「人間的誠実さ」が、認識同等者間の意見の不一致よりも重要な場合があるということだ。その根底には、認識同等者のなかに賛同しない人がいるからといって自分のもっとも根本的な確信を捨てようとすることの愚かしさがある。ヴィトゲンシュタインのことばを借りるなら、ここが「鍬を振るう」ところだ。確信という岩盤に突き当たったいま、認識同等者との意見の不一致は問題とならない。

では、人間的誠実さが争点とはならない事例についてはどうだろうか？　その場合、認識同等者が賛同しない確信は「あきらめる」（否定するわけではないが、判断を保留する）べきなのだろうか？

ここでは、意見の不一致の程度を考えてみることが必要となる。同等者の大多数が不賛成というのでなければ、あきらめる必要はない。もっとも、圧倒的多数が不賛成であったとしても、さらには自分の確信は間違っているのかもしれないと認識していても、自分の確信に固執することが合理的な場合もあるかもしれない。

ある見解が正しい可能性が無視できない程度に存在する限り、それを議論の場に載せることは理にかなっている。そもそも、ある見解を受け入れようと強く思っている本人以上に、その見解を明確に確信できる人などいないのではないだろうか。

議論の価値とは？

さて、認識同等者との非理性的な意見の不一致に直面しても、自分の確信に固執することを正当化できることがわかった。しかし、そういった場合でも相手を議論に引き込むことには価値がある。議論することが、自分の確信がどういったものか、どれくらい深く確信しているかを理解する助けとなるからだ。

ここで最後の原則、自己理解の原則を紹介しよう。公の議論は、自分の見解を支持してもらう機会を与えてくれることにこそ価値がある。だが、「自分の確信について自分自身で深く考える」機会になるという意味でも同じくらい価値がある。議論を通じて、わたしたちは自分の確信がどれくらい人間的誠実さに対する感覚を中心に据えているかをいやがおうでも検討することになる。物議をかもす問題について自分ではなんの疑問もなく受け入れていたものが、本当に確信しているかをよく考えもせずに選択した単なる思いつきだったということは珍しくない。物議をかもす問題については、継続的な熟考や試験に耐えられたものだけが合理的確信となるのだ。

こうしたことを踏まえると、政策論争において懸案となることがみえてくる。それは、「ある問題に自分の確信がかかわってこないとき、どのようにして考えを変えるとよいのだろうか？」「どういった場合に確信が人間的誠実さの問題ではなくなり、同等者の不同意に直面してもそれを放棄したり、あるいは、自分にとってもっと重要な目標を達成するために妥協したりしてよくなるのだろうか？」「そして、どういった場合に、『この立場は譲れない、これ以外の立場はとらない』というべきなのだろうか？」といったことだ。

苦労の末に手に入れた自己理解がなければ、政策論争などすぐに単なるゲームになってしまう。あるいは、勝つこと以外に最終的な目標がなにもない、ある種の知的競争にすぎない。

政策論争だけでは重要な問題はなにも解決しないことをわたしたちは知っている。だからこそ、民主主義国家では投票が行われる。議論は投票の前奏曲だ。だが、わたしが投じる票はそれに先行する議論とどのように関係しているのだろうか？　おそらく、票を投じる行為は、議論でどちらが勝ったと思うかについて意見を表明する行為ではない。わたしの票は単に、誰に権力の座に就いてほしいかについての意見の表明にすぎない。なにがわたしの投票先を決めるかは、個人的な私利私欲から、自分が所属するさまざまな集団の利害、さらには国や世界の公益まで、さまざまなものに左右される。

ただし、どの場合においても、自分が本当に望むものに票を投じる際には知識が求められる。自分の私利私欲に票を投じたければ、納税額が減ることが本当に自分の利益となるのかどうかを知っていなくてはならない。さらに、特定の候補者が自分の納税額を減らしてくれるかどうかも知らなくてはならない。もっと一般的な話をすると、ある目標を達成するために投票したいのであれば、いかなる政策であれ、その政策が自分の目標を達成してくれるのか、そして特定の候補者がその政策を本当に実行してくれるのかどうかを知っていなくてはならない。

ルールも存在せず、いいたい放題の議論は、こうした知識を得るためのもっとも効果的な手続きである。というのも、「他者の権威を受け入れる」「感情に身を任せる」「もっとも魅力的な発言に賛同する」「直感で行動する」といったほかの手続きは、知識の取得に向けられたものではないからだ。議論のレベルが高くなればなるほど、つまり議論が本書でこれまで論じてきたさまざまな原則に近づくほど、自分が本当に望むものに投票できる可能性が高くなる。

ここまで、哲学の概念と方法論がいかに実りある政策論争を導くか、また、そこから期待されるさまざまな結果についての理解を深めてくれるかをみてきた。本章で紹介してきた原則や概念は次章以降の論点でも有効だ。すべての章を通じて、相反する立場に立つ議論をはっきりした形で示し、あらゆる関連論拠を列挙し、確信とその結果として生じる議論の限界が果たす役割を心に留め、議論を尽くしても残る意見の不一致の意義についてきちんと評価していく。

続く2つの章では、科学の名のもとで行われる主張の評価に、哲学的思考がいかに役立つかをみていく。

第2章　科学の取扱説明書

宇宙科学者が巨大な太陽フレアが地球に強い電磁効果を及ぼす可能性がかなり高いと発表したとき、航空会社はフライトの調整を行い、電力会社は送配電網をモニターして電圧が急上昇していないかを確認し、北部の州に住む人々はオーロラを探すプランを立てた……。

これは、わたしたちの社会において科学が認知的権威であることを示す事例である。日常の感覚をこえた知識であるにもかかわらずこうもあっさりと受け入れられるものは、科学以外にない。自分の主張を支持してほしいと訴えるのなら、科学的証拠らしくみえるものを提示しなくてはならない。

第2章では、科学という権威を評価するための哲学的ツールに目を向けることにしよう。まずは、予測成否の原則だ。この原則によって物理学や化学のような信頼できる科学を、占星術のような疑似《えせ》科学と区別することができる。さらには、そのほかのまともな科学分野（そのほとんどが人間科学なのだが）とも区別することができる。

相関関係と因果関係の違いを認識することは、たとえば生物医学の主張を判断するときなどにとても役に立つ。また、研究所と自然界の違いを考えることは、実験心理学におけるプライミング効果に疑問を投げかけるものとなる。

続いて、ある状況で機能することが、別の状況でも機能するわけではないということから自己反駁的知識の問題に触れ、根拠にもとづく公共政策の限界をみていく。

予測成否の原則

「科学」と称されるものすべてが信頼できるわけではない。物理学、化学、生物学など、十分信用できる科学がある一方で、占星術、骨相学、同毒療法《ホメオパシー》といった信用できない疑似《えせ》科学もある。

科学と疑似科学を区別するものはなにか？　歴史学者であり哲学者でもあるトーマス・クーン[1]は、科学の特徴について、パラダイムという概念を唱えた。ある研究分野にかかわるすべての人が、その後の研究のモデルとして使用するものがパラダイムである。

ニュートンが発見した運動の法則と万有引力の法則は長いあいだ、物理学のパラダイムだった。これを支持する科学者は、結論（法則）とそれを導きだすために用いた方法論（微積分学にもとづき、理論的思考を実験によって確認すること）を受け入れたのである。

同様に、19世紀にジェームズ・マクスウェルが発見した方程式は電磁気を研究する物理学者にとってのパラダイムとなったし、ダーウィンの進化論もそうである。

クーンが主張するパラダイムは認識論的ではなく、社会論的だ。つまり、パラダイムというのはある集団のコンセンサスそのものであり、コンセンサスから独立した知識ではない。

科学の方法論が社会的コンセンサスを必要とすることはいうまでもないが、それが認知的権威、つまり、将来への指針としての信頼性を得るためには、コンセンサス以上のものが不可欠となる。あることがこれから起こるかもしれないということと、それが実際に起こるかどうかに、直接の関係はない。科学であろうとなんであろうと、将来を予測する力があると信じる根拠は、予測に成功したという実績にしかないのだ。だからこそ、将来の予測を的中させることは、パラダイムの成功にとって不可欠なのである。

研究分野によっては、専門用語、方程式、実証データ、実験計画、実験者間のコンセンサスといった、科学に付随するさまざまなものごとに取り囲まれているはずだ。そうした場合、第1章で紹介した原則に従うのがよいだろう。

そうすることで、つまり、善意解釈の原則に従い関連する論拠をすべて考慮することで、意見の不一致を最小化するようなコンセンサスが得られるかもしれない。しかし、うまく予測したという実績がないかぎり、その研究分野での知見に頼る根拠はない。


科学的手法で世界を解明しようとする作業は、それが実際のところどのようなものであっても、「科学」と呼ばれることが多い。したがって、「ただの科学」と、「予測に成功する科学」を区別しなくてはならないだろう。

まったく予測に成功していないものであっても、ほかの点では価値があるのかもしれない。たとえば、大量のデータを正確に説明し、わかりやすく整理することがそうだ。だが、それは意思決定の際に頼りになるものではない。

予測能力とはなにかということは、自然科学においても論争の的である。日食・月食から原子力まで、目を見張るような成功例がある一方で、基礎物理学者は、ひも理論がなにかの予測をしてきたか、そして、そもそも予測が可能なのかを議論している。

進化生物学では、膨大な時間が相手になるため、予測をしたり、試したりすることが事実上不可能である。それでも、化石という記録のなかになにが発見されるべきかという予測で、進化生物学はかなりの成功を収めてきた。たとえば、ダーウィンはシルル紀以前の地質時代の岩から初期の三葉虫の化石が発見されることを予測していた（過去についての発見を予測することを過去予測という）。

科学の認知的権威の源泉は「予測」ではなく「解明」だと思う人もいるかもしれない。なにかが解明されたとき、それがどうして起きるのかが明らかになるからだ。

ただし、1つのできごとに対してさまざまな解明の方法があるケースというのも少なくない。たとえば、天王星の軌道が天文学者による計算や予測から外れたとき、学者たちは海王星という別の惑星が存在すると仮定して予測からの逸脱を「解明」した。だが、この逸脱は、天王星の衛星によるものだと仮定しても、太陽から天王星までの推定距離を修正しても、万有引力の法則をわずかに修正しても、同じように「解明」することができた。海王星の存在がもっとも可能性の高い「解明」だったのかもしれないが、海王星の位置と質量が確認されるまで、それは仮説上の存在にすぎなかった。結局、解明（起こったできごとの原因を明らかにする説明）に成功するには、その原因の予測に成功したという裏づけがなくてはならないのだ。

予測力についてもっとも批判的にみられる分野は、生物医学・心理学などの人間科学、そして、経済学・社会学・人類学などの社会科学だ。個人の意思決定や政策の決定にかかわる科学なので、その主張をいかにとらえたらよいかというのは重要な問題である。

ここでは、人間科学における予測を包括的に論じるのではなく、メディアが個人の決断や社会的な決定について報じるときの人間科学における予測に焦点を絞る。そうすることで、こうした主張を評価する哲学的ツールを紹介したい。

相関関係の研究とその限界

生物医学はこれまでたいへん有益な予測を生みだしてきた。抗生物質、ワクチン、薬、画像化技術や外科手術により、わたしたちは前代未聞の力を手にしている。しかし、まさにその生物医学の成功そのものが、健康や生死にかかわるものであることと相まって、評価を誤り、また、不正確に伝えられがちである。

　わたしたちは、これを実践すれば健康になると喧伝する医学的研究を毎日のように目にする。魚をもっと食べ、赤ワインを飲み、ヨガをはじめれば、もっと健康になれる……。こうした研究は、注目に値する体系的知識といえるのだろうか？

　答はノーである。その理由を理解する予備知識として、科学的方法論についての哲学が欠かせない。ここで哲学ということばを使ったのは、科学的方法論の研究が、純然たる実証研究ではないからだ。

　この分野の目的は、科学という営みが「どのように行われるかを説明する」ことではなく、「いかに行われるべきかを考えること」にある。科学的な手法そのものは、なにをすべきかを語ることができない。事実を教えてくれるが、事実の価値については語ることができない。科学者が方法論についての問いかけに答えるときは、どのように科学を行ったらよいかについての、自らの哲学的思考を述べることになる。

　方法論について大切な点の第1は、メディアが伝える生物医学上の「結果」は、ほとんどが観察研究にすぎないということだ。こうした観察が教えてくれるのは、ある特定の行為が健康増進と相関係にあるということであって、その行為が原因となって健康が増進するという因果関係ではない。たとえば、子供は身長が伸びると語彙が増える。つまり、身長が伸びることと語彙が増えることは相関関係にある。しかし、身長が伸びることが原因で語彙が増えるわけではない。

相関関係を立証するのは比較的やさしいことだ。ある特徴（語彙数が増えたこと）をもつ人々とそうでない人々を比較し、どちらの人々がもう1つの特徴（背が伸びたこと）をもつことが多いかをチェックすればよい。

対して、因果関係を立証するのはずっと難しい。2つの群には、原因ではないかと疑っているもの以外に差がないことをたしかめなくてはならない。もしほかにいくつか相違点があったら、実はそのうちの1つが原因なのかもしれないからだ。

相違点をつぶしていくためにもっとも一般的に行われる方法がランダム化比較試験（RCT）だ。RCTの簡単な一例をあげよう。

前回のテストの結果を知ることで、次のテストでよりよい成績を残せるかどうかを知りたいとしよう。まず、学生の集団、たとえば哲学入門クラスの学生200名をRCTの「被験者」に選ぶ。次に、その学生を2つの群に分ける。前回のテストの結果を知らされる学生（実験群）と、知らされない学生（対照群）だ。

そして、誰がどちらの群に入るかをランダムなプロセスで決める。たとえば、各学生についてコインを投げ、表が出たら実験群、裏が出たら対照群とする。続いてテストを実施し、両群の成績に差があるかを確認する。差がある場合は、前回の結果を知らされたことが原因となったと結論できる。差がない場合は、前回の結果を知ることは成績の差を生みださないという結論になる。

RCTの理屈はこうだ。学生はランダムに2つの群に分けられたのだから、実験前には両群の平均的な特徴に違いはないはずだ。つまり、テストの成績を左右すると考えられる、出席率・学年・性別などが、両群のあいだで等しくなる。かくして、評価の差を生みだすものとして考えられる特徴は、前回の結果を知っているかどうかということになる。

ただし、いつでもRCTが行えるというわけではない。被験者をランダムに振り分けるのが難しいことや、影響するかもしれない原因を取り除く合理的手段がないこともある。

たとえば、若いうち（二十歳未満）に結婚することは収入に影響を与えるかどうかを知りたいとしよう。しかし、実験群を二十歳未満に結婚させ、対照群は結婚させないようにするというのは不可能だ。

こうした場合に頼りとなるのが観察研究である。この研究はたいてい、ある2つの要因が連動することを示す。たとえば、既婚男性と未婚男性の収入を示す国税局のデータをみてみるとよい。若いうちに結婚した男性は収入が低いことがわかるだろう。しかし、その違いを生じさせた理由が結婚していることにあると結論づけることはできない。というのも、大学に進学しないことなど、ほかの要因が早婚と低い収入を関連づけている可能性も考えられるからだ。

観察研究は因果関係をほのめかすことが少なくない。しかし、厳格なRCTで確認するまでは、観察研究の結果は暫定的なものとしかいえない。たとえば、2004年以降、わたしたちは「ビタミンDは関節炎を予防するかもしれない」という研究結果を目にしてきた。[2] そして、2010年には「ジョンズホプキンス病院健康関連警告」のなかで、「ビタミンDが関節の健康にとって重要であり、摂取レベルが低いと、リューマチ性の関節炎や股関節炎などのリューマチ性症状のリスク要因となる可能性を示す研究が、過去10年で爆発的に増えている」と報告した。[3] しかし、2013年2月、あるRCTがそれまでの研究に疑問の余地があることを示したのである。[4]

同様に、ナイアシンを摂取して「善玉コレステロール」を増やすと心臓発作のリスクが減ると報告する研究が多いなか、RCTはナイアシンには効果がないことを立証した。[5]

場合によっては、高度な観察研究によって因果関係が立証できることもある。喫煙がガンの原因となることを立証したのがそうだ。

しかし、多くの場合で厳格性に劣る観察研究が報じられる。正反対の結論に導くはっきりした根拠がない以上、メディアで報道される結果は当てにならないとまずはとらえるべきだろう。

メディアの報道は、生物医学的な研究結果は健康についての意思決定に有用であり、報道によって実用的な医療知識が体系化されていっているとほのめかす。しかし、実際には、ほとんどの研究結果がすぐに役に立つようなものではない。メディアが行っているのは、本当に役立つかもしれない結果へとほんの少しだけ近づいたことを科学者に教えることだ。相関関係のほとんどは、仮説を探す科学者以外にとっては「ニュース」ではないのだ。

研究室と現実社会

実験によって因果関係が明らかになったとしても、役に立つ予測ができるとは限らない。ここでは、プライミングという心理学実験についてみてみよう。

プライミングというのは、わずかな違いが被験者の行動に大きな変化を引き起こすというものだ。古典的なプライミングの実験として、いくつかのことばを伝え、それを使ってさまざまな文をつくらせるというものがある。

ある群に伝えられることばのなかには「ビンゴ」「グレー」「フロリダ」といった年配者を連想させることばを含むようにしたが、もう一方の群には、そのような連想をさせるものは含めなかった。作文をしたあと、被験者は廊下を通って建物から退出するよういわれた。被験者には伝えられていなかったが、実験者は彼らが廊下を歩く時間を測っていた。すると、年配者を連想させることばを伝えられた群は、もう一方の群よりもゆっくりと歩いたのである。
同様の実験によって、人間の行動には多くのプライミング効果が存在することが明らかになっている。「大きな数字」をプライミングされた人々は、高額の買い物をする意欲を示し、人の年齢をより高く、街の規模をより大きく見積もる傾向を示した。抽象的思考をするようにプライミングされた人々は、多くの人の命を救うためにひとりの人を殺してその臓器を分配するというアイデアに賛同しやすく、お金のことを考えるようにプライミングされた人々は、鉛筆を落とした人を助けようとしない傾向をみせた。[6]
プライミング効果を再現できなかった実験者による激しい議論も起きている。[7] こうした議論は決着させなくてはならないが、この効果についてなされてきた科学的報告の数だけをみても、この現象が存在しないということはまずありえない。

プライミングは読むだけでおもしろく、すばらしい話題を提供し、理不尽な力に対してわたしたちがいかに無力かを思いださせてくれる。だが、プライミングについてはさらなる主張が付け加えられがちだ。人間の行動に影響を与える強力なツールになるとみなされているからなのだが、くわしく分析をしてみると、そうした見方が正しいということにはならない。
なぜなら、プライミングの実験は、プライミングが現実の状況でどれほど重要であるかは教えてくれないからだ。条件を整えられた実験室だからこそ、プライミングは絶大な効果を発揮する。しかし、プライミングの刺激（たとえば、お金について考えること、大きな数字、抽象的質問）が、現実の、条件が整えられているわけではない環境下でどれくらいの効果を示すのかはほとんどわかっていない。あらゆる種類の刺激が互いに反発し合っているのかもしれない。また、プライミングを引き起こす強い刺激が、実際の行動を左右するほど長く持続すると考えてよい根拠はほとんど存在しない。

イェール大学で心理学を教え、プライミングについてもっとも重要な研究をしてきたジョン・バーは、2006年に書いた論文のなかで、プライミングを現実の状況にまで適用しようとして失敗したことを認めている。[8] バーによると、プライミングの研究はすでに「幼年期の終わり」に到達しているという。そして、今こそ「わたしたちは、個々に独立した実験室から送りだされる、無意識な状態が知覚・評価・動機づけ・行動へ与える影響についての結果を、複雑で騒々しい現実の世界に広げていかなければならない」という。

しかしながら、プライミングに関する最近の研究をくわしく伝える2012年の調査によると、バーとその同僚は現実社会の状況への応用例を1つも引用していなかったようだ。[9] 彼らが引用したのは、実験室や、慎重に制御された実地実験の結果だけだった。

メディアはプライミング実験の結果を「シグニフィカント《significant》」と報じた。一般用語としては「意義深い」という意味になるが、実はこれは統計的に有意という意味の術語である。つまり、観察された効果が偶然生まれたものだとは考えにくいと述べただけのことであり、プライミング効果の意義についてなにかを表明しているわけではない。統計的に有意であるかどうかは、この効果の「存在」がどれほど確実であるかを教えてくれるだけだ。しかし、ここからプライミングが実際にどのような意義をもつかはわからない。

実験室での結果が、現実社会に即座に適用できるわけではないのだ。人間の複雑さ、変数同士の依存関係、人間を被験者にすることで生じる倫理的限界が、人間科学における実験の制御を難しいものにしている。

プライミングの限界は、ベストセラーとなったリチャード・セイラーとキャス・サンスティーンの共著、「Nudge」（『実践行動経済学』2009年、日経BP社）にくわしく示されている。[10] 同書は、プライミングとそれに類似する実験の結果にまつわるすぐれた議論にはじまり、公共政策についての提言が数多く記されたものだ。しかし、それらの提言のなかで、プライミングやほかの科学研究を根拠とするものはほとんどない。ふたりの発想は、一般常識やビジネスの世界で長いあいだ用いられてきた戦略とまったく変わらないものばかりだ。

たとえば「退職プランや臓器移植について相手に選択権を与えるとき、自分が望むほうの選択肢を望まないものとして提示する」「クレジットカードの請求書に記載する情報を増やすか減らすかを、顧客に毎月最低限度額だけの支払いを望むかどうかで決めること」「カフェテリアやスーパーマーケットで商品を陳列するときは、いちばん売りたい商品をいちばん手の届きやすい場所におくこと」などだ。ハーヴァードで教鞭をとる政治経済学者のベンジャミン・フリードマンは、同書の書評で「行動経済学がなくても、こうした提言が役に立つかどうかはわかる」[11]と指摘している。

同じようなことが、国際的な大手広告代理店で幹部役員を務めるジョン・ケニーへのインタビューでも明らかになっている。ケニーは代理店の仕事にとって「行動経済学」はとても重要だと述べたが、彼が示した事例は常識を反映したものにすぎなかった。顧客に無料でWi-Fiを提供するというアイデアにしても、友人も使えるクーポンを提供するというアイデアにしても、さらには「ビデオゲームがクールだと（若者に）わかってもらうには、君たちのママはゲームが嫌いだと教えてやるのがいちばんだ」というケニー氏お気に入りのアイデアにしてもそうだ[12]。

人の心がどのように機能するかをくわしく知るための情報源として、プライミングの実験が重要であることに変わりはない。だが、プライミングが現実に大きな影響を与えるという主張を支持する声は少ない。制御された実験室で立証された因果だけでは、実験室外のできごとの予測には役立たないのだ。

「ここでうまくいった」と「あそこでもうまくいく」のギャップ

さらに、実際の状況で原因が結果をもたらすことが立証できたとしても、その結果をほかの状況に無条件に拡大して適用できるわけではない。著名な科学理論家ナンシー・カートライトは、ランダム化され、制御されたテストで立証できるのは、「ある原因がある特定の状況下である効果をもたらした」ということに限られると力説している[13]。

たとえば、同じ高さから落としたとき、羽根と鉛の玉は同時に地面に到達する。ただし、これは空気抵抗がまったくないと仮定したときの話である。科学法則によって具体的な効果をうまく予測できるのは、ある一定の状況下に限られるのである。そうした条件が常に成り立つのでなければ、法則があったところでなにが起こるかを予想するのは難しい。

自然界を相手にした場合には、法則が十分に機能する状況を生みだせることが多い。しかし、人間の世界（とくに社会的世界）では、かなりの複雑さや相互依存関係がこれをきわめて困難にする。ある学区の5年生に教えるメソッドがかなり効果的だったとしても、別の学区ではうまくいかないことなどザラである。

ここからわかるのは、「純粋科学」から信頼できる結果が得られたとしても、「エンジニア」の手を借りる必要があるということだ。つまり、信頼性のある結果を直面する状況に適用できるかどうか、できるとすればどのようにすればよいのかを教えてくれる人物だ。物理学、化学、生物学といった自然科学については、十分確立されたエンジニアリングの領域がある。ところが、人間の世界でそれに匹敵する人物となると、わずかな例外はあるものの、みつけるのはかなり困難だ。

カートライトは、この点について説得力のある事例をあげている[14]。1980年代、インドのタミールナドゥ州で児童の栄養状態を改善するためのプロジェクト（TINP、タミール総合栄養計画）が立ちあがった。プロジェクトは成功を収め、栄養失調は大幅に改善された。

世界銀行が資金を提供し、社会科学者に調査をさせたところ、栄養失調改善の2分の1から4分の3はこのプログラムのおかげだったという。ところが、1990年代に同じ内容のプロジェクト（BINP）がバングラデシュで実施されたとき、こちらはほとんど成果を上げなかった。どちらのプロジェクトも栄養について母親を教育したり、補助食品を提供したり、医療を受けられるようにしたりといった、具体的で総合的なものだった。

BINPが失敗した理由は主として2つあった。タミールナドゥ州では、母親が食糧を買ったり子供たちになにを食べさせるかを決めたりしていた。しかし、バングラデシュでは食糧を買うのは父親の役目だった。そして、子供たちになにを食べさせるかを決めるのは母親ではなく、夫の母親だったのである。その結果、栄養について母親を教育するというＴＩＮＰの大切な要素が、バングラデシュでは無意味なこととなった。プロジェクトが失敗に終わったのも無理はない。

カートライトはこの状況について、「ある場所でうまくいったからといって、別の場所でうまくいくとは限らない」と簡潔に述べた。そこまで簡単にいい切ってしまうと、問題は明らかだ。ただ、これはみすごしてしまいがちな問題でもある。とくに、社会科学を自然科学と同一視するとそうなりがちだ。カートライトが指摘するように、社会問題の解決に必要とされる因果の法則は「局地的」で「脆弱」だ。特定の社会経済システムと綿密な関係にあるという点で局地的であり、システムを少し修正しようとしただけで適用できなくなってしまうという点で脆弱なのである。局地性と脆弱性は、自然システムとは異なり、社会システムが高度な複雑さと相互依存性をもつことを示しており、これこそ、応用社会科学における具体的な成功例を一般化することに失敗してきたことの原因である。

それでも、局地的で脆弱なシステムに因果法則を適用することは可能である。ただし、それは、どのように原因が作用するかをくわしく理解し（システムの完璧な理論的理解）、その作用を阻害しかねない外的要因を理解すれば（システムが存在する状況の背景の理解）という条件つきだ。このような理解が成立することは、自然科学ではよくあることなのだが、社会科学ではまれである。だからこそ、自動車はほとんどどこでも走ると確信をもっていえるにもかかわらず、ある国で文字の読み書きをうまく教えることができたとしても、そのやり方がほかの国でもうまくいくとは限らないのである[15]。

根拠にもとづく公共政策

根拠にもとづく公共政策は、根拠にもとづく医療（ＥＢＭ）をモデルとした、影響力のある運動である。これまでみてきたように、根拠にもとづく医療は、ランダム化比較試験（ＲＣＴ）をみる限り、良識ある方向に動いている。それと比較すると、根拠にもとづく公共政策にはあまり期待できない。

たとえば、ハーヴァード大学の政治学者ジェフリー・リーブマンは、解決策をみつけるのが国家的優先事項となっている社会政策問題を10件特定し、今後5年ないし10年のあいだに問題解決が期待できそうなプロジェクトを提案した１００の自治体（１つの問題に対して10の自治体）に資金を提供してはどうかと提言した。

「目標は、それぞれの問題についてのちに全米各地に広げられる政策を探しだすことだ」とリーブマンはいう[16]。だが、彼のプロジェクトは、試験的に選んだ自治体における問題解決策がほかの地域にも適用できるものと決めつけたものであり、社会科学における因果法則の局地性や脆弱性に目を向けていない。

もう1つの事例は、人間科学の研究で直面した問題を浮き彫りにするものだ。それは、教師が生徒に与える影響についての研究で、教師の優秀さと生徒の学業成績の関係を証明したとされ、高く評価されていた。[17]この研究では、20年間（1989年から2009年まで）にわたる都会の大きな学区の第4学年から第8学年の教師と生徒に関する膨大なデータが分析された。研究の主眼は教師による「付加価値」に向けられていた。ある教師が受けもつクラスの生徒の標準学力テストの平均スコアの上昇値が付加価値であると定義された。

この研究結果の第1は、「付加価値は、生徒の学業成績に対する教師の影響を正確に反映している」というものだった。生徒のテストのできばえと教師の指導は原因と結果の関係にあり、相関関係ではなかった。

第2の、そしてもっとも印象的な結果は、付加価値の高い教師が生徒のその後の人生に与える影響についてである。この研究によると、「付加価値の高い教師についた生徒は多くの点で成功する。そうでない生徒と比べると、大学への進学率は高く、高収入で快適な住環境でくらし、リタイア後のための貯蓄を多く残す可能性が高い。そして、10代で子供をつくる可能性は低い」という。経済面の効果はとくに印象的だ。「付加価値が下から5パーセントの教師を平均的な質の教師に交替すると、ひとクラス当たりの累積収入は（現在の価値で）25万ドル以上増加する」というのだ。

この研究に対するメディアの反応は熱狂的だった。ニューヨークタイムズでコラムを担当するニコラス・クリストフは、「すぐれた教師の給与を増やし、そうでない教師は解雇することが正しい」ことを証明する「画期的な」研究だと絶賛した。[18] この研究は政策立案者のあいだでも評判となり、オバマ大統領までもが２０１２年の一般教書演説のなかで、「すぐれた教師がひとりいれば、ひとクラス当たりの生涯年収が25万ドル増加する」とこの研究を引用したほどだった。

だが、この研究を政策の指針として用いることは賢明なことなのだろうか？　相関関係と因果関係の違いを念頭におくと、この研究はランダム化比較試験ではないことに気づく。生徒のなかから無作為に選んだある群を付加価値の高い教師に、そのほかの群を付加価値の低い教師に割り当てるということをしていない。さらには、両集団の生徒が生涯を通じてどうしてきたかをきちんと追跡調査していない。

一方で、膨大な相関関係がみられるデータから原因を抽出するという、複雑で精巧な取り組みだったのは間違いない。その手法は、データを事実上の「自然実験」として扱っており、これは実験室に近いものだと考えることができる。それでもやはり、しっかりと制御されたテストよりは信頼性が低い。

さらに重要な点は、こうした結果の実際的な意味である。マスコミが食いついた25万ドルの収入増は、25名前後の生徒の数十年にわたる収入の合計額だ。ある生徒の1年間の収入増は1000ドルほどであり、これはアメリカの勤労者の給与の中央値の約3パーセントにすぎない。また、付加価値の高い教師につくことによって大学に進学する確率は、1・25パーセントしか増えない（女性の生徒については10代で母親になる確率が1・25パーセント減るだけだ）。

こうした点には目をつぶるとしても、カートライトがいう、「ここでうまくいった」と「あそこでもうまくいく」の違いを無視することはできない。この研究は、せいぜい実験対象となった特定の学区において付加価値の高い教師が重要であることを示したにすぎないのだ。この学区で起きたことがほかの学区でも起きると証明するためには、これとは別の、かなり大量の作業が必要となるだろう。

最後に、多くの人がこの研究の政策的意義を受け入れていることにも大きな問題がある。著者自身もこの点をはっきり記している。「わたしたちの研究結果によると、教師の付加価値を上げると生徒に還元される利益も大きくなる。ただし、実際上いかにこれを達成するかとなるとあまり明確な方法はない。」

この研究の問題点は、テストの点数で教師を評価することにより、テスト向けの指導やカンニングなどの望ましくない行動を助長することになりかねないことにもある。これは人間科学における結果をほかの事例に適用しようとするときの難しさについての、ありふれた一例である。人は科学にもとづく政策がどのようなものかをひとたび理解すると、その科学を混乱させるような形に行動を修正してしまいがちである。こうした懸念を考慮し、著者は熱狂的なマスコミや読者とは裏腹に、「教師を評価する最良の方法は、テストのスコアによる付加価値の評価に、教室の視察にもとづく校長や同僚教師の評価などの情報を組み合わせたものだろう」としている。

こうした問題点をすべて考慮すると、この研究には「画期的」なものが、あるいはなにか決定的なものが欠けている。心理学や社会科学の研究と同様、この研究は政策立案の主要な指針にはなりえない。根拠にもとづく政策の支持者の期待には背くことになるが、こうした研究は、わたしたちが市民やその指導者にもってもらいたいと考える、幅広い知識、実務経験、批判的知性の補足的なものとなるのが一般的である。

気候科学

気候科学は、物理学と化学の法則に基礎をおく自然科学であり、人間科学ではない。ところが、原因の複雑さと多様な相互作用により、ほかの自然科学よりも予測に対する信頼性が低い。それでも、気候科学は少なくとも次のことを立証している。

（1）地球の平均気温は上昇しており、今後も上昇を続ける。
（2）気温上昇の原因の一端は、大気中に二酸化炭素を排出する人間の活動（たとえば、石炭や石油などの化石燃料を燃やすこと）にある。

この2つの結論は、信頼できる観察と充分に理解されている物理学的プロセスにもとづいている。気候科学はこれ以外にも、数多くの実証にもとづく精巧なモデルを生みだし、今後100年以上にわたる地球温暖化から生じるさまざまな影響を予測している。しかし、地球の温暖化がどの程度になりそうか、とくにその影響はどのようなものとなるかについて正確な予測を示すものではない。ただし、一定範囲についての可能性を示すことは可能だ。おおざっぱにいうと、かなりひどい事態（都市部の浸水、生命を危うくする熱波、嵐、深刻な干ばつ）となる可能性が高い[19]。

一般的な用語にしたがって、先の見解を「人為的要因による地球温暖化（AGW）」と呼ぶことにしよう。これは論拠に十分裏づけされた見解であり、これが正しいことについては気候学者のあいだでもコンセンサスがとれている。ここで心配なのは、これが科学的に正当だという論拠そのものではなく、こうした情報をもとにいかに政策をつくるかということだ。

人為的要因による地球温暖化を疑ったり否定したりする気候学者はわずかであり、専門家以外でAGWに反対する人は、わずかな学者が提起するコンセンサスへの批判を反論の根拠とすることが多い。だが、そうした議論は「権威に訴える論法」を誤解している。なぜそうした誤解が生じるかを理解するために、この論理を哲学的に考察してみよう。

専門家の権威に訴える場合、まずはある特定の論題の権威が誰かを特定することになる。この点で意見が一致しないと、専門家の意見も役に立たない。

また、どの論拠が有効であり、その論拠をいかに解釈するかについて、専門家のあいだでコンセンサスがなくてはならない。ただし、自分たちが専門家ではないというまさにその理由から、専門家のあいだの論争に裁定を下すことはできない。だから、ある主張について専門家のあいだにコンセンサスがある場合、専門家ではないわたしたちにはその主張を拒絶する根拠がない。そして、ある分野の権威を受け入れてしまうと、その分野における専門家たちのコンセンサスを拒絶する根拠もなくなってしまう。

地球温暖化をめぐる論争に話を戻すと、この議論に参加した名だたる論者たちはすべて、「気候学者」と呼ばれる専門家たちのことを知っている。占星術や同毒療法《ホメオパシー》とは違い、気候科学の取り組みに真っ向から意義を唱える人はない。唯一の疑問点は、気候科学が裏づける地球温暖化についての結論である。

人為的要因による地球温暖化の存在については、気候学者のあいだで確固たるコンセンサスができあがっている。[20] この主張を疑ったり否定したりする学者でさえ、自分の研究分野で支配的な見解がなにかを判断する力をもっている。専門家以外でAGWに異議を唱える人は、少数の気候学者が共通見解に対して提起したさまざまな批判をその論拠としている。だが、これまでみてきたように、気候科学の権威を受け入れる限り、専門家でない人々には少数派の意見を擁護する論拠がない。

共通見解に批判的な気候科学者のなかには的を射た主張をする人もいるかもしれないが、人為的要因による地球温暖化が気候学者のコンセンサスだとすれば、権威に訴える論法は、専門家でない人にとっては、自分たちの主張を支える論拠がないことを示すものとなる。このコンセンサスは裏づけが不十分な結論だなどといったところで意味がない。専門家ではない以上、その判断には重みがないのだ。

専門家ではなく、人為的要因による地球温暖化に異議を唱えたい人々がそのような主張をするには、AGWについての結論を真剣に受け止めるために必要な科学としての地位が気候科学には欠けていると主張するしかない。だが、実際は、少数の気候学者の見解に訴え、その気候学者のあいだに地球温暖化に反対する共通見解があれば、おそらくそれを受け入れるのだろう。

科学の特定分野における権威をひとたび受け入れたら、その権威の結論を拒絶することは矛盾となる。因果関係に関するショーペンハウアーの有名な発言を翻案させてもらうなら、「科学は好きなときに乗り降りできるタクシーではない。むしろ特急列車だ。一度乗ったら、行き着くところまで乗っているしかない」

可能性とその対価

とはいえ、科学は気候政策の唯一の権威者ではない。人為的要因による地球温暖化をめぐる議論にまつわる問題は、可能性についての科学的情報と、起こりうるさまざまな結果の対価をどのように比較するかにもある。

大気中の二酸化炭素の排出量を削減する計画があるとする。科学者によると、それには１２０億ドルの費用がかかるが、環境へのダメージによる損失は２００億ドル減り、差し引き80億ドルの純益が出ることになる。この計画がうまくいかなければ１２０億ドルを失うだけだ。10億ドルを１単位として計算すると、計画が成功したときの対価は8単位、失敗したときの対価は－12単位だ。

さらに、この計画が成功する確率が70パーセントであると考えるたしかな理由があると仮定する。どうすればよいかを決めるには、節約しうる金額と失敗するリスクの比較検討が必要となる。ここで選ぶべき道を教えてくれるのが、意思決定理論という、数学のなかでもかなり研究が進んだ分野である。

意思決定理論は、発生する可能性をもとに、2通りの結末の対価を比較検討するというものだ。比較検討の結果は、期待値と呼ばれる。先ほどの例だと、計画が成功する期待値は0・70×8単位＝5・6であり、計画が失敗する期待値は0・30×(－12単位)＝－3・6となる。

数字をみることで、この計画は実行する価値があることがわかる。成功した場合の期待利益が、失敗した場合の期待損失より大きいからだ。別のいい方をすると、期待値の合計がプラスとなった場合、その計画は実行する価値があることになる。

この単純な例からすると、気候変動をめぐる議論についても、科学的な解決策に到達することができるように思える。当然のことながら、あらゆる計画を考慮しなくてはならないだろうし、その結果を慎重に評価しなくてはならないだろう。それでも、それぞれの計画の相対費用と利点、さらには成功する可能性がわかれば、最善の行動を算定することができそうに思える。

ところが残念なことに、この目論見はうまくいかない。なぜなら、科学的知識は正確な可能性ではなく、可能性の幅しか示してくれないからだ。成功率が60パーセントから70パーセントだとわかったなら、まだ運がいい方だ。だが、成功率が0・70ではなく0・60だったとして計算すると、計画が成功した場合の期待値は、0・60×8＝4・8となり、計画が失敗した場合の期待値は、0・40×(－12)＝－4・8となる。これら2つの期待値の和はゼロとなるので、計画を実行するメリットはないことになる。可能性の推定は困難なものであるにもかかわらず、数字が少し違っただけで、結果は大きく変わってくるのだ。

対価に話題を転じよう。金銭的な利益と損失の推定値も経験則にすぎないのだが、ほとんどの問題で金銭的対価以上の判断が必要になる。そうした判断はきわめて主観的なものとなり、かなりおおざっぱな数字しかだすことができない。それゆえ、気候変動をめぐる議論において、わたしたちのニーズと将来の世代のニーズの比較検討などできるわけがない。

また、先進国と途上国のあいだの対立はどうとらえればいいのだろうか？　こうした疑問に対して理にかなった答があるのかもしれないが、期待値の一覧表からその答が読み取れるわけではない。数字を使う意思決定理論には力があるのだが、それでもわたしたちは「精密さなんてものはつくりもの」[21]であることを理解しなくてはならない。

科学的事実と政策決定の論理的ギャップにほとんど意味がないこともある。たとえば、最大級のハリケーンがニューオーリンズを直撃する可能性が高いとなれば、避難命令をだす十分な理由となる。「最大級のハリケーンが直撃しそうだ」という前提から「この街から避難すべきだ」という結論を導くのは妥当ではないと主張しても実際上あまり意味がないだろう。

しかし、地球温暖化やほかの科学が関連してくる政策問題では、科学以外の補助的な前提が明らかではないので、かなりの議論を積み重ねなくてはならない。人為的要因による地球温暖化にまつわる事実だけでは、明快で具体的な対応に結びつけることは不可能だ。科学だけに訴えても決め手にはならず、対価をめぐるめんどうな議論に巻き込まれることがほとんどだ。政策勧告に科学者が賛同したとしても、その専門知識は対価まで判断するものではない。

だから、プラトンの哲人王の代わりに科学者王を、というわけにはいかない。そもそも、科学の権威を頭から信用することはできない。権威として誰を認めるかをまず決めなくてはならないからだ。さらに、科学的成果と具体的な政策決定のあいだには少なからぬ論理的ギャップがあることがほとんどで、プラトン没後２４００年経った今でも対価の問題にひと言で答えられる専門家はいない。なにをすべきかをみきわめる仕事は、専門家でないわたしたちに託されているのだ。

ここまでみてきたように、科学のそれぞれの分野は信頼できる実際的な指標にはなりえない。しかし、現実には科学的主張と称するものが売り買いされている市場があるので、本章では購入に値するものを選びだす哲学的ツールを提供した。次章で、一見科学的結論にみえるものが実は哲学的前提を伴っており、それゆえに実証的裏づけのみならず、哲学的省察による裏づけも必要となることについて解説する。

第3章　科学の限界

2011年のグーグルの時代精神会議《ツァイトガイストカンファレンス》で、スティーヴン・ホーキング博士は「哲学は死んだ」と発言した。哲学者が「現代の科学の発展についてきていない」というのがその理由だった[1]。かつて、科学は哲学の一部だった。アリストテレスは天文学者であり、物理学者であり、生物学者であり、心理学者であり、政治学者だった。命題を実証主義にもとづき厳密に扱う方法がみいだされることで、科学は哲学から分離した。そして、哲学は、経験や概念についての思索にもとづき研究を進める、口先だけの企画となった……。

一方で近年の科学は、かつては哲学が引き受けていた疑問に答えるべく、実証研究を重ねている。ホーキング博士をはじめとする物理学者たちは、なんのためらいもなく、自分たちの仕事は哲学に取って代わると主張する。

意識についての物理的説明はほぼ完成しているし、神経科学者の一部は自由意志などないと考える。心理学者には、道徳観や幸福にまつわる倫理的問題にはすでに答をだしたと主張する人もいれば、理性の欠点をみつけたと考える人もいる。さらには、「いつもなにかがあり、なにもない状態がないのはなぜか?」という深遠な問いに答えるツールをもっていると考える物理学者もいる。

ここまでの2章では、政治や科学など哲学以外の命題についての議論をみてきた。本章では、きわめて哲学的な命題に話題を転じる。そして、そうした命題に対して哲学はいかなる力をもち、その貢献度は科学と比べていかほどなのかを考える。

意識と脳

意識に関心をもつ哲学者のあいだで評判の、2つの架空のシナリオ（思考実験）からはじめよう。これは、「意識とは脳がつくりだしているものだ」とする神経科学の主張に挑むものだ。

意識が脳とは別のところから生じるような場合には、主観的（意識の内的なみえ方）なものと客観的なもの（意識の外的なみえ方）を区別することが必要となる。これを区別することが心身二元論であり、意識は脳に左右されるが、脳と同一ではないとされる。これは、意識を理解するには脳だけに注目すればよいとする唯物論と対立する考え方だ。唯物論と心身二元論の議論を検討するにあたっては、論理的可能性と物理的可能性の違い、現象的意識と心理的意識の違いをみていく必要がある。

わたしたちが科学を信頼するのは、それが世界の直接的観察にもとづいているからだ。だが、こうした観察はわたしたちの経験から得られるものであり、経験自体は主観的な現実であるから、科学の客観性は信頼できないようにも思える。

経験が、科学で説明可能な物理的器官（脳）に依存しているのは周知の事実だ。しかしながら、赤くみえる、痛みを感じる、恋に落ちるといった経験が物理的なものだといわれても、そうした考えを理解するのは難しい。

経験が客観的な物理的現象と相関関係にある、あるいは物理的現象によってもたらされることはいうまでもないが、主観的事実である経験は事実そのものなのだろうか？　わたしが痛みを感じたら、科学者は痛みを生みだす脳の活動を観察するだろう。しかし、わたしが感じる痛みそのものを観察することはできない。科学で観察できるのが公的で客観的なものであるのに対し、わたしが感じるのは私的で主観的なものだからだ。

メアリーとゾンビ

色覚異常の神経科学者

色知覚を専門とする神経科学者メアリーは、将来のある時代にくらしている。その時代には、神経科学は色についてのすべてを解明しており、メアリーも色や色覚に関する物理的現象をすべて把握している（ここでの「物理的」とは、完全に客観的であり、主観的側面が一切ないことを指す）。

ところが、メアリーには生まれつき色覚異常があり、なにをみても白黒映画のようにしかみえない(ここからは、この話の標準的な展開から外れることにする。標準的な展開では、メアリーは目がみえるようになるのだが、どういうわけか、完全に白黒映画のような環境のなかで一生を終える)。

幸いなことに、手術によって彼女の視覚は正常になる。メアリーが病室をみまわすと、夫から贈られた赤いバラの花束が目に留まる。その瞬間、メアリーははじめて赤という色を経験し、赤がどのようにみえるかを知る。経験が、それまで知らなかった色についての事実を伝えたことは明らかだ。だが、思いだしてもらいたい。メアリーはこの経験をする前から、色についての物理的現象をすべて理解していたのだ。

そうなると、色について、物理的ではない事実があるということにならないだろうか？　もちろんそれは、色がどのようにみえるのかという事実についてだ。かくして、物理学は色についての事実のすべてを記述できるわけではない、ということになる[2]。

自分と瓜二つのゾンビ

次に、映画に登場する人の脳を食い尽くす不死身のゾンビではなく、哲学的ゾンビについて考えてみよう。哲学的ゾンビというのは、わたしたちとみた目はまったく同じだが、主観的経験をまったく欠いた存在のことである。

さて、双子の兄弟か姉妹がいると想像してほしい。遺伝学的に同一というだけでなく、細かいところまであらゆる身体的特徴が同じ、さらには、素粒子の並びまで同じだとしよう。この双子に主観的経験がまったくないということが、論理的にありうるのだろうか？

自然の法則により、ある客観的な物理的構造はそれに対応する主観的経験と相関関係にあるのかもしれない。すなわち、脳がある物理的状態におかれたときに痛みを感じたり、赤くみえたりするのは、それが自然の法則だからかもしれない。だが、自然の法則は、「論理的に必然」なのではなく、「物理的に必然」であるにすぎない。別の法則をもつ世界が存在する可能性は十分ある。

したがって、脳がある特定の状態にならないとある特定の意識を生むことはないのだとしても、物理的には自分と同じだが、なんの経験もない存在、双子ゾンビが存在する可能性がある。だが、もし双子ゾンビが論理的にありうるのだとすると、わたしの経験にはわたしの物理的構造をこえたなにかが含まれていることになる。双子ゾンビは物理的構造がすべてわたしと同じであるのに、異なる経験をしている。つまり、物理学はわたしの経験についてのすべてを表現できるわけではないということになる[3]。

物理学がすべてではないかもしれないと考える哲学者も、経験は物理的なものでもあると感じている。たとえば、物が赤くみえるときは、光子が網膜に当たり、網膜からの情報を処理して色という主観的感覚を得るという、一連の物理的現象が起きている。「みえること」のなかには純然たる物理的現象があり、だからこそ、監視カメラは誰かが部屋に入るのを「みる」ことができる。

哲学者はこれを心理的意識（外部から観察できる客観的現実）と呼ぶ。だが、「みる」ことのできるカメラには主観的経験がない。つまり、現象的意識（内省によらないと観察できない主観的現実）は存在しないことになる。

主観性が問題となるのは、わたしたちがカメラの記録した内容をみることになったときだ。経験は物理的ではないという主張が当てはまるのは、この意味での経験に限られる。そして、この主観的な意味での経験が、わたしたちの豊かな内面生活を生みだしている。

ただし、この思考実験が魂やそのほかの超自然的実体が存在することを証明していると考える哲学者はまずいない。大半の哲学者が、わたしたちが生きている自然界をこえるような世界は存在しないと主張する。彼らの主張は、この世界のなかに自然的現実として意識があり、それは純粋に客観的な物理的説明の領域からは外れてしまうというものだ。

デイヴィッド・チャーマーズは自然論的二元論というものを支持している。チャーマーズは、自然科学が成功を収めてきた物理的現実（完全に客観的で主観的側面をもたないもの）のみならず、わたしたちの心を理解するのに必要な主観的側面をもつ非物質的現実も存在すると考えている。ところが、こうした非物質的現実もまた自然界の一部であり、物質的研究と非物質的研究をうまく組み合わせることで、いかにして主観的経験をつくりだすことができるかを統合的、そして科学的に説明できるはずだと考えている。だからこそ彼の二元論は「自然論」的なのであり、わたしたちが自然科学を通じて理解する自然界をこえた超自然的現実など存在しないと考える。

意識は完全に物質的であると考える唯物論者は、この2つの思考実験から得られる、「科学的客観性と主観的経験のあいだには埋められないギャップがある」という主張にいったいどのように答えるのだろうか？　おそらく、もっとも一般的な回答は、「関連する科学的概念がないから、主観的経験を物理的に記述できないにすぎない」というものだろう。実際、生物科学という概念が生まれるまで、わたしたちの多くは生き物が完全に物理的であるとは考えていなかったのだ。そうだとしたら、どうして今、経験が物理的ではないなどといい切れるだろうか。

たとえば、唯物論を哲学の立場から擁護するダニエル・デネットは、双子ゾンビは論理的に可能らしいと認めたうえで、ガリレオから300年以上経った今も、「太陽が地球のまわりを回っているようにみえないこともない」と指摘した。そして、「将来の哲学者や科学者や一般の人々が、今の時代の人間が意識のことで困惑している姿が化石に残されているのをみておもしろがる日がきっとくる」と予見し、「意識の機械論的な理論はなにかを見逃しているかのように将来の人々はいうかもしれないが、もちろんそれは幻想だ。実際には、この理論は意識について説明を要することのすべてを説明している」と述べた[4]。

唯物論に異を唱える主張の足をすくおうと、デネットは彼なりの思考実験（直観のポンプ）を二例示している。

双子のゾンビについてはジンボ（Zimbo）というアイデアを紹介している。ジンボは一種のゾンビなのだが、わたしたちの主観的状態（みる、考えるなど）と同等のものを無意識にもっているばかりでなく、こうした状態に対する主観的自覚に相当するものも無意識にもっている。デネットはジーク（Zeke）（ジンボのひとり）との会話を想像し、会話のなかでジークがもっている考えや感情についてたずねる。「ジーク、ぼくのことが好きかい？」……「もちろん好きだよ」……「こんなこと訊いて、気になる？」……「えーと、ああ、侮辱されたみたいだった」……「どうしてそう思うんだい？」……「ちょっとむっとしたり、ビビったりしたのを思いだしたんだ[5]」

デネットは、ゾンビという発想をここまで深く掘り下げると、そうした存在がわたしたちとは違うと主張する意味はないだろうという。ゾンビが無意識なのかどうかを知る手立てはないからだ。「ジークがジンボであるかどうかを、あなたはどうして気にするのだろうか？　あるいは、あなたは自分がジンボなのかどうかを気にするだろうか？　そんなこと、あなたにはたしかめようがないのに[6]」

同じくデネットは、メアリーにとって色の「すべてを知る」ことがなにを意味するかを考えてみると、実際にみてみるまでは赤がどのようにみえるかは彼女にはわからないという前提に疑問が生じると主張する。たとえば、メアリーがはじめて色をみたとき、夫がいじわるして赤いバラではなく、青く着色したバナナをみせたとしよう。そのとき、メアリーはすぐにそのいたずらに気づくはずだとデネットはいう。

メアリーは色について科学的に知りうることをすべて知っているのだから、青いバナナをみたときにどのような考えが頭に浮かぶかを知っているはずだからだ。だから、いまみているのが黄色ではなく青色だということが、すぐにメアリーにはわかるのだという[7]。

ここで問題にしたいのは、デネットの議論が唯物論に対する批判にうまく答えているかどうかではない。問題にしたいのは、彼の反論が科学的ではなく、哲学的だという点だ。彼は唯物論の批判を論破するために、実証的論拠を示したわけではない。そうではなく、わたしたちを概念的な世界に連れだしたのである。肝心なのは、反唯物論的主張を受け入れるか拒絶するかは、科学的思考ではなく、哲学的思考に左右されるということだ。すなわち、「意識」や「みること」についての科学的事実ではなく、それらが「なにを意味するか」にかかっているのである。

科学的事実ももちろん関係している。しかし、たとえ科学が知りうることをすべて理解したとしても、意識のなかには物質をこえたなにかが存在するのかどうかについて結論を下すには、意識についての哲学的な理解が必要となるだろう。

デネット自身もこのことを認識しているようだ。科学が意識についての問いにすべて答えたとしても、「深く不可解な謎は残り、やがて出発点を見直し、生物学、物理学、さらには論理学についいても、新しい形を探求すべきときがくるだろう」と述べている。[8] このとき、「不可解な謎が残っている」のかどうかを判断するのは科学ではなく、哲学となるだろう。

科学がすでに意識の説明についてできることをすべて終えたのであれば、わたしたちには物がどのようにみえるのかなど説明できないことになる。そのときがくれば、ひょっとしたら、意識についての完全に客観的な説明が、主観的経験から知るすべてとなぜ一致するのかを理解できるようになるのかもしれない。1つ明らかなことは、現時点でははっきりしたことはいえないということだ。今の科学では、唯物論が正しいかどうかわからない。強い主観的な感情があったとき、その土台となるのは決定的な論拠ではなく、信頼である。

心を研究する哲学者のヴァレリー・グレイ・キャッスルは次のような発言をしている。「わたしは筋金入りの唯物論者であり、意識の説明については実証的調査が適切な手段であることを絶対的に確信している。そして自分と意見を異にする人に向かって説得力のあることがあまりいえないのも理解している。しかし、今日科学とされているものがいつの日か、意識について解明するだろう。わたしはそうした全面的、絶対的な信頼を抱いている」[9]

現在の科学的、哲学的理解のレベルでは、チャーマーズの自然論的二元論もデネットの唯物論も信頼の対象でしかないのである。

神経科学と自由意志

次に、自由意志は錯覚であることを証明したとされる実験について考察しよう。この論考では、原因となることと強制的に引き起こすこと、事実とその意味、行為とできごとの、哲学的な違いに注目する。これらは、両立主義という考えにつながっていくものだ。そしてこれは、わたしたちの意志は自由でありながら、外的要因によって引き起こされうるものだという哲学的見解である。

「わたしたちは自分で選んでいるように思うものだが、実際には選んでいるわけではない」と神経科学者パトリック・ハガードはいう。[10] 彼の主張はベンジャミン・リベットとともに行った実験が土台となっている。

その実験では、被験者は回転する時計の針をじっとみつめ、いつでも好きなときに手首を動かすようにと指示される。続いて、手首を動かそうと自覚した瞬間の時計の針の位置を報告する。手首を動かしはじめた時間は、手首の動きと連動する脳領域の準備電位（ＲＰ）によって測られる。驚くべきことに、ＲＰという、運動皮質領域における電気的活動の増加は、意志（による行為）に先行したのである。

ハガードは次に、自由意志の研究としてのこの実験の背景を述べている。

意図を意識した瞬間が準備電位（RP）の開始点に先行したならば、自由意志という概念を支持しうることになる。先行する意識的な心の状態が、それに続く中立的な行動を開始させることになるからだ。逆に、意図を意識した瞬間が準備電位の開始点のあとからきたならば、自由意志は存在しえないということになる。[11]

実験の結果、被験者による（RPで測定した）行動の開始は3分の1秒から2分の1秒ほど、意図を意識した瞬間に先行した。実験の理屈からして、手首を動かすことを決めたのは被験者の主観的経験のはずなのだが、そこに自由意志はなかったことになる。行動がはじまったあとで決断がなされた以上、決断が行動を引き起こしたとはいえないからだ。

こうした実験結果を、被験者の動きが自由ではなかった証拠として受け入れるには、まだいくつか科学的な問題がある。手首を動かそうと決めた瞬間についての被験者の自己申告は、どの程度正確だろうか？　相関関係と因果関係の違いを思いだしてみたとき、RPは動きの原因であり、相関関係があるにすぎないわけではないと、確信をもっていえるだろうか？

さて、こうした反論のすべてがその後の実験によって葬られ、わたしたちの一見自由にみえる意志が、実は脳内で先行するなにかしらの物理的事象によって引き起こされたのだという科学的に間違いのない証拠が得られたとしよう。その場合、本当に、決断が自由ではなかったということになるのだろうか？

ここで、行動が自由であるとはどういう意味なのかを哲学的に理解する必要が出てくる。なんらかの原因があって選択させられている以上、選択が自由であるわけがないように思えるが、それでは、なぜ「原因がない選択は自由である」といえるのだろうか？　ある選択に原因がまったくなかったとしたら、それは偶発的なできごと、つまり、思いがけなく起きたできごとということになる。原因のない、すなわち、自分の心（あるいは脳）に起きたことによって生じたわけではない選択を自分の選択と呼べるだろうか？

このような思考の筋道をたどった多くの哲学者のひとり、ディヴィッド・ヒュームは、自由意志には必ず原因があり、自由と因果関係は両立するはずだと主張した。だからこそ、わたしたちはこの見解を両立主義と呼んでいる。もちろん、常に両立するというわけではない。たとえば、屋外に出ると考えただけでパニック障害に陥るために屋内にいることを選んだとすると、その選択は自由とはいえない。この場合、原因があってこうした行動を選んだというだけでなく、選ばざるをえなかったのである。

しかし、ひょっとすると、本を読み続けたくて家のなかにいることを選んだのかもしれない。その場合、読書を続けたいという願望が原因で家のなかにいるわけであり、その願望が家のなかにいるよう強制しているとはならない。つまり、願望に反することが選択の原因となるのではなく、願望が原因となって選択がなされる場合に、その選択は自由だったということになる。選択の原因がなにもない場合、その選択は自由ではない。選択が自由なのは、それが原因によって正しく引き起こされる場合だ。それが両立主義である。

行為とできごとの哲学的な違いからも両立主義をみていこう。おおざっぱにいうと、行為とは自分がすることであり、できごととは自分に起きることだ。典型的な例をあげるなら、自分の腕を上げること（行為）と、自分の腕が上がったという事実（できごと）の違いである。両立主義の観点からいうと、まったく同じ動きであっても、自分がすると自由な行為になるし、先行するほかのできごとによって引き起こされるとできごとになる。

両立主義を支持する哲学者は、「正しい形で」引き起こされる、自由であるとされる選択にはどのようなものがあるかをくわしく説明してきた。[12] 一方支持しない哲学者は、そこになんらかの意味があるのは間違いないとしても、やはり自由意志に原因などないと主張している。こうした取り組みは多くの重要な洞察や傑出した考えに結びついたが、選択が自由であるための必要条件については、今も活発な議論が続いている。

リベットの実験やそれに似た実験のロジックは、脳内の物理的変化によって引き起こされたものではない選択を自由な選択であると定義したにすぎない。これは概念をみいだし、概念を評価するために用いられる科学的手続きや操作に関する概念の定義であり、科学哲学者が操作的定義と呼ぶものだ。操作的定義は、観察結果の意味を正確に教えてくれるものなので、科学的観察には必須である。

だが、操作的定義はわたしたちが関心をもつものについて考えるときに適したものとは限らない。たとえば、医師があなたに今の痛みをレベル0（まったく痛みがない状態）からレベル10（考えうる最悪の痛み）で表すといくつになるかと訊いてきたとする。この単純な検査は、複雑な現象（主観的な痛み）をもっと観察しやすいもの（数字を口頭で答えること）におき換えている。患者の苦しみをおおまかに理解するには便利な道具だが、どういう痛みかは伝わってこないし、痛みの正確な程度も伝わってこない。

自由のように、複雑で論議を呼ぶ概念については、操作的定義について、実験から結論を引きだす前に徹底的に検討しなくてはならない。リベット式の実験については、「物理的な原因が存在する選択は自由であるはずがない」という操作的定義を用いている。これ自体は、自由についての哲学的「仮定」であり、科学的証拠によって裏づけられたものではない。

なにが選択を自由にするのかという問題を理解することは自由についての科学的実験を解釈する

うえで必須だが、そこに科学的観察が伴うわけではない。なぜなら、「なにが選択を自由にするのか」は、事実ではなく「意味」についての問いだからだ。操作的定義を使って議論を続けると、このきわめて重大な差を無視することになる。ハガード自身もこの点を感じていたようで、実験に関する論考の終盤で、解釈は「なにが自発的行動によって選択されるのかという、哲学的な問題によって左右されるだろう」と述べている。[13]

わたしが手を振ったという事実は科学的な観察で立証できる。だが、手を振ることで挨拶をしているのか威嚇しているのかは、解釈の問題となる。カメラがとらえるのはわたしの腕が動いたという事実だけであり、この動きの意味を見抜くわけではない。それと同じく、科学的観察は脳内のできごとが原因となって選択が行われたことを証明するかもしれないが、その選択が自由であるかどうかを知るには、自由の意味を理解しなくてはならない。カメラの写真が威嚇行為を記録できないのと同じく、実験だけから選択が自由だったかどうかはわからないのだ。

だからといって、自由は科学の知識が及ばない領域であるとはいい切れない。そうかもしれないし、そうでないかもしれない。重要な点は、自由のための科学的実験を設計しようにも、自由をどのような意味で使っているのかについて十分確立した考えをもっていないことだ。結局のところ、自由についての適切な操作的定義をもっていないことが問題なのだ。より正確にいうと、先行する脳内の事象によってそれに引き続く自由意志がどれほど左右されうるのか、その可能性がわかっていないのだ。

脳科学は、脳内のできごとがいかにわたしたちの選択に影響を及ぼすかについて具体的な情報を提供してくれる。選択が自由であるとはどういう意味なのかを哲学者が完全に理解できる日はこないかもしれない。しかし、脳科学者とともに研究を進めれば、人がふつうに行う選択が自由かどうかを判断するくらいのことはできるかもしれない。そして、科学と哲学が手を組むことで、単独では達成できない自由の問題を解決しうるかもしれない。

幸福と道徳の哲学

近年、幸福の哲学の実証研究がブームとなっている。幸福は、いかに生きるべきかの指針、あるいは、存在や道徳の究極的な価値とみなされる。幸福にさまざまな意味があるなか、哲学（事実と価値、直観と理性の違い）を用いてそうして研究の限界を論じていこう。プラトンの直観と理性に関する見解が、深い洞察をもたらしてくれるはずだ。

心理学者は幸福とさまざまな遺伝的、社会的、経済的、人的要因の相関関係を示す実証データを蓄積している。そうしたデータには、今も昔も変わらないものがある。たとえば、財産、美しさ、喜びは、幸福にあまり影響しない。だが、驚くようなデータもある。重い病気にかかってもさほど幸福度が下がらないのが一般的であるだとか、結婚は幸福の源泉にも、不幸の源泉にもならないといったものだ。

幸福についての新しい研究は、希望を与えると同時に疑念も招く。ソニア・リュボミアスキーなどの心理学者は、カウンセラーたちの直感や逸話ではなく、人々を幸せにするための科学的プログラムを使ったと称する新しいジャンルの独習書を開発してきた[14]。ただし、こうした研究が用いるメソッドには重大な問題がある。どれほど自分が幸福であるかについての申告を信用してよいのだろうか？　幸福という、きわめて主観的でとらえどころのない性質を客観視すること、定量化することが本当にできるのだろうか？　意識の場合と同様、客観的なものとしての（科学によって測定できる）幸福と、主観的なものとしての（内面から生まれる）幸福を区別しなければならない。

自由意志の場合と同じように、幸福の研究が難しいのは、その意味や価値がかかわってくるからだ。結局のところ問題は、幸福ということばがいったいどういう意味で使われているかを適切に表現する操作的定義をみつけることだ。研究者が幸せですかとたずねたとしても、回答者がどういう意味で「幸せ」といっているのかがわからなければ、その回答から得られるものはなにもない。「いま現在、とくにひどい痛みを感じてはいない」という意味でいっているのかもしれないし、「自分の人生はかなりひどいことになっているが、なんとか受け入れている」という意味でいっているかもしれない。「昨日よりはずいぶん気分がよくなった」から幸せだという人もいるだろう。幸福の研究では、このことばのさまざまな意味を明確に理解することが不可欠となる。

多くの哲学者は、心理的状態としての幸福（たとえば、苦痛よりも喜びをより多く感じていること）と、人生を前向きに評価することとしての幸福を区別している。しかし、結局のところそこに問題がある。

調査をしてみると、人々が幸福に対してもつさまざまな考えを知ることができる。これまでの調査をみる限り、その人なりの目標（結婚、子供の誕生、財産、名声）を達成しても、自分を幸福とみなさないことが少なくない。また、ほかの研究によると、人は仕事などの自分を幸福にしないと思っている物事をしているときにもっとも満足感を覚えるという。[15]

調査でみいだされた幸福の概念が、わたしたちを本当の幸福に導くものとして十分に検討されたと考える根拠はどこにもない。より豊かで、より繊細な幸福の概念に到達するためには、哲学に目を向けなくてはならない。プラトンやアリストテレスから、ヒューム、ミルを経てヘーゲル、ニーチェに至るまで、幸福の意味についてきわめて深い洞察が示されてきた。

ただ、さまざまな幸福の概念をすべて明らかにしたとしても、どの概念を達成すればよいかという問題が残る。ここで直面するのは事実ではなく、価値の問題である。どれを追求しているかではなく、どれを追求すべきなのかという問題、つまり、「望んでいる幸福」と「望ましい幸福」の違いである。調査からこうした論点に答えることはできない。哲学的思考が必要なのである。

だからといって、専門家の哲学的見解にただ頼るだけでは、どのように生きたらよいかはわからない。わたしたちの誰もが、自分自身でこの問いに答えなくてはならない。幸いなことに、哲学は答えがない問題について、答えを探す術を与えてくれる。快楽こそ幸福の鍵だと考えるのならば、ジョン・スチュアート・ミルの感覚的快楽と知的快楽の見分け方が役立つだろう。ロバート・ノージックは、常に強烈な快楽状態をつくりだす装置があったとして、わたしたちは自ら選択してそこに体をくくりつけるだろうかと問いかける。快楽を経験する以外に人生で成し遂げるものがないとしても、それでもそうするだろうかというのである。

さらに別の視点から、イマヌエル・カントは、幸福はよき人間生活の目標であるべきだろうかという問いかけをしている。つまり、幸福に反しているとしても正しいことをすべきではないかといっているのだ。ニーチェとサルトルは、道徳観そのものが人間という存在にとっての価値ある目的だろうかと問う。ニーチェは、道徳観は強さよりも弱さを讃えるものだとし、サルトルは、自由な選択に対する責任を回避する手段だとした。これらの本質的な問いかけは実証的ではないため、幸福について答えることはできない。誰が論じたところで、これらの問いかけには概念による明確化や区別が必要であり、それは科学的観察ではみつからない。

心理学者が道徳観という論点に取り組むときも、同様に意味と価値の問題が生じる。この点の最高のお手本がジョナサン・ハイトである。ハイトは、道徳観を心理学的に説明することは、旧来の哲学的見解に直接挑むものであると、率直に表明している。[16] 具体的にいうと、ハイトは、『共和国』におけるプラトンの議論にある、正義（道徳的に正しいという意味）のくらしが不道徳なくらしよりすぐれているのはなぜかの証明に異を唱えている。

それは、『共和国』のなかで、プラトンの代弁者を務めるソクラテスが、若き友人グラウコンが示した「人生を自らの欲望を満たすことだけに捧げた人でも幸福になれるかもしれない」という見解に応えるくだりだ。幸福になるために必要なことは、その人が自分の利己性を隠すことで、道徳にまつわる評判を享受することだとされたのだが、グラウコンはこの主張が正しいとは思っていなかったのだ。

ハイトは、ソクラテスの反駁を次のように簡潔にまとめている。「幸福な人間は理性に支配されていなくてはならない。理性はうわべの美徳ばかりでなく、本当に善なるものを気にかけるからだ[17]」。ところがハイトは、ソクラテスは人間のくらしにおける理性の役割について間違った見方をしていて、それゆえに誤っていると主張する。「理性は支配者にそぐわない。理性は真実ではなく、正当化を求めるためにある」というのがその理由だ。ここでいう正当化とは、「自分の評判を守るとか、自分を支持するように他人を説得するといった、社会的な戦略目標」の追求のことである。ハイトは心理学的実験を積み重ねたものを根拠として、「グラウコンは正しい。人は、現実よりも外観や評判のほうをずっと気にするものだ」としている。[18]

しかし、プラトンは、人が理性を用いて真実を探求するのではなく、評判を優先すると聞いたとしても、まず驚かないだろう。『共和国』でプラトンが描いた洞窟の比喩は、ハイトが指摘しようとした点を鮮やかに表しているからだ。

ハイトは、自らの心理学的研究はプラトンの思索と比べて分が悪いと考えているようだ。ハイトの研究は、わたしたちの決断が、ハイト自身が「第六感」と呼ぶ、道理にもとづかない直観に強く影響されることを示しているらだ。プラトンはそうした直観的な反応に影響されることなく道徳的な決断が行われているはずだと考えていた。

ハイトの見解もプラトンの合理主義も、人間には直観に支配された人生しかないとする見解を否定している。「私欲や評判を心配する感情が働いているときは、善良で、偏見のない、真実を追求する思考を個人に期待すべきではない」というのがハイトの主張するところである。もっとも、ハイトは社会的次元では希望をみいだしている。「複数の個人を正しい形で一緒にすれば、すぐれた思考を生みだす集団を創造することができるはずだ」[19]

ハイトの見解は、プラトンの思索とまったく関係がないわけではない。

プラトンは、真実は互いに説明責任をもつ探求者間の議論からしか現れないと考えた。そして、倫理は思考ではなく直観（直接的な道徳的判断）にもとづくものだというハイトの主張にも、プラトンは異議を唱えないだろう。

実際のところ、プラトンの説明がハイトのそれよりもすぐれているのは、道徳的論証においていかに直観が機能するかを証明しているからである。プラトンはまず、道徳的論証は最終的に、論理的裏づけがない前提に頼りながら論理的に結論を引きだす点を強調している。第1章でみたように、論理はそのすべての前提の真実性を証明することができないので、仮説的知識しか生むことができない。つまり、論証が確実に真実を生みだせるのは、論証が、その出発点となる前提を正当化する直観的知識によって補完される場合だけだということになる。

ハイトがいう直観は、遺伝子や社会的状況が影響する即断にすぎないので、こうした役割を果たすことはできない。一方、プラトンがいう直観は、根本的な道徳的真実への知的洞察である。そして、それは独りきりで瞑想している個人の単なる意見ではない。社会システムにおける長期にわたる身体的、感情的、知性的営みから生まれたものだ。

哲学者であり支配者でもある人々による「教育」とプラトンがいうのはこの意味であり、その詳細は『共和国』で詳細に描かれている。ハイトは、論証は社会的過程であるととらえているが、彼がいう直観（議論の前提として唯一可能な出発点）は信頼できない即断にすぎなかったため、なんの根拠にもなっていなかった。プラトンは他者との分別ある知的かかわりの必要性を理解しており、そうしたかかわりならば、信頼できる道徳的直観になりうるだろう。

以上みてきたように、プラトンは理性と直観の違いをより適切に説明していることがわかる。ハイトも、この違いを考慮することができるはずなのだが、彼はプラトンやほかの哲学者の大半とともに取り合っていない。おそらく現代でもっとも重要な道徳哲学者であるイマヌエル・カントの仕事さえ、深みのある洞察ではなく、「自閉症の領域」にある自我について熟考しているだけだとして取り合わないだろう[20]。

倫理学者は、道徳観についての実験が急増していることを考慮すべきだとした点でハイトは正しいし、多くの哲学者もその意見に賛同している。しかしながら、わたしたちの日々の経験は今でも道徳的な知識の重要な源である。ハイトの実験結果は、詐欺行為が発覚しそうになると人は正直になる傾向にあるというわたしたちの経験と一致するので、信憑性があるようにみえることが多い。しかし、単純化して制御された実験と、制御されていない現実生活の複雑さの違いに注意しなければならない。

道徳観を研究する科学的心理学は道徳的経験から離れることができないばかりか、こうした経験を哲学的に解明し、改善していかなくてはならない。つまり、心理哲学は、プラトン、アリストテレス、ヒューム、カント、ヘーゲル、ニーチェ、さらには自分なりの研究を続ける現代の哲学者から学んだことの上に築かれなければならないのである。

論証の価値

哲学者は、理性一般についての従来の見解に対して問題を提起している。哲学者は自分を論証の専門家だと考えている。なんといっても、論理学を創案したのはアリストテレスであり、記号論理学が現代において発達したのは、ゴットロープ・フレーゲ、バートランド・ラッセル、アルフレッド・ノース・ホワイトヘッドといった哲学者の仕事によるものだ。ところが、フランスのふたりの認知科学者、ダン・スペルベルとユーゴ・メルシエによる研究は、理性というものが、哲学者が考えるような真実を得ることにではなく、議論に勝つことに向けられていることを示唆した。この主張については、懐疑論に対する哲学的論理、そして、知識と本当だと信じることとの哲学上の違いを検討していく。本節の最後では、ウィリアム・ジェームズ、ジョン・デューイ、リチャード・ローティといったアメリカの哲学者によって育まれた、真実のプラグマティズム的見解が、スペルベルやメルシエの主張にみられる異議をいかに解決しうるかについて検討する。

スペルベルやメルシエは、人が論証において誤りを犯しがちだという傾向について、広く認められている事実から議論をはじめている。[21] わたしたちは演繹的論理のルールを厳守するのが苦手で、統計的推論において単純な過ちをよく犯す。さらに重要なことは、自分の見解を裏づけるデータには注目するが、それに反するデータは無視してしまうという「確認バイアス」に陥りやすいことだ。

たとえば、被験者に3つの数字（2、4、6）を手渡し、その並びがもつ規則について仮説を立てるようにと指示する。次に、被験者は実験者に対して、ほかの数字の並びが規則に合っているかどうかをたずね、自分が立てた仮説が正しいかどうかをたしかめるようにと指示される。たいていの被験者が訊いてくるのは、自分の立てた仮説に適合する数字の並びだけだ。連続する偶数の数字という規則だと考えたら、8、10、12の並びや22、24、26の並びは適合するかと訊いてくる。どちらの問いに対しても「正解」という答が返ってきたら、自分の仮説は正しかったと確信するはずだ。だが、こうした訊き方では、それぞれの数字が前の数字よりも大きいという、それだけの規則との違いをみきわめることが不可能となる。

哲学が発達したといっても、わたしたちを有能な論証家にするほど格別すぐれた発達をしたわけではないようだ。

ところがスペルベルやメルシエは、そのようにいえるのは論証の主眼が真の結論を引きだすことにある場合だけだと指摘する。論理的に正しくない論証、とくに、自分の見解を裏づけるものには注目し、自分の見解に反するものは無視する論証は、他人との議論に勝つという目的のためには非常に有効である。したがって、論証力の発達にとって肝心な点は、真実に達することではなく、議論に勝つことではないかとスペルベルとメルシエは主張する。

この点については、われわれに知識というものがあることを疑問視する懐疑論に対して異議を唱える哲学的議論を用いて反論が可能だ。懐疑論者が真実などというものはないと主張したとする。仮にそうであるなら、真実など存在しないという主張も真実ではないのだから、まともに取り合う必要はないと答えることになるだろう。

同じような議論はスペルベルやメルシエへの反論としても効果がある。彼らは、先ほどの論証の主眼も真実ではなく、議論に勝つことだと思っているのだろうか？　もしそう思っていないのだとしたら、彼らの理論は自らの論証によって反駁されることになる。そう思っているのだとしたら、彼らは単に議論に勝とうとしているだけであり、議論に勝つことばかりでなく真実に関心を抱く科学者が注目する理由はなくなる。スペルベルやメルシエは、そう思っていても思っていなくても矛盾するという、自滅的なジレンマに陥っている。

ふたりはこの結論に異を唱えるかもしれないが、実証的哲学はこの結論を回避する手段を与えてくれない。とはいえ、哲学的思考がこのジレンマに導いたのであるから、もう少し哲学的に考えれば出口がみつかるはずだ。

わたしたちは、真実を探求することと議論に勝つこととの違いについてもっとていねいに考えなくてはならない。目標が単に真実を知ることだけにあるとしたとき、どのようにして真実を知りえるのだろうか？　はるか昔、プラトンはなにが正しいかを知るだけでは不充分であると指摘した。仮にわたしが宇宙には奇数個の銀河があると信じていて、実際にそうであったとしよう。それでも、その考えに十分な裏づけがなければ、わたしはそのことを知っているとはいえない。それは、根拠のない意見にすぎない。真実を知っているというためには、単なる考えではなく、その考えについての正当な根拠が必要なのだ。

だが、どうしたらある考えを正当化し、それが真実であることを知りえるのだろうか？　この問いに対しては相いれない哲学的回答がいくつかあるのだが、そのなかの1つがとくにスペルベルとメルシエのアプローチに合っている。それは、「正当化とはある主張が正しいとほかの人々を説得することができることをいう」というものだ。

肝心なことは、正当化は社会的なプロセスであるという点だ。ある主張について合理的な意見の一致に達したからといって、必ずしもその主張が絶対的に正しいというわけではない。とはいえ、意見の一致をみたという事実は、ある主張を正しいとする正当な根拠である。たとえば、星は高温の気体の巨大な塊であると考える最大の根拠は、科学者たちがこの主張について、この問題を判断する能力のある人ならほとんど誰もが認めるだろうという議論を展開してきたことにある。

このプラグマティズム的見解は、真実の追及は、議論に勝とうとすることの特殊なケースであるととらえられる。無理強いしたり、騙したりして議論に勝つのではなく、誠実な議論を通じて意見の一致を達成するのだ。重要なことは、真実の発見には議論に勝つことが必要だが、それは議論で相手を負かすという意味ではなく、むしろ、あらゆる反対議論を打ち破る議論をつくりあげていくという意味である。スペルベルやメルシエが、独りで思考を行うのがもっとも疑わしく、社会集団によって行われるともっとも効果的であると主張したなら、この哲学的見解に近づいたことになる。

正当化のプラグマティズム的哲学はさらに必要な段階を踏むことで、スペルベルやメルシエによる論証の心理学的説明は、自滅的な懐疑論であるという主張の餌食にはならないことを証明している。むしろ、この哲学的見解は心理学的説明との一体化によって信憑性を得ている。この共生関係は、哲学と実証的心理学には実りある相互作用があるという好例である。

憂鬱と精神医学の限界

次に応用心理学、つまり精神医学の実践に目を向け、憂鬱についての最近の議論を扱ってみたい。主な題材とするのは、ミシェル・フーコーによる精神病の歴史的、哲学的分析である。さらに、叙述としての正常と評価としての正常の違いにも触れていく。

1961年、ミシェル・フーコーは『狂気の歴史：古典主義時代における』（新潮社）を著した。ルネサンスから19世紀に至る、「気が変になった《マッド》」と診断された人々への治療を記した著作である[22]。史実にもとづく話に、現代の精神医学に対する批判が常に暗示されており、ときとしてかなり露骨に明示されてもいた。現代の精神医学治療の出発点を掘り起こすにあたり、フーコーはその意味と妥当性について重大な問題を提起している。

フーコーによる精神医学批判の中心は、科学的真実に根拠をおくと称する現代精神医学が、倫理的判断を下す仕組みになっている点だった。「わたしたちが精神医学の診療と呼んでいるものは、ある種の道徳的戦術であり、実証哲学という神話に覆いかくされている」とフーコーは主張した。そして、精神医学が「精神を錯乱した人を解放する」と称しているものの正体は、「途方もない規模の道義的監禁」であるとした[23]。

フーコーはレトリックを駆使してありのままの真実を誇張して伝えたと評されることもあるが、それでも彼の主張はしっかりと検討していかなくてはならない。精神医学は、ある生き方はほかの生き方よりもすぐれているという暗黙の了解を土台としているようにみえる。また、精神病の治療は実際のところ、反道徳的とされる振る舞いを制御する社会的手段なのかもしれない。ステレオタイプを拒否した同性愛者や女性が「精神的に病んでいる」と判断されたのはさほど昔のことではなく、今日の精神医学が同じようなうさんくさい判断を下さないという保証はどこにもない。

最近の事例を検討してみよう。現在多くの精神医学治療は『精神障害の診断と統計マニュアル』（DSM）に準じて行われている。最新版（第5版）は鬱病の定義について大改訂を行い、「重い抑鬱性疾患」と診断するためのガイドラインのなかに長年記されてきた「死別の場合を除く」という箇所が削除された。[24] 愛する人を亡くして哀しむ人々に、重い憂鬱の特徴である同種の症状（悲しみ、不眠、日常のできごとに対する関心の喪失）が現れることがある。長年、DSMは、悲嘆にくれることは死別への正常な反応なので、そうした症状を重い鬱状態と診断する根拠とするのは適切ではないと明記していた。新版はこの部分を削除している。鬱病の新しい定義は論議を呼び、哲学の問題がいかに精神医学の治療と関連しているかを深く理解する足がかりとなった。

死別の除外をめぐる議論の核心は「正常」ということばの意味にある。ことばそのものは「ふつうの」あるいは「平均的なもの」という意味にすぎないが、精神疾患の議論では叙述としてではなく、評価のものさしとしての力をもつ。したがって、叙述としての正常と、評価としての正常の違いを明らかにしなければならない。死別を診断基準から除外すべきだとする人は、単に、愛する人と死別したときに鬱のような症状が起こりがちだといっているのではない。こうした症状は愛する人と死別した人々に該当する（あるいは、現われて当然の）症状であるから、精神医学による治療は必要ないといっているのだ。

死別も含めるべきだとする人々は、死別の場合と重い鬱病の場合を比較する実証的研究をもちだす。そして、死別と重い鬱病は本質的に同じ症状が現れるものであり、双方を区別して扱う根拠はないと結論づける。だが、この論理は間違っている。「正常」ということばの叙述的な意味と評価的な意味を混同しているのだ。精神的苦痛は同じかもしれないが、愛する人の死による苦痛には、ほかの原因による苦痛にはないなにかがあるかもしれない。苦痛の性質や程度に関する報告をいくら積み重ねても、それだけでは、それがどのような苦痛であるかは教えてくれない。教えてくれるのはせいぜい、薬を飲んで苦痛を取り除くようにということくらいである。

つまり、フーコーの主張は正しい。精神医学の治療は道徳的な判断にもとづいているのである。これは危険なことである。まず、精神科医自身は、人がいかに生きるべきかについて特別な知識をもっているわけではない。臨床経験にもとづいて、さまざまな生き方から生じる心理学的結果について情報を提供することはできる。しかし、いかなる結果が人生に役立つかについて、特別な洞察力をもっているわけではない。したがって、どのような症状に「精神疾患」というレッテルを貼るかを判断する権限を彼らに預けるのは危険である。

たいていの専門的職業にいえることだが、とくに精神科医は、ほとんどすべての人が自分の奉仕を必要としていると考える（心理学者のアブラハム・マズローがいったように、「ハンマーしかもっていなかったら、あらゆるものが釘にみえる」のだ）。もう1つの要因は、製薬業界が精神科医にプレッシャーを与え、向精神薬の使用を拡大するように仕向けている点だ。その結果、従来は正常とされていた行動（内気であったり、幼い男の子が学校でじっと座っていられなかったり、軽度の不安症であったり）の「治療対象化《メディカライゼーション》」が行われ、批判にさらされている。

もちろん、自殺のおそれのある鬱病、重い精神病などの精神状態には治療が必要であり、その場合精神科医の存在が欠かせない。しかし、治療をめぐって倫理的に著しい意見の不一致がある場合、医師としての訓練を受けた精神科医は純粋に医学的な見地に立つことが多く、それは必ずしも道徳的な問題の判断と適合しない。

ＤＳＭは、医学的見方を理解する人の判断ばかりでなく、より広い見方をもった人の判断にも等しく重きをおくべきだろう。たとえば、アブラハム・マズロー、カール・ロジャーズ、ロロ・メイの伝統を受け継ぐ人間性心理学であれば、死別はこの世で生きていくうえでの在り方の1つであり、人格や社会的コンテクスト次第で意味が変わるものととらえるだろう。医療倫理の専門家なら、実証主義寄りになっている精神医学の視点を、功利主義、カント哲学、徳倫理学といった、倫理的哲学体系で補完していくだろう。

最近登場した急速に発展している分野の、精神科治療の概念と方法論を分析する精神科哲学からは、別の重要な見解が登場するかもしれない。症状の根底にある原因にはまったく注目しなくても、症状の臨床的描写のみから診断を下すことが可能だとするＤＳＭに対し、精神科哲学は根本的な異議を唱えているからだ。

最後になるが、道徳観についてのハイトの哲学でみてきたように、わたしたちは科学的観察のみならず、個人の直接的な経験も考慮しなくてはならない。つらい死別を経験した本人や、その人と一緒に苦しんだ親族や友人の声にも耳を傾けなくてはならない。フーコーなら、心理はとても大切な問題であり、精神科医に任せっきりにはしておけないといっただろう。

しかし、フーコーのレトリックには一部反するが、精神医学には果たすべき役割がないという結論は正しくない。のちにフーコー自身が述べたとおり、彼の精神医学に対する批判の要点は、「あらゆるものが悪いというのではなく、あらゆるものが危うい」ということだ。哲学的省察は、そんな精神医学の危うさに対する有効な防御手段なのである。

無の物理学

哲学のもっとも深遠な問いの1つは、無から有が生まれうるかというものだ。第4章でくわしくみていくが、この問題は神の存在について議論する際の根本的な問題であり、20世紀にはドイツの哲学者マルティン・ハイデッガーが、なにかが存在することの意味を理解するために不可欠な問題だととらえた。最近、著名な天体物理学者ローレンス・クラウスが、この論点については哲学よりも物理学のほうがすぐれた答を出せると主張している。「無」がなにを意味するかについて広く受け入れられている哲学的見解を用いて、この主張に反論できるかどうかを検討してみよう。21世紀のフランスの哲学者アンリ・ベルクソンや18世紀のスコットランドの哲学者ディヴィッド・ヒュームの思想は、無に関するこうした議論の意味そのものを疑問視している。

哲学者は科学の進歩についてきていない、だから「哲学は死んだ」とスティーヴン・ホーキングは主張した。物理学者と哲学者が反目する例はこれだけに限らない。宇宙論を専門とするローレンス・クラウスは「哲学や神学は、それ自体では、わたしたちを困惑させている人間の存在についての真に重要な問いに取り組むことはできない」と主張している。[25]

卓越した科学哲学者であるデイヴィッド・アルバートは、クラウスの著作について否定的な書評を書いている。「宇宙は無から生まれたのかもしれないというクラウスの主張について、わたしがみるかぎりでいえることは、クラウスは完全に間違っているということだ[26]」。それに対し、クラウスはインタビューをとおして、アルバートが理論物理学で博士号を取得していることなどまったく無視して、「間抜けな哲学者」と呼んだ。[27]

好戦的なことばづかいから距離をおいて、もっと明確に全体像をみてみよう。クラウスは「根源的な問い」の理解に資するなにかを哲学者がもっている可能性までは否定していない。そして、アルバートを含むほとんどすべての科学哲学者が、科学哲学という分野には科学についての知識が不可欠であることを認めるはずだ。

哲学者たちは長い間、物質界（自然界）は非物質的説明を必要とするという点を根拠として、神は存在すると議論してきた。彼らの主張によると、神が存在しないとすると宇宙は無から生まれたことになるが、無から有が生まれるのは不可能だというのである。この議論に対しては、宇宙はずっと存在していて、誕生したことは一度もない可能性があるという答え方もある。だが、現代の宇宙論が支持するビッグバンは、そうした可能性を排除するものと考えられることが多い。

クラウスはこうした議論の流れには動じない。この議論の説得力は「無」の意味によって左右されるが、宇宙論というコンテクストにおいては、「無」の意味は、科学がこのことばをどのような意味でとらえるかによって決まるからだという。たとえば、「無」についての科学的意味としては「なにもない空間」、すなわち、素粒子がまったく存在しない空間ととらえる見解がある。ところが、素粒子を理解するために確立された量子力学によると、素粒子はなにもない空間から現われる可能性がある。そうなると、宇宙（つまり素粒子と素粒子がつくりだすもの）が無から現われる可能性もあることになる。

もっとも、クラウスも、なにもない空間から素粒子が現われる可能性については認めている。なにもない空間には、その呼び方とは矛盾するが、絶えず変動して「自然に」素粒子を生みだす「場」があるからだ。哲学者は、こうした「場」こそ、そこから素粒子が現われる「なにか」であると力説するかもしれない。するとクラウスは、それはわかったが、さらに可能性があると答えるだろう。量子力学と一般相対性理論を結びつける重力の量子論によれば、なにもない空間自体が自然に生み出されることも可能であり、そうだとすれば、すべて（空間、場、素粒子……）が無から現われることになる。

では、法則そのものはどうなのかと哲学者は問うだろう。法則は「有」であり、「無」ではない。その法則はいったいどこから現われるのか？　それに対してクラウスは、ほかにも「多元的宇宙《マルチバース》」という有望な理論的アプローチがあると答えるかもしれない。「多元的宇宙《マルチバース》」とは、自己完結していてほかとは作用し合わない宇宙の、おそらくは無限の集まりであり、それぞれの宇宙にそれぞれの自然法則があるのだという。多元的宇宙のなかには、可能なさまざまな法則を有する宇宙が含まれている。法則は、わたしたちが存在している特定の宇宙が原因で存在する。

だが、もちろん、哲学者は多元的宇宙自体もどこかからきたはずだと反論する。各段階において、物理学者クラウスの説明は、「なにか」（それが素粒子であれ、場であれ、法則であれ、多元的宇宙であれ、なんであれ）の存在を前提にしているというのが哲学者の結論だ。つまり、いずれの場合も、実際には「無」から「有」は現われていない。

もっともこの場合、哲学者は勝負に勝ち、試合には負けたのかもしれない。「無」ということばには、存在するものすべてを文字どおり排除する絶対的な用法もある。クラウスは、この用法を執拗に無視している。クラウスは、この絶対的な用法はわけがわからないし、理解不能だとする哲学者のことばじりをとらえて反論してもいいはずだ。たとえば、アンリ・ベルクソンは、なにかが存在していないと主張する場合、それは必ず、そのなにかを排除する形で別の物が存在しているという議論を行った。たとえば、この椅子に誰も座っていないのはすべての人がどこか別の場所にいるからだ、今まで35歳未満のアメリカ合衆国大統領がいなかったのは憲法がそれを禁じているからだ、といった具合だ。

ベルクソンが正しいとすると、まったくなにも存在しない状態という考えは理解不能ということになる。「なにも存在しない状態は必ず、別のなにかが存在している状態と相関関係にある」という条件に反するからだ。相対的な「無」というふつうの用法と、絶対的な「無」という理解不能な用法を区別しなくてはならない。その区別がつけば、無から有が生じうるかという論点は、「無」を絶対的なものととらえる場合には無意味だということになる。だが、「無」の意味はコンテクスト次第だとすると、宇宙全体というコンテクストのなかで「無」がなにを意味するかを教えてくれるのは、宇宙論なのかもしれないということになる。

ベルクソンの議論に疑問を挟むこともできる。しかし、仮に彼の説がその理解不能性に対する哲学的批判を切り抜けたとしても、「無から有が生じるわけがない」を宇宙全体に適用することに対する反論が残るだろう。たとえば、ディヴィッド・ヒュームは、わたしたちは個々の物が突然現われたりはしないことを知っているが、それは経験から知っているにすぎないと主張した。宇宙が存在するようになった経緯をわたしたちは経験していないので、無から存在するに至ったのだとしても、そこに必ず原因があるはずだといい切る根拠はない。

クラウスは、「無から有が生まれるはずはない」に反論しようという自分の主張をゆるぎないものにするために哲学に訴えることもできるのに、彼自身のことばを引用するなら、科学の実験こそが世界の「真実の最終決定者」だと決めつけて、自らを哲学的批判にさらしている。科学の成功は、さらなる真実の探求にその手法が有効であることの充分な理由となっている。ところが、科学によって、世界のすべての真実を科学的手法で発見できることを証明することはできない。

科学が扱うのは感覚的経験によって直接的・間接的に知りうることだけなので、感覚的経験ではまったく理解できないもの（たとえば、意識、道徳、美、あるいは神）が存在するか否かという問いには答えられないのだ。感覚的に経験できないものが存在しないことを立証するためには、科学的実験ではなく哲学的議論が必要になる。とすると、なにがそこにあるかを教えてくれるのは科学だけだとしたクラウスは正しいともいえる。しかし、哲学がなくては、彼の主張は信念にすぎず、知識とはなりえない。

ここまでみてきたどの事例でも、科学の哲学への挑戦は、哲学的前提に左右されていた。意識は脳の状態、あるいはプロセスにすぎないという主張は、唯物論は正しいはずだという哲学的信念がその根底にある。選択をめぐる自由意志の実験を解釈するには、自由の意味についての哲学的前提が欠かせない。幸福の哲学は、哲学者たちが幸福を理解し、評価してきたさまざまな方法を検討しなくてはならない。ジョナサン・ハイトの道徳心理学には、その実験を確認し、発展させるための哲学的省察が必要だ。論証の心理学的説明は、適切な哲学的分析をせずに自己反駁的懐疑論に陥るリスクを冒している。精神分析の実践は道徳的前提を土台とするが、その前提にも哲学的省察が不可欠となる。科学、とりわけ物理学だけで現実を完全に説明できるという主張は、それ自体が哲学的である。

科学者もさまざまな根本的な問題に取り組みたいと考えているし、データや理論は議論に貢献しうるものだ。しかし、そのような方向に突き進んで行くと、やがて実証的方法では答えられない意味や価値の問題にぶつかることになる。科学者は知能が高く、そうした問題があっても自分たちだけで進んでいきたがるかもしれない。だが、これまでそうした問題を取り扱い、さまざまな答を的確に述べてきた哲学者たちの長く実りある歴史を無視するのであれば、哲学者によって探求されてきた道を結局もう一度たどることになり、時間を浪費することになる。意味や価値に関心をもつ科学は、元来哲学と維持してきた共生的関係に立ち返るべきである。

最後になるが、問題のなかには結局は哲学的なものもあり、そのような問題は科学に頼っても答を得られないことを指摘しておく。次章では、宗教的信念についてこの原則をくわしく述べ、さらに、宗教的主張がときとして実証的批判にさらされうることを明らかにする。

第4章　科学にもとづく無神論

本章では、神は存在するのかという問いについて考えてみよう。進化生物学者リチャード・ドーキンス、サム・ハリス、故クリストファー・ヒッチェンズ、ダニエル・デネット（このなかでは唯一、大学で教鞭をとる哲学者）が率いる新無神論者たちが出した否定的な答は、教養ある一般人のなかに熱心な支持者を生んだ。新無神論者たちのあいだで一致しているのは、神が存在するという主張は、道理をわきまえた人間にとって信憑性を失ったものであり、無神論だけが合理的な立場となっているというものだ。ここではまず、有神論に反対するリチャード・ドーキンスの主張を、さらに、悪の問題についてサム・ハリスの主張を検討する。

本章と次章では、これまで以上に高いレベルの哲学的思考を取り上げ、1つの問題に対してどのような哲学的な概念と論考を適用することができるのかをおみせする。論考はさらに難しくなるが、満足いくものとなるはずだ。

ドーキンスによる有神論批判

最初に注目するのは、有神論に反論しようというドーキンスの試みである。実際のところ、その試みにはさまざまな論理的瑕疵がある。宇宙論的議論に対するドーキンスの批判は含意と前提条件を混同しているし、存在論への批判では結論への嫌悪感からそれが妥当ではないという結論を導くなど、非論理的な展開をしている。宗教的経験にもとづく議論に対する批判では、経験を錯覚として説明できる場合と、経験を錯覚として説明すべき場合の違いを無視している。

第3章では、無から有が生まれるかという議論を検討した。有神論の出発点としてもっとも一般的な宇宙論的議論の基本的な枠組みは次のようなものだ。

（1）なにかが原因で引き起こされるものは存在する。
（2）なにかが原因で引き起こされるものは、それがなんであれ、そのもの以外の原因によって引き起こされるはずだ。

（3）あらゆる原因にその原因があるのだとすると、原因は永遠に続く（無限の遡及）ことになる。
（4）原因が無限に遡及することはありえない。
（5）したがって、なにかが原因で引き起こされたのではない原因が存在するはずである（すなわち、第一原因。なにかが原因で引き起こされた一連の原因の大元となる原因）。

ドーキンスは、この議論はあっさり反駁できると考え、有神論は、「神自身は遡及の対象外であるという、まったく根拠のない想定」をつくりだしていると主張する。[1]

ドーキンスの主張に反して、有神論は、「神は遡及の対象外である」とは想定していない。（1）から（4）の前提を述べたうえで、そこから論理的に、なにかが原因で引き起こされたのではない原因（神）が存在するはずであるという（5）が導かれるというのがこの議論の構造である。これらの前提のいずれも、神に原因はないとは述べていないし、想定してもいない。ドーキンスの批判が筋のとおるものとなるのは、議論の前提がその結論を含意している、つまり、この議論は結論を前提条件としているという、基本的な論理的過ちを犯している場合に限られる。

11世紀にカンタベリーの聖アンセルムによってはじめて繰り広げられた存在論についてのドーキンスの議論も、納得のいくものではない。ドーキンスは、「現実の世界に存在しないものは、まさにその事実によって、完璧ではない」のだから、完璧な存在である神は存在しなくてはならないとアンセルムの中心的な主張を認めている。ところが、ドーキンスはさらに挑発的なことばを用いて議論を先に進める。「本当に完璧な存在は、愚かな年季の入った想像上のものよりはすぐれているはずだ。したがって、わたしは神が存在することを証明したことになる。そんな馬鹿なことはあるか[2]」

ドーキンスのこの議論への批判は、嘲るような理論の組み立てによる感情的反応の域を出ないものがほとんどだ。「ことばじりのとらえ合いをする人による策略から重大な結論を導くことができるという考え自体に美学的に傷つけられるし、宇宙に関する重大なる真実が単なることば遊びから生まれるというのは眉唾ものだ[3]」

ある議論が論理的に妥当ではない、あるいは健全ではない理由についての説得力ある説明を、どうしてその議論の結論に対する嫌悪感（あるいは困惑、怒り）で代用できるだろうか。

ここでドーキンスを批判したいのなら、慎重にならなければならない。結論が馬鹿げたように感じられるというだけの理由で拒絶するのが当然となる議論もあるからだ。ドーキンス自身は、有神論はゼノンのパラドクスだと主張する。ゼノンが主張したのは、トロイに派遣されたギリシャ陸軍のなかでいちばん足の速い兵士アキレスが亀と競走しても、アキレスは先にスタートした亀に決して追いつけないというものだ。ゼノンによると、亀がいた位置にアキレスが到達するまでに、亀はさらに少し先まで行っているから追いつけないのだという。高度な数学を用いずにこの議論のどこが間違っているかを正確に指摘するのは容易ではないが、この議論はどこかおかしいと結論づけるのが合理的である。なぜなら、(速いランナーが遅いランナーに決して追いつけないという)結論は明らかに間違っているからだ。だとしたら、聖アンセルムについての議論も同じではないだろうか?

だがそれは違う。結論は神が存在するという議論の余地がある主張だが、ゼノンのパラドクスとは異なり、わたしたちが毎日目にするものとことごとく矛盾しているわけではない。結局のところドーキンスは、聖アンセルムやほかの有神論者の議論をきちんと評価することなく、神が明らかに存在しないのはわかりきっているというはずだ。これは批判ではなく、議論の結論が間違っているという根拠なき主張である。

最後の事例として、「個人的な宗教体験にもとづく有神論」に対するドーキンスの批判を検討してみよう。ドーキンスは、神や、天使や聖母マリアなどの超自然的存在の姿をみたことや、お告げを聞いたという体験に焦点を絞った。ドーキンスは、「脳のシミュレーションソフトウェアの恐るべき力」を引き合いに、そうした体験の真実性を否定する。脳というソフトウェアには、たとえ偽物だとしても、「もっとも真実性の高いパワーの〈光景《ヴィジョン》〉と〈降臨《ヴィジテーション》〉をつくりだす能力がある」というのである。[4] ドーキンスの議論は、幻覚や人を惑わす体験事例をあげること、どうして脳にそうしたものをつくりだす能力があるのかということに終始している。

きちんと反論するためには、ドーキンスの議論を本人以上に系統立てて整理していかなくてはならない。ドーキンスの主張は、脳の「シミュレーションソフトウェア」は宗教的体験をつくりだすことができるが、そこに表れるものが本当に真実かどうかはわからないので、宗教的体験が真実を告げていると考えるべきではないというものだ。だが、シミュレーションソフトウェアによってつくることができるというだけで、その経験は真実を告げていないことが証明されたといえるだろうか？　というのも、ほとんどいかなる経験も、つまり、この文章を書いているわたしの経験もそれを読んでいるあなたの経験も、脳のなかだけで起きているのかもしれないからだ。デカルトが論じ、神経科学が実証したことでもよく知られているように、自分の心以外の世界の経験のようにみえるものは、夢や幻想や幻覚かもしれないのだ。経験がシミュレーションにすぎないという可能性が疑いを抱かせるのであれば、わたしたちは自分の経験をほとんどすべて疑ってかからなくてはならなくなる。ドーキンスによる宗教的体験の否定は、彼がわたしたちの経験のほとんどすべてを疑うのでなければ、筋がとおらない。

ドーキンスによる宗教的体験の批判は、「この経験は錯覚にもとづくものだと説明することができるだろうか」という疑問からはじめた点が間違っている。そうではなく、「この経験は錯覚にもとづくものだと説明すべき具体的な理由があるだろうか」と問いかけるべきだ。ドーキンスは自らの主張の正しさを明らかにするために、経験を錯覚にもとづくものとして退けるのが適切となる条件を哲学的に検討し、そのうえであらゆる宗教的経験がその条件に合致することを証明しなくてはならない。宗教的経験の真実性の評価方法について記した認識論の文献は数多くあり、その多くは宗教に対して非常に批判的だ。[5] ドーキンスは、こうした文献を読み込まなくてはならない。

もう1つの問題は、ドーキンスが、もっと一般的な宗教的体験について考慮していない点だ。多くの信者が、神が存在するという鮮明な（ただし、視覚的でも、聴覚的でもない）感覚をかなり頻繁に報告している。ウィリアム・ジェームズも宗教的体験について記した古典的文献において、数多くの報告をしている。

そこにあったのは、なにかがそこにいるという単なる意識ではなく、その中心の幸福に融け込んだ、なにかことばではいい表せない善の、驚くような意識だった。あいまいでもなく、詩や場面や花や音楽の感情的効果のようでもなく、ある種の偉大な人が近くに存在するというたしかな認識であり、それが消えてしまうと、1つの現実の認識として記憶が残った。それ以外のものはすべて夢だったのかもしれないが、そうではない。[6]

印象的な幻影や幻覚の報告を受け入れることに反対する確固たる主張があったとしても、そうした主張が、これらふつうの経験にも当てはめられるということはないだろう。

ドーキンスの無神論

ここからは神の存在を否定するドーキンスの議論についてみていく。議論なき議論、宇宙論的議論、進化論的議論、そして複雑性議論である。

議論なき議論は、神の存在を示す有力な議論がない以上、神の存在は否定すべきであるという主張だ。この主張が成立するかをたしかめるため、因果関係を積み上げ、宇宙論的議論を組み立てていく。ここでは、説明が必要なものと説明を必要としないものについての、さらには偶然と必然についての、きわめて重要な違いを用いる。宇宙論的議論では、原因の無限の遡及を避けるための原則が必要となることを検討する。ここでは、無限の遡及はありえないとする原則と、無限の遡及自体に説明が必要であるとする（より望ましい）原則を区別しなくてはならない。

議論なき議論

有神論の議論に対するドーキンスの批判はかなり脆弱である。しかし、ドーキンスや多くの無神論者は、無神論が正しいという主張をする必要はなく、有神論者が有効な議論をしていないことを指摘すれば十分だと確信している。わたしはこれを、無神論を裏づける議論なき議論と呼んでいる。

多くの無神論者は、神の存在を否定する議論は、サンタクロースや、イースター・バニー（復活祭《イースター》にカラフルな卵やお菓子を子供たちに運んでくるといわれているウサギ）の存在を否定するのと同じだと主張する。これらの存在を信じるたしかな理由はないということだ。神の存在を支持する議論とサンタクロースなどの議論とは、比較できないと思うかもしれない。神の存在については、高名な哲学者が定式化し、聡明で博識な人々も説得力があると考える議論が存在するからだ。

もちろん、有神論が存在するというだけでは、議論なき議論を論破することはできない。そうではなく、慎重に吟味することによって、議論なき議論には価値がないことを証明できるはずだ。わたし自身は、神が存在することを立証する議論はないと考えている。だが、だからといって、議論なき議論が正しいということにはならないと指摘したい。その理由をみていくために、宇宙論的議論をさらに深く掘り下げてみよう。議論なき議論を論破するように組み立てることができるはずだ。

宇宙論的議論

宇宙論的議論というのは、いくつかの既知の作用から、原因としての神へと考えを進めていくというものだ。そうした議論を組み立てるためには、どのようなものが説明のための原因を必要とするかを説明する、因果関係の原則が必要となる。もっとも簡単な原則は、「あらゆるものには原因がある」というものだろう。だが、これはあまりにも強硬な主張である。なぜなら、あらゆるものに原因があるのなら神にも原因があることになり、神はなにかほかのものに依存していることになる。となると、神以外のものも、自分こそが神であるという主張ができることになる。神には適用されない因果関係の原則がなくては、宇宙論的議論は成り立たない。したがって、もっとすぐれた原則を探さなくてはならない。

わたしたちはいつも説明を求めている。なぜわたしの車は壊れたのか？　リンゴの木が今年は早く花を咲かせたのはなぜか？　どうしてうちの子供は数学のテストの点がとても低いのか？　科学のほとんどが、こうした説明の飽くなき探求である。ときには、自分がすでに知っていることに言及するだけで説明できることもある。車が壊れたのは、3年もオイルを交換しなかったからだ。リンゴの木が早く花を咲かせたのは、春が例外的に暖かかったからだ。子供の成績が悪かったのは、あまり勉強しなかったからだ。一方、説明を求めることで発見に至ることもある。車が壊れたのは、おそらく、コンピューターチップが故障したからかもしれない。花が早咲きしたのは、地元の放射能レベルが上がったからかもしれない。子供の成績が芳しくないのは、「数学遺伝子」が欠けているからかもしれない。

宇宙論的議論はできる限り説明を探求することで、1つのものではなくあらゆるもの、すなわち、世界全体の説明をみつけだすことができるかどうかを探る取り組みである。これを究極的説明と呼ぶことにしよう。有神論は、神が究極的説明であることを証明したいのである。となると、おそらく、わたしたちに必要な因果関係の原則は、「究極的原因が提供する究極的説明があるはずだと」いうことになるだろう。

しかしながら、そうすると、究極的説明なるものが説明するということをより慎重に考えなくてはならない。あらゆることを説明するものだと先ほど紹介したが、これはいったいどういう意味だろうか？　説明を必要とするものには、当然のことながら、それ自体以外のなにかによる説明が必要である。文字どおりあらゆるものの説明を求めるのであれば、そのような説明をしてくれるものなど、どこにもないことになる。

究極的説明なるものが存在しないのであれば、究極的説明というのは、それ自体に説明は必要ないが、ほかのことはすべて説明するものということになる。宇宙論的議論が説明しようとしているのは、世界のすべてではなく、「説明を要するすべてのもの」である。では、説明を要するものとはなんだろうか？

わたしたちが説明しなくてはならないものの1つは、現に存在しているが、存在しなかったかもしれないもの、従来の専門用語を使うならば、偶発的なものである。わたしたちが日ごろ経験することは、そのほとんどすべてが偶発的である。携帯電話は製造されなかったかもしれない。地球には衛星がなかったかもしれない。ドイツは2014年のワールドカップで優勝しなかったかもしれない。わたし自身も、生まれなかったかもしれない。

それと同様に、宇宙論的議論が成立するためには、偶発的なことについての説明が偶発的であってはならない。つまり、ただ存在するだけでなく、存在しないことがありえない、必然のものでなくてはならない。必然でなければ偶発的ということになり、そのもの自体が説明を必要とすることになる。宇宙論的議論が証明しようとする神は偶発的ではなく、必然の存在でなくてはならないのだ。

ここからの議論では、さらに高度な因果関係の原則を考えることになる。それは、「偶発的なことにはすべて、原因がなくてはならない」というものだ。だが、注意しなくてはならない。ほとんどの偶発的なことは、ほかの偶発的なことによって説明がついてしまう。たとえば、砂の粒から銀河に至るまで、規模の大きな物体は、それらを構成する分子によって説明できるだろう。分子は原子によって、原子は電子と陽子によって、電子とプロトンはクォークによってという具合だ。それがうなずけるものであるなら、宇宙論的議論にははじまりがないことになる。なぜなら、これまでみてきたように、神は偶発的なものごとが説明できないことを説明するために必要とされる、必然的な存在だからだ。

ところで、わたしたちは、偶発的なものごとはそれぞれ別の偶発的なものごとによって説明される（すなわちそれが原因となっている）という考えを、本当に理解しているのだろうか？　偶発的原因の連なりが存在し、それぞれが順に別の偶発的事象の原因になっているなどということが、本当にありえるのだろうか？　地球は象の背中に乗せられた平らな板であると主張する人と出会ったという、バートランド・ラッセルの話を例に考えてみよう。その象を支えているのはなにかとラッセルが尋ねると、大きな亀だという答えが返ってきた。じゃあ、亀を支えているのはなんだねとラッセルが攻勢をかけたところ、返ってきた答えは、ずっと亀が続いているというものだった。

だが、本当にずっと下まで亀なのだろうか？　亀の数が有限ならば、それはありえない。そうなると、2つの可能性がある。1つは、なににも支えられていない亀がいるのかもしれないというものだが、これは因果関係の法則に反している。もう1つは、亀が輪になっているというものだ。最初の亀が2番目の亀を支え、2番目の亀がどうにかして最初の亀を支えている。このように考えるには、亀はそれぞれ自分自身を支えている（自分は支えられていない亀が相手を支え、それが循環している）という不条理が生まれる。

物理学に話を戻すと、連鎖する偶発性の説明がクォークで終わったとすると、クォーク自体には説明がないことになる。あるいは、循環する亀のように、クォーク自体が存在する原因でなくてはならなくなる。これらの主張は、いずれも筋がとおらない。最初の説は、偶発的なものにはすべて原因があるという原則を破っている。2番目の説は結局のところ、自らの存在理由こそが存在する原因であるといっていることになる。これはつまり、なにかが先に存在していたということだ。したがって、偶発的なものがあらゆるものの原因となるためには、偶発的なものの無限の連なりがあり、それぞれがほかの偶発的なものの存在の原因となっていなくてはならないということになる。

これは、宇宙論的議論を組み立てようとするわたしたちの取り組みにどのような意味をもつだろうか？　「偶発的なものの無限の遡及があり、それぞれの偶発的なものが原因を要するすべてのものの原因となっている」という議論を否定しなくてはならない。そうでなければ、神は不要となってしまう。

これは、宇宙論的議論を追及するうえで重要なステップである。偶発的な存在には原因がなくてはならない。しかし、偶発的な物事の無限の遡及では、説明を要するすべてのものを説明することはできない。

それでも、もう一歩先に進まなくてはならない。宇宙論的議論は、2通りの方法で無限の遡及を否定できる。原因となるものの無限の連鎖は実はなにも説明しておらず、説明を永遠に先送りにしているだけだと考えることは、無限の遡及をあっさりと否定する。そして、この否定には信憑性がありそうだ。分子が岩の説明になっていて、原子が分子の説明になっていて、そういった具合に限りなく続くのだとしても、岩が成り立つ原因を本当に説明したといえるのだろうか？　無限の遡及が各構成要素になんの説明も与えないとしたら、そうした遡及の存在は因果関係の原則に違反することになる。

だが、こうした考え方は、原因には大元の原因があるからほかの原因となってもおかしくないと考えた途端、説得力を失う。脳震盪を起こしたことに言及すれば、頭痛に説明がつく。脳震盪は車のトランクに頭をぶつけたせいだと説明できるし、頭をぶつけたのは酔っぱらっていた事実によって説明がつく。

以上を踏まえると、ほかのことが原因となって自らもほかの原因となるものの無限の連鎖の各原因は、すぐ前に先行するものが原因となっていると主張できるだろう。このようにして、この連鎖の各原因はすべて説明がつく。連鎖するそれぞれの原因に説明がつくのに、連鎖全体にそれとは別の説明が必要だろうか？　たとえば、20名の人それぞれがパーティに参加している理由を説明できるなら、20名全員がその場にいる理由をさらに説明する必要はない。こうして考えてみると、無限に連鎖する原因の存在を否定する宇宙論的議論に、見込みはないように思えてくる。

では、無限の遡及を排除する2つ目の方法はどうだろうか？　偶発的原因の無限の連鎖が存在する可能性があるという議論を展開することができても、それに対して、そうした無限の連鎖自体にも原因が必要だと反論できるだろう。実際、亀が無限につながっていてそれぞれの亀がほかの亀を支えていることは認めたとしても、それらの亀が存在することにはなんらかの原因がなくてはならないはずだ。つまり、偶発的な物事の無限の連鎖自体になんらかの原因が求められるのだ。こうして、わたしたちの宇宙論的議論の重要な前提が明らかになった。因果関係の原則と無限連鎖排除の原則である。

ここで議論を振り返ってみよう。

（1）偶発的な存在が存在する。
（2）いかなる偶発的存在の存在にもなんらかの理由がある。
（3）そうした理由は必然的な存在によって、あるいは偶発的な存在の無限の連鎖によってもたらされなくてはならない。
（4）偶発的存在の無限の連鎖という手段による説明自体が、必然的存在による説明を要する。
（5）したがって、偶発的存在の存在理由となる必然的存在が存在する。

この議論は、論理的に妥当である。前提が真実ならば、結論も真実だからだ。前提（1）は明らかだ。わたしたちが知っているほとんどのものは、存在しない可能性もある。前提（3）には、これまでみてきたように、信憑性のある代案がない。無限の遡及がなければ、偶発的存在による偶発的存在の説明は循環論法的になるか、あるいは説明のつかない偶発的存在とともに終わってしまう。つまり、この議論が成立するかどうかは前提（2）の因果関係の法則と、前提（4）の無限の遡及を排除する原則が正しいかどうかにかかっている。

前提（2）は、世界全体を含むものとして理解しなくてはならないのであれば、疑問の余地が残る。これに対しては、世界はあらゆる偶発的事象の集まりであるから、その集まりの各事象について理由がある限り、世界全体についての理由は必要ないと論じればいい。ここでの議論では、前提は個々の偶発的存在に当てはまればよく、その集まりに当てはめる必要はない。そして、わたしたちは経験から、個々の偶発的存在には理由があるという主張を裏づけることができる。たとえば、先ほど述べた一連の偶発的事象についてもう一度考えてもらいたい。なぜ携帯電話はつくられたのか、なぜ地球に衛星があるのか、なぜドイツはワールドカップで優勝したのか、なぜわたしは生まれたのか。そこにはなんらかの理由があるはずだ。

そうなると、わたしたちの議論の成否は前提（4）を立証できるかどうかにかかっていることになる。偶発的理由の無限の遡及は、必然的な（偶発的ではない）存在による理由を必要とするのだろうか？

いったい、どうしてそうした遡及の存在にも理由があると考えなくてはならないのだろうか？因果関係の法則である前提（2）とは対照的に、わたしたちはすべての数字を数えたことがないのと同様、無限の遡及を経験したことなどないのだから、主張を裏づける直接的な体験があるわけではない。また、偶発的事象の無限の鎖はやはり偶発的事象なのだから、原因など不要ではないだろうか？

さらに、これまでみてきたように、どんな有限の連鎖にも原因があると考えるにはそれなりの理由がある。それが無限に続くとなると、偶然性を説明する必要がなくなるとする理由があるだろうか？

このようにいろいろと検討してみても、どれも前提（4）が正しいという決定的な理由にはならなそうだ。だが、徹底的に熟慮したうえで、そのような検討事項に説得力があると思うのであれば、そこで説明がつかないと断じる理由はない。倫理的、政治的確信について第1章で結論づけたことを思いだしてもらいたい。たとえ証明はできていなくても、あらゆる論拠と議論に目をとおしたうえで、自分にとって明らかだと思えることを主張するのは、筋がとおっている場合がある。もちろん、それと類似する考え方も、これを明らかだと思わない人が前提を否定しても筋がとおることを証明している。道理をわきまえた人々が合理的に考えて意見を異にするのは、前提についてなのである。

議論なき議論の失敗

わたしたちが宇宙論的議論についてたどり着いた顛末は、神の存在にまつわる哲学的議論の典型例である。ほかのものとしては、さまざまな因果原則を用いる（アクィナス、アベロエス、ライプニッツの古典的見解に基礎をおく）議論がある。

さらには、論理的に妥当であり、論証できるような誤りがなく、直観に訴える力をもつ少数の前提を拠り所とする有神論の議論もある。熟慮したうえでそうした前提を受け入れ、結論を理性的に受け入れる人々もいるかもしれない。ただし、そうした前提を受け入れる合理的な条件があるわけではない。

なかには、宇宙論的議論について進めた綿密な論考が、実際の宗教的信念とはほとんど関係がないと思う人もいるだろう。あるいは、宗教への傾倒を正当化するために、論理的で難解なものに頼る人がいるだろうかといいたい人もいるかもしれない。しかし思いだしてほしい。ここでの論考のポイントは、信者がいかにして神への信仰を正当化できるかを示すことではない。有神論を支持する主張がないのだから、神の存在を否定するのがもっともだ、と主張する無神論者に反論することだ。議論を挑んできたのは、神を信じる人々ではなく、無神論者のほうなのだ。

わたしがこの点を強調したいのは、ドーキンスをはじめ多くの無神論者が、有神論者の議論は考慮するに値しないとして取り合わず、その洞察力をないがしろにしているからだ。もちろん、神を信じるにせよ信じないにせよ、この哲学的論争に参加しなくてはならないという義務はない。だが、有神論の議論の失敗を吹聴したいなら、現在主張されている議論を詳細に分析して自らの主張を裏づけなくてはならない。

議論なき議論は次のように展開される。

（1）神の存在を支持するすぐれた議論はない。
（2）ある主張を支持するすぐれた議論がない場合、分別のある人間ならその主張を否定すべきである。

結論：分別のある人間は、神の存在を否定すべきである。

先ほどの宇宙的議論は、前提（1）と、そこから得られる結論が誤りであることを証明している。決定的ではないかもしれないが、有神論を支持するすぐれた議論は存在する。したがって、この議論は健全とはいえない。

神の存在を支持する議論のなかには、決定的ではないが信用できるものがあり、こうした議論が無神論を支持する議論なき議論の土台をゆるがしている。したがって、ドーキンスが自分なりの無神論を主張するためには、神の存在を否定する議論を行わなくてはならない。

実際、彼は進化論を根拠として、そのような議論を展開している。次はこれをみてみよう。

ドーキンスによる進化論的議論

進化論的議論は、神の存在を否定するためにダーウィンの自然淘汰などの科学的説明を用いるが、ドーキンスによるこの議論の組み立ては妥当ではないことを示していく。彼の議論の結論は「神が存在するというのは誤りである」というものだが、その前提が示すのは「神が存在する」ことが有神論の議論（設計議論）によって立証されていないという程度のものだ。しかしながら、善意解釈の原則を適用すると、ドーキンスの進化論的議論の2つの前提を使って、よりすぐれた無神論の議論、複雑性議論を組み立てることができることがわかる。

ドーキンスは、有神論と同じ出発点から議論をはじめる。それは、単なる偶然のできごと（たとえば、ゴミ置き場に吹きつけた風）が、きわめて複雑な物体（たとえば、ジェット機）をつくりだす可能性はきわめて低いということだ。有神論の議論は、ここから、特別な目的に沿ってデザインされた腕時計などの装置と眼などの器官の類似性を指摘し、どちらにも設計者がいなくてはならないと論じる。あるいは、宇宙自体が複雑な装置であり、設計者がいるはずだと主張する。こうした議論はすべて、わたしたちが世界をじっくり調べることでみつけられる、設計を出発点としている。

ドーキンスも「複雑で、ありそうにない外観のデザインがどのようにして宇宙に出現したか」を説明する必要があるとしている。[7] ドーキンスは、こうした設計議論が複雑性の説明として可能なのは、「偶然」か「知的存在による設計」であることが前提条件になっていると主張する。そうしたうえで彼は、第3の可能性を指摘する。それは、自然淘汰による進化というダーウィンの理論にみられる、単純なものから複雑なものへと徐々に発達したというものだ。ドーキンスは自らの議論の根拠をこの第3の可能性におくことで、「神はまず間違いなく存在しない」ことが証明されたと主張する。[8] この議論の展開は次のとおりだ。

（1）宇宙の設計にはなんらかの説明が必要である。
（2）宇宙はきわめて複雑にできている。
（3）宇宙を設計した知的存在は、さらに複雑かもしれない。
（4）複雑な設計者自身にもなんらかの説明が必要となる。
（5）したがって、知的な設計者は宇宙の複雑性を説明できないだろう。
（6）その一方で、自然淘汰のプロセスは（非生物的事象についての類似するプロセスによって）、宇宙の設計を説明できる。
（7）したがって、知的な設計者（＝神）は、ほぼ間違いなく存在しない。[9]

先ほど述べたとおり、この議論は論理的に妥当ではない。最初の4つの前提は、知的設計者は宇宙の複雑性を説明しないという前提（5）を内包している。そして、前提（6）は、進化論ならこの複雑性は説明がつくというものだ。しかし、ここから主張できるのは、進化は宇宙の複雑性の説明になるが、知的設計者についてはなにも説明しないということだ。これは、神を宇宙の設計者として仮定しなくてはならない設計議論の主張を覆すことになるが、神が存在しないことの説明にはならない。ある特定の議論（設計議論）が神の存在を証明していないことを示しても、神が存在しないことを証明したことにはならない。仮にドーキンスの進化論的議論が正しいとしても、それは、宇宙論的議論が筋のとおらないものであることを示したことにはならない。ドーキンスの議論は、有神論を支持する議論の1つを論破したにすぎない。神が存在しないことの証明ではないのである。

複雑性議論

もっとも、ドーキンスの主張は、単独の議論としては十分にその価値が発揮されない。ここで善意解釈の原則を用いて、関連性がありながらもまったく異なる2つの議論を組み合わせたものを考えてみたい。2つの議論のうちの1つは、いま論じてきた設計議論への批判である。もう1つは複雑性議論である。これと彼の前提（3）と（4）を用いて、神の存在を否定するよりすぐれた議論を組み立てていこう。

複雑性議論の出発点は、宇宙のように複雑なものを設計し維持する能力のある存在は、それ自体がきわめて複雑だから、その存在には理由があるはずだという考えにある。ディヴィッド・ヒュームも2世紀以上前に似たような指摘をしている。「心的世界は、物質的世界と同じように原因を必要としている。仕組みが似通っているのであれば、似通った原因が必要となるはずだ」[10]。これにドーキンスのことばを組み合わせると、成熟した議論へと発展させることができる。

（1）神が存在するなら、神は宇宙を設計した知的な存在であり、宇宙が存在する理由を説明できる。そして、神自体は説明を要しない存在であるはずだ。
（2）宇宙を設計した知的存在はきわめて複雑な存在に違いない。
（3）きわめて複雑な存在は、それ自体が説明を必要とするに違いない。
（4）したがって、宇宙を設計する知性をもち、なおかつ、宇宙の究極の説明となっている存在など存在しえない。
（5）したがって、神は存在しない。

この議論は論理的に妥当である。前提が真実ならば、結論も真実となる。もしも前提が真実であり、この議論が健全であるならば、この議論は、従来の意味での知的存在としての神、すなわち、宇宙の究極の説明の存在をはっきりと否定する。

有神論者は、前提（1）については受け入れざるをえないだろう。ユダヤ教、キリスト教、イスラム教の中心的教義を述べているにすぎないからだ。前提の（2）と（3）も信憑性がありそうにみえる（ドーキンスの議論では前提（3）と（4）に相当する）。だが、これは西洋の偉大な思想家（たとえば、アウグスティヌス、アクィナス、マイモニデス、アビケンナ）たちが抱いた形而上学的概念と矛盾している。神は、まずなにより、無形なのであって、時間的、空間的な広がりをもつ部品から成り立っているわけではない。この点は、神は複雑であるはずだとするドーキンスの想定をゆるがすものとなる。彼が定義した複雑性とは、物質的な構成についてのことだったからだ。さらにいうなら、知的設計者はきわめて複雑であるとするドーキンスの前提は、人間や動物の知性の事例から導かれており、その知性は脳という物質に依存している。

また、従来の哲学による神の説明では、神はその完全性によりこのうえなく統一され、素朴なものだという。どういう意味かといえば、わたしたちが神のことば、力、善などと称して話しているものは、神とはまったく別の完全性からくるものではなく、むしろ、神の存在と同一の、完全性の深さや豊かさを人間なりのたどたどしいやり方で表現したものだということだ。神が知識、力、善を有しているのではない。神自身が知識であり、力であり、善なのだ。これらは神の存在と同一であり、（それがどういうことを意味するにせよ）それぞれが互いに同一なのである。

最後に、神の存在は偶発的ではないというのが従来の見解だ。神は実現したかもしれないし、実現しなかったかもしれないという存在ではない。神の存在は必然なのだ。宇宙論的議論で検討したように、神が必然の存在であるとしたら、ドーキンスが主張したような、神の存在にはなにか外的要因による説明が必要となるという主張は筋がとおらない。

もちろん、神についての見方がほかにもあるからといって、ドーキンスが誤っているという証拠にはならない。しかし、この見解は無視できると証明しない限り、彼の前提（2）と（3）は正しくないのではないかという疑問が残ることになる。善意解釈の原則からすると、真剣に取り組まなくてはならない見解だ。

神がほかの存在とは著しく異なるという考え方は、形而上学の偉大なる伝統のなかでかなりくわしく、そして細かく説かれてきた。古くはプラトンやアリストテレスにはじまり、中世の哲学的神学者たち（アウグスティヌス、聖アンセルムス、アクィナス、スコトゥス）から初期近代の合理主義者（デカルト、スピノザ、ライプニッツ）やドイツの理想主義者（フィヒテ、シェリング、ヘーゲル）を経て、リチャード・スウィンバーンやアルバン・プランティンガに至り、現代の分析形而上学の研究において全盛をきわめている。

残念ながら、ドーキンスはこうした神性の概念について、ほとんどなにも言及することができない。ドーキンスは、哲学的神学者の論考は神の存在を前提としているので自分の議論とは無関係であるという主張をして、自分の無神論について議論に反する問いかけを巧みにかわす。しかし、そのやり方は間違っている。

神の本質に関する従来の論考は、神の存在を証明したと称する議論に続くかたちで登場することが多い。ただし、神が存在すると決めつけてはいない。これらの論考は、仮に神が存在するとしたらその本質はいかなるものかというものなのだ。これは、現代の物理学者が、多元的宇宙が存在すると証明することなく、多元的宇宙の本質について論考できるのと同じだ。

新しい無神論者は、そうした論考は退けてもかまわないと発言することがある。混乱して要領をえない思考から生じる、不明瞭な推測のもつれにすぎないものだというのだ。だが、仮にそうなのであれば、それを証明しなくてはならない。ある主張が理解し難いとか、間違っているように思えるという事実から、それが正しくないということにはならない。人間の眼のように複雑な組織がランダムな突然変異から発達した可能性もあるといわれても、自然淘汰をよく知らない人にとっては、理解できなかったり、正しくないと思えたりするかもしれない。だからといって、そうした考えをくわしくみようともせずに拒絶してかまわないということにはならないはずだ。

無神論者のなかには、感覚的経験で知りえるもの以外の存在があるはずがない、すなわち、あらゆるものは知覚で識別できると主張して、こうした形而上学的論考を回避する人もいる。だが、そうした主張をどうやって感覚的経験から知りえたのだろうか？　感覚的経験が伝えるのは、感覚的経験から知りえるものだけだ。それ以外の物事について、感覚的経験はなにも語らない。同じように、わたしたちの視覚だけでは、目にみえないものが存在するのか、あるいは存在しうるのか、判断できないのだ。

こうした理屈は、神はわたしたちが感覚的経験から理解する存在とは極端に異なっているのだろうかという問いにぴたりとあてはまる。どうしてそのようなことを感覚的経験によって決められるというのだろうか？　感覚的経験から結論を導くことができるのは、感覚的経験によって知りうる物事だけである。しかし、ここでの問いは「それ以外のもの」が存在するのだろうかということである。

ドーキンス自身は、無神論者が神の本質という問題を避ける別の方法を提供している。わたしたちの考える神がどれほど違っていようとも、神が物質世界に自分を原因とする影響を残すならば、実証的方法論によって神の存在を感知できるはずだと論じている。ドーキンス自身が述べているように、「超自然的に知的な創造主がいる宇宙は、そうした存在を欠く宇宙とはまったく違った宇宙」

なのだ。ここからドーキンスは、「超知性が存在するかしないかは、疑う余地なく、科学的論点である」と結論している。[11] そうすると、科学が神の存在する証拠をみつけられなかったら、まず間違いなく神は存在しないという結論になるように思える。

ところがドーキンスは、神がいる宇宙と神がいない宇宙を区別するための、科学が感知できる特徴についてなにも述べていない。たとえば、ビッグバンに創造的な動因はなく、物質的宇宙が自然発生的に爆発して発現したものだとしよう。そのようにしてできた宇宙が、非物質的な神によって創造された宇宙と同じであるはずがないと考える理由はない。したがって、科学的証拠をもってしても、神が世界を創造したという主張はゆるがない。

そうなると、複雑性議論の擁護者が神性にまつわる従来の形而上学的説明の検討を回避することはできない。ドーキンスによる複雑性議論が失敗に終わったのは、神を素朴で必然的なものと考える形而上学的議論を考慮せず、その議論の力を無力化してしまったからだ。こうした議論を無視したために、「神という仮説はほぼ間違いなく、真実ではない」ことを証明できなかったのである。

ただし、神の本質を形而上学でとらえることは、もろ刃の剣だ。複雑性議論は、神はわたしたちが知っている知的存在の拡大版であるはずがないと主張する。そうした拡大版が創造主だったとしたら、それはきわめて複雑な存在であるはずであり、この議論が示しているように、世界の設計の究極の説明であるはずがない。

したがって、有神論者は、どうしても神を人間の拡大版として想定することができない。つまり人間の形をした神という概念を受け入れられないのだ。きわめて異なる存在、無形で、必然的に存在し、おそらくは完全に純然たる存在として神を理解しようとしなくてはならない。実は、第5章でみていくように、神をこのようにとらえることには難しい問題がある。有神論者は、無神論者の反論にうまく対処するために、そうした難問と折り合いをつけなくてはならない。

実際、神の本質の問題は無神論者よりも有神論者にとって大きく立ちはだかっている。無神論者が有神論に反論するために複雑性議論を使うときにも、神の本質の問題に対処しなくてはならないが、そこにはまだいくつか手段がある。たとえば、これからみていく悪からの無神論的議論というのがそうだ。ところが、有神論者には、一般的な宗教における人の形をした神とはまったく異なる神を理解しない限り、複雑性議論に対する妥当な対応策をみつけることはできない。

悪の問題

新しい無神論の考え方をいろいろとみてきたが、その最後を飾るのは、悪からの無神論的議論である。必要悪と不必要悪の違い、さらには人間の知識と神の全知の違いにもとづき、この議論への対応を概説する。これらの違いは、悪の問題に対処する裏づけとなるのだが、これによって再び、神とわたしたち人間の多大なる違いについて理解しなければならないという問題が有神論者に残される。

議論なき議論も、複雑性議論も、有神論を否定はしていない。ただし後者は、神性を理解することを有神論者に迫るものだった。無神論を支持するすべての議論のうちでもっとも古く、もっとも痛ましい議論である悪の問題はどうだろうか？　新しい無神論者は、悪の問題については従来の理論的枠組み以上の新たな内容をほとんど加えていないのだが、それでも明確に意見を述べている。たとえば、サム・ハリスの意見について彼の著書 "Letter to a Christian Nation" をみてみよう。[12]

ハリスはまず、子供の拷問、レイプ、殺人、津波やハリケーンによる多大な人命の損失など、否定しがたい悪の例を引用する。続いて、そうした事象が自分や家族に起きても、「全能で、万人を愛する神に見守られている」ことをキリスト教徒は信じるだろうとハリスは述べる。そして問う。「これを信じる彼らは正しいのだろうか？　彼らがこれを信じるのはよいことだろうか？」

ハリスの答えはノーだ。「無神論のすべてがこの答に含まれている」といい、さらにこう述べる。「無神論者というのは、神の存在を確信している人には、神が存在する証拠を提示する義務があるはずだと考える人のことだ」[13]。すべてが善であり、全能の神が存在するという証拠がないため、無神論者はエピクロスの古典的な論法からこのように述べる。「神が存在するのであれば、神はもっとも目にあまる惨事を防ぐ手立てを打てないか、あるいは打つ気がないということになる。したがって、神は無能であるか悪である」[14]

別の例をあげよう。悪性の脳腫瘍の治療法を心得ている医師がいるとする。その医師が腫瘍のために死にかけている少女とともに病室にいたとして、その医師が道徳心のかけらもない残忍な人間ではないとすると、その医師は治療を施すだろうと期待できる。したがって、その少女の病室には彼女の脳腫瘍を治す方法を心得ている善意の医師がいると誰かがいいだしたら、わたしたちは当然のことながらそうした主張を示すたしかな証拠を求めるだろう。なぜなら、その少女がまだ治癒していないという事実から、その主張が誤りであるという証拠をわたしたちは手にしているからだ。

有神論が正しいとすると、その病室には少女を治療する能力をもつ誰かが現われるはずだ。神はその全能によって、自らの選択によりどこでもいつでもその力を発揮することができる。もし少女が死んだとしたら、介入する力や意志を備えた存在などいない、つまり神は存在しないということになる。

ハリスが述べるように、有神論者はときに、「神を人間の道徳観の基準で判断することはできない」といった発言をする。[15] ハリスは当然のことながら、こうした発言を否定する。神が、わたしたちが

「善良」というのとはまったく異なる意味で善良であるなら、神の善良さを称賛したり、それに頼ったり、それに慰められたりする理由はないからだ。そうした神の「善良さ」が、人々を宗教へと導くことはないだろう。キリスト教の神は、人間の苦しみは大きな悪である、すなわち、できる限り排除すべきものであるという考えに同意しなくてはならない。それがハリスの考えである。

しかし、有神論者には、これに対する答がある。それは、あらゆる悪が排除されるべきではないというものだ。わたしの子供が病気によって苦しんでいるとしよう。ふつうなら、この苦しみという悪を排除したいと思うだろう。だが、長い目でみると、この苦しみによって子供はずっと善良で、あまり利己的ではなく、他人を思いやる人間になることがわかっているとする。その場合、わたしにはその苦しみを受け入れる十分な理由があることになる。ここからわかるのは、悪を排除すると、より大きな悪を生んでしまうかもしれないし、悪にまさる善を排除してしまうかもしれないということだ。神が全能であることを考えると、神は特定の悪の長期的効果についてわたしたちよりも深く理解しており、世界を全般的によりよい場所とするためにそうした悪を受け入れるかもしれないと考えるのが道理にかなっている。

「そうした考え方は、限られた力しかもたず、あらゆることができるわけではない、わたしたちのような人間にだけ適用されるのである。一方、神は全能であって、その力に限界はないのだから、よりすぐれた善のために悪を許容する必要性はない。神はわたしの子供の苦しみを取り除くと同時に、子供がよりよい人間になることに手を貸すこともできるのだ」と反論したくなるかもしれない。

　これに対する答は、「全能の神にも1つだけ限界がある。それは、論理的に不可能なことを引き起こすことはできない」というものになる。たとえば、神はわたしに痛みに耐えさせることはできないし、痛みを感じないようにすることもできない。神はわたしたちの行動を制御したり、よくない結果を防ぐために介入したりするかもしれないが、神が人間にいい意味での自由をもってほしいと望むなら、神はこのような制御や介入をするだろうか？　神にも、わたしたち人間を自由にし、なおかつ、わたしたちが犯しかねない悪を排除するのは不可能に思える。したがって、神でさえ排除できない必要悪と、神なら排除することができ、必ず排除するであろう不必要悪を区別しなくてはならない。

　こうした違いを考えると、神はわたしたち人間なら排除するであろう悪を排除しないかもしれない。それは、神がそれらを悪とみなさないからではなく、神は世界に存在する善やそれらを許容するのが論理的に必然である悪について、人間よりもはるかに多くのことを知っているからだ。神の全能性と、人間の限定された知識の違いを考慮しなくてはならない。

　神がわたしたちの世界の悪を阻止しないのはそれが原因かもしれないが、本当にそうであると決めつける理由はない、とハリスなら答えるだろう。そして、世界のすべての悪は善と相殺するために必要であるとすることについて、どのような証拠をキリスト教徒はもっているのかと反論するかもしれない。だが、悪が存在することから、神が存在する可能性はかなり低いと主張しているのはハリスである。必要悪という仮説から考えると、悪が存在する事実は、神が存在しないことの証明にはならない。さらに、わたしたちの知識は著しく限られているので、この仮説自体にどれほどの可能性があるのかについても確固たる考えをもてない。つまり、悪の存在が神の存在可能性を低くするのは、不必要悪が存在する場合だけであるが、実際にそうなのかどうかはまったくわからない。したがって、悪の存在は、神が存在しないと考えるべきたしかな理由とはならないというのが結論となる。

悪についてはさらに論じるべきことがあるのだが、その点についてはのちほど触れることにする。悪という視点から論じることは、神の存在を信じる人々が神をどう考えるかに大きな制約を課すことになる。無神論を支持するドーキンスの複雑性議論の擁護のときと同様、神は人間の視点からみてより神秘的になり、より理解しづらくなる。

延命する有神論

宗教の信者は、新しい無神論による批判をかわすことができるかもしれない。しかし、そのように向きを逸らせたとしても、彼らが信じるためには、いくつかの条件が課される。第1に、神についての素朴な見解を捨てなくてはならない。たとえば、神の完全性を人間の完全性の拡大版と考えたり、神の現世への介入を、神以外のものすごく強大な存在（たとえば、高度に進化した宇宙人）による介入と同格であると考えたりすることはやめなくてはならない。さらに、その素朴な考え方は、アウグスティヌス、アクィナス、そのほかの大勢が組み立てた神についての神学的教義の主流と矛盾することになる。こうした教義は、まったくの純然性や必然的存在について、神を人間とはきわめて異なるものとして表している。

素朴な見解は多くの一般的な信仰や慣習に浸透しており、それを信じる人々は、従来の形而上学的な神と宗教が多くの人々にとってもっている意味を、どうすれば両立できるかについて真剣に考えなくてはならない。さらに、すぐあとで検討するように、主流派の神学的教義に対する真剣な知的難問がいくつかある。

こうした問題はいずれも、有神論を決定的に否定するものではなく、有神論をサンタクロースやイースター・バニーを信じるような知的レベルに押し下げるものでもない。しかし、知性を使って真剣にそれを信じているのであれば、こうした難題に答えるための取り組みが必要である。次章では、こうしたところをみていこう。

第5章　宗教的不可知論

第4章では、有神論者は新しい無神論からの批判に対抗できるが、そうすることがさらなる難問を生じさせることをみてきた。神の存在の本質的特性（神の属性）が問われるのだ。まずは、単純性と必然性という属性を理解しようとしたときに生じる哲学的問題からはじめたい。単純性にまつわる問題は、実体とその特性の違い、単純性の不変性から生じる。

続いて、悪の問題に対する対応を検討する。論考は全能の神の属性に戻り、すべてが善であり、全知全能の存在として神を描いてきたことが適切だったのかという問いを提起する。

こうした論考を経たうえでの結論は、無神論にも有神論にも決定的な主張はないというものだ。すると、不可知論が魅力的な立場ということになるだろう。不可知論を「実践する」さまざまな方法を峻別し、宗教には不可知論的要素があることを紹介する。神の話には類似することばが使われているはずだという消極神学とアクィナスの見解についても論じる。

次に、信仰を支持する積極的な主張に目を向けたい。まずは思索する宗教信者たちの献身の根底にどのような意味があるか、哲学者たちによる自叙伝風の評論をみていく。これが宗教の3つの側面、すなわち、生き方としての宗教、理解する手段としての宗教、知識体系としての宗教の大きな違いへとつながる。そして、生き方や理解する手段として宗教を受け入れながら、知っているものとは主張しない実現可能な信仰の形があることを論じていく。これがわたしのいう、宗教的不可知論だ。最後に、宗教的献身と政治的献身を比較しながら、信念という考えに戻る。

神の単純性と必然性

無神論を擁護するリチャード・ドーキンスのもっとも強力な議論は、神の複雑性と完全な独立性は両立しないというものだった。従来いわれてきた神の2つの属性、すなわち、神の単純性と必然性がドーキンスの反論への回答となりそうだ。

神は単純であるはずだ。なぜなら複雑性（構成要素がある）は不完全性ということであり、構成要素をもつ存在はその構成要素が分裂したとき破壊されてしまうからだ。こう考えることで、神は複雑だとするドーキンスの仮定を排除できる。そして、神が必然であるならば、神の存在に因果的な説明は不要となる。となると、神はなにかほかの存在に依存しているはずだとするドーキンスの結論を排除できる。とはいえ、神の存在を信じる人にとっても、単純でありながら必然的に存在するという神の特質を理解するのは難しい。

単純性はとくに困難なハードルであり、従来の有神論者でさえ尻込みしてきた論点だ。たとえば、プランティンガは実体と特性の哲学的な違いを根拠として痛烈な批判をしている。[1] 実体とは、独立して存在するもの、たとえばバスケットボールである。特性はバスケットボールが保持していてそこから離れることができないもの、色や丸みをいう。神が複雑性を欠いていたら、神の特性に違いが生じることはなく、神の善良さ、力、知識がまったく同じになるとプランティンガは論じる。したがって、神がもっている特性はただ1つである。これを超越性と呼ぶことにしよう。

これは、状況をさらにやっかいにする。神が超越性を有しているとはいえないのだ。そういってしまうと、超越性をもつ者としての神と、超越性という特性は別物だということになるからだ。単純にいうと、神は超越性と同一であるはずなのだが、そうだとすると、神というのはただの特性ということになるので、これでは筋がとおらない。なぜなら、特性（バラの赤い色や、水の冷たさ）というのは、それだけで存在できる具体的なものではないからだ。存在しているのだとしたら、それは特性ではなく実体である。これまでみてきたように、特性はある物の一面としてのみ存在しうるのであって、その特性を有する物に依存しているはずだ。だが、これもまたみてきたように、神がほかのなにかに依存するということもありえない。したがって、神が特性であるというのは筋がとおらない。

単純性には必ず不変性が伴うことにも注目してほしい。ある物が変化しうるとしたら、その現実性（現在なんであるか）とその潜在的可能性（なにになりうるか）を区別しなくてはならないということであり、その物が単純であるとはいえないことになる。しかし、神はわたしたち人間に起こることには無関心で、どんなできごとに直面しても変わらないのだとしたら、変わるはずのない神はどうしてわたしたちを愛することができるのだろうか？　変化するはずのない神が、変化し続ける世界で、どうやって物事を発生させうるのかという点も理解しがたい。

こうした理由から、神がどのようにして単純なのかを理解するのはかなり難しい。必然的存在という考えのほうがまだ扱いやすい。数について考えてみると納得がいくかもしれない。3が2より大きいのは必然的に真実であるが、数が存在しないとしたら、必ずしも正しくはない。そうであるならば、2や3は必然的には存在しないということになるのだろうか？　そうではないだろう。

このような見解は、プラトンがはじめて提起して以来、多くの哲学者（さらには数学者）の注目を集めてきた。いまだ論議の的となっているとはいえ、このような反論は有効だろう。だが、数のような抽象的存在と、神がそうであるはずの理性的存在は別の問題かもしれない。

結局のところ、やはりドーキンスの議論は無神論を証明してはいない。しかし、その議論は思慮深い思想家たちを高度で形而上学的な神の概念へと向かわせる。そして、こうした概念は意味をなさない可能性があり、聖典や宗教的経験に登場する神と矛盾がないようにするのは難しい。

悪と全知の神

神の存在は悪が存在することと矛盾するという主張を、有神論者がいかに論破できるかについては、すでに第4章でみてきた。とはいえ、哲学が悪の問題から逃げだすのは潔くない。神が知っていることを人は必ずしも知っているわけではないという点に訴えれば、善なる神が創造した世界が今も悪を内包しているという矛盾を避けることもできるだろう。だが、このような訴えをすると、多くの有神論者が神について主張したいこと、とくに「神はなにをお望みなのか」という主張に制限がかかることになる。

英国国教会初の女性聖職者、ウナ・クロールは同教会が女性を主教に任命する案を擁護し、この案は、根深い不和があっても、お互いへの愛と尊敬を土台とする共同体に生きることが可能であることを示した一例であると論じた。クロールはさらに次のように述べて自分の主張に決着をつけた。

「それこそ、神がわたしたちに学んでほしいと望んでいることだとわたしは思う[2]」

神は根深い不和を抱える人同士が愛と尊敬を土台として共同体で生きていくことを望んでいる。たしかに、そう思えるのだ。だがそれ以上に、神はガンで死にかけている罪のない子供を救うことを望んではいないだろうか？　そうした問いかけを行ったとき、わたしたちは、自分たちが考える神の望みから、実際に神が望んでいることへと頭を切り替えることができなくなる。

同様に、困難な決断を下すときは「イエス・キリストならどうするだろうか」と自問するべきだといわれることが多いが、そんな問いかけをしても実際にはなんの解決にもならない。従来の神学が説くように、イエス・キリストが神であるなら、ありうる答はただ1つ、「イエス・キリストは全能の神がするとおりのことをするだろう。わたしたちは無知なので、それがなんなのかはわからない」となるはずだ。

ここでいいたいのは、神は道徳の基本的規範を超越しているということではない。そうした規範が適用されるかどうかは、わたしたちが直面している状況の具体的な事情に左右されるだろうということだ。モーセの十戒の1つ、「なんじ殺すなかれ」はわたしに射撃訓練を禁じるわけではないが、標的の近くに人がいて弾が当たってしまう可能性に気づいていたら禁じる、という意味となる。神はわたしたちよりもはるかに多くのことを知っているというまさにその理由により、神が自らもわたしたちに与えた道徳的原則にしたがって行動するとしても、神の超越した知識が神自身の行動にいかなる影響を与えるかは、知る由もない。

さらに、たとえ神が「道徳を超越」していないとしても、その全能性により、道徳的規範についての神の知識はわたしたちよりすぐれているので、わたしたちが道徳として理解するものと矛盾してしまう可能性が残る。もちろん、わたしたちはそれでも、嘘偽りなく正しい道徳的規範だと思うことにしたがって行動しなくてはならない。だが、その規範が道徳についての神の完全な知識を反映しているかどうかはわからない。本質的な道徳規範について神がわたしたちを騙すはずがないといいたいところだが、そうしたいいい方は神の知識とわたしたちの知識の差を無視している。

悪の問題と折り合いをつけるためには、もうひと踏ん張りしなくてはならない。宗教は、人間の希望に応えてくれる。なかでも重要なものは、危険にさらされた世界のなかで最終的に安全でありたい（キリスト教的にいえば、救われたい）という希望だ。宗教にはこの希望以外、なにもないといっているのではない。このような希望のない世界観は、宗教的に満足のいくものではないといいたいのだ。救済されるかどうかは自分自身の自由意志次第なのかもしれないが、正しい選択により救済されるのはたしかである。

したがって、神はその救済のたしかな源であるはずだ。神は、わたしたちの救済に献身的に取り組んでいるという意味で善良であり、外的環境に救済の邪魔をさせないほど強大であるはずだ。これらを、神の概念にまつわる宗教的妥当性の要件と呼んでもいいのかもしれない。

全知全能ですべてが善であるという、従来の神の定義もこれらの要件を満たすようにみえるかもしれないが、実はそうではない。まず、「あらゆる特性」が確実な救済に必要なわけではない。神が人間以外の存在には適切な道徳的態度をとらず、人間の救済には献身的に取り組んでいるという可能性もある。また、人間の救済とは無関係の勢力を圧倒する力を、神はもたないかもしれない。もっと重要なのは、従来の神の特性ではわたしたちを確実に救済するには不十分であるということだ。全能の存在はわたしたちを救うために必要なことはなんでもできるはずだ。しかし、神の全能性は救済の障害にもなりうる。

ここで、悪の問題への対応に戻ることにする。「すべてが善である全能の神がどうして世界に悪が存在することを許すのか」という問いに通用しそうな答はただ1つ、そのような神は、人の理解をこえた知識をもっているかもしれないというものだ。これはヒュームが示唆したことでもあるのだが、悪の問題はわたしたちの無知に訴えなくては解決できないのである。

すべてが善で、極限の力を有する存在は、宇宙の全般的な善のために局所的な悪を許容しなくてはならないのかもしれない。そのことを、とりわけ有神論者は認めなくてはならない。だが、わたしたち人間がこの必要性の犠牲者かどうかは知りえない。たとえば、人間以外のはるかに進歩した種が現在、あるいは将来存在し、そうした種のためなら人間が絶滅したり、永遠に苦しんだりすることを神は許容するのかもしれない。しかし、それが行われているのかどうかは、わたしたちにはわからない。

もちろん、すべてが善である神はわたしたちにもたらされる悪を最小化するためにできる限りのことを行うだろう。しかし、その最小化された悪がどういうものかについて、わたしたちには知るすべがない。神がわたしたちに対する苦難を許容するとき、最終的には苦難を受ける人のためであるはずだと論じた人もいる。だが、それが全能の神自身の見方であるとする根拠があるだろうか？悪の問題に対するもっとも一般的な回答である自由意志を根拠とする擁護論は、道徳的な行動をとるかどうかの自由が計り知れないほどの善であり、それは神がとてつもない悪行を許容するほどなのだと主張する。なるほど、悪事を働くこととその結果から学ぶことは、よりすぐれた道徳的完璧さに導く「人間形成」に不可欠な部分なのかもしれない。アウグスティヌスは若き日に罪を犯さなかったら聖人になれただろうか？　それと同じく、ある超種族が達成されることによって人間という損失が神にとって受け入れられるものとなるなら、そのような超種族の人格形成にとって人間の幸福を破壊することが避けてとおれない道であるかどうかについて、わたしたちには知る由もない。

結論としては、悪の問題に対処する標準的な手法を考えると、すべてが善で全能の神が存在するとわかったとしても、救済されたいというわたしたちの希望は保証されない。善良なる神にはもっと高いところに目的地があって、わたしたち人間を犠牲にしてそこへ向かっているかもしれないからだ。

となると、悪の問題は無神論を支持する効果的な主張にはならないが、有神論者も悪の問題によって、神を人間と同じ道徳レベルにおくような神の概念は捨てざるをえなくなる。ドーキンスの複雑性議論を論破するために形而上学のレベルで神を人間とは極端に異なるものだと考えざるをえなかったように、悪の問題を処理するためにも、神を人間とは倫理学のレベルで極端に異なるものとして考えざるをえないことになる。

不可知論?

ここまで、無神論にも有神論にも決定的な主張が欠けていることをみてきた。となると、神が存在するかどうかは人間にはわからないという不可知論が頭をもたげてくる。不可知論そのものはさまざまな形で表現できる。神が存在するかどうかを知るのは不可能だと考え、その問題を考えるのをやめさせることもあるだろうし、宗教的情熱を発揮して答を探し続ける場合もあるだろう。たとえ、不可知論をこえるのは無理だという結論に達しても、宗教に対してまったく違う態度をとることもできるだろう。はたまた、すべての教会が「真実ならば重要」という掲示を掲げるべきと提案した19世紀の歴史家アレグザンダー・キングレークの気概を思い、宗教が真実であるという根拠がなにもないという理由から、かえって宗教に無関心になるかもしれない。こうした態度は、事実上、無神論と変わらないのかもしれない。あるいは、たとえ真実ではないかもしれないとしても、宗教はやはり重要だと考えるかもしれない。道徳的規範、人間形成の実践、知的理解力の源であると考えて、宗教的コミュニティーでのくらしに参加し続けるかもしれない。

宗教自体にも不可知論の要素が含まれているかもしれないことには留意すべきである。神の形而上学的概念が、神をめぐる議論を理解するうえでどのようにしてめんどうな問題を引き起こすのかについてすでに検討したが、こうした問題に対する解決策もまた論争を引き起こす。それ以外にも、正統派に属する神学者でさえ神の不可解性を強調することがある。この考えは、神についての肯定的な主張を否定する「消極神学」につながる。わたしたちは、神は善良であると断言するが、それでいて、「善良」についてわたしたちが抱くいかなる意味も神を充分に描写していない。したがって、わたしたちは、「神は善良ではない」といわなくてはならない。

わたしたちが描く善としての神は、アクィナスが描いた意味で**類似**している。このことばには、普段使うような文字どおりの意味は含まれていない。また類似性の観念も、たとえば、「わたしの恋人はバラのようだ」といったふつうの事例とは異なっている。この例では、自分の恋人とバラが共有する特性（美しさ、繊細さ、初々しさ）と、恋人にはない特性（棘があり、栄養素を必要とすること）を明確にすることができる。しかし、神についてはそうはいかない。善良さと結びつく特性のどれも、文字どおり神に当てはまるとはいえない。わたしたちが神について語るいかなるものも、神自身を不正確に伝えている。神は存在するといったとしても、「存在する」ということばは、わたし自身や、わたしの愛犬や、あるいはわたしが生きている銀河系についていうときと同じ意味であるはずがない。

もちろん、これは神が存在するかどうかはわからないということとは違うし、アクィナスやほかの神学者は神について議論することには意味があると証明すべく、労を惜しまず努力をした。だが、彼らの神をめぐる主張には常に、否定的で不安な色合いが混じる。決まって使われる、「そのとおり。だが、しかし」といういい方には、不可知論と共通するところがある。神にまつわるこの躊躇は深遠な知的分析に留まらない。聖書に深い根があるのだ。たとえば、神は、面と向かってあなたはどなたですかと訊ねてきたモーセを叱責した（「わたしはありのままのわたしである」）し、神秘主義者は恐れ多くて神の名を口にできないと主張した。

宗教的不可知論の考えについては本章の最後でまた触れるが、まずは宗教的信念を支持する積極的主張にどのようなものがあるかを論じておきたい。宗教的信念を支持する主張は宇宙論についての議論を通じてすでにみてきており、最小限の範囲で有神論を支持できるものだ。だが、信者の大半はそうした複雑な議論に真剣に取り組まない（あるいは関心をもたない）。それに、どっちにしろ、信者が実践する実際の宗教は、ありのままの主張などはるかに飛びこえた教義を実行に移している。信者たちは、自分たちの信仰にどのような根拠をもっているのだろうか？

哲学者が神を信じるとき

今日ではそれほど重要とされてはいないが、キリスト教の弁証学には長い伝統がある。護教論者は神の存在を支持する哲学的議論から入り、さらに、イエス・キリストは実在した、福音はイエスの生涯と教えを正確に物語っている、という歴史的根拠について議論する。さらに、イエスは神の息子を名乗り、死から復活することでそれを証明したのだから、イエスが福音で語る真実は受け入れるべきだと論じる。最終段階は、イエスの教えが護教論者の好むキリスト教会の信仰と実践を支えていることを示すことだ。

それぞれの段階に深刻な問題はないとしても、この議論が大半の信者の信仰の礎ではないことはたしかだ。しかし、そうだとしたら、礎となっているものはなんだろうか？　知性にあふれ、博識で、自分の信仰を思索する信仰者は大勢いる。彼らにはいかなる根拠があるのだろうか？

わたしがこれまでにみつけたなかで最良の答は、20年ほど前に出版された2冊の書籍にあった。それは、宗教的信仰者でもある（ほとんどがキリスト教徒）哲学者たちが、なぜ、どのようにして信じるようになったかを語る内容となっている。[3]　そこに登場する哲学者の語る物語はそれぞれ違っているが、広く共通する特徴がある。それを読むと、賢く、教養があり、理性的思索に身を捧げる人々がなぜ実際に信者となるのか、あるいは信者であり続けるのかがわかる。彼らの身に起こったできごとのなにが主因となって信仰につながったのかをざっとみてみよう。

魅力的な生き方

信仰者はまずなによりも、生き方の1つとして宗教に惹かれる。ある宗教コミュニティーのなかで生まれ、そこが快適で、満足しているということもときにはある。ユダヤ哲学の専門家としてイェシーバー大学に勤めるデイヴィッド・シャッツは、正統派ユダヤ教徒として育てられ、そうしたくらしに満足してきた。シャッツはいう。「わたしが宗教に身を捧げてきた理由は、理性がわたしの信仰の正しさを証明するといった（経験抜きの）観念からではない。むしろ、ユダヤ教がわたしにもたらしてくれるもの、つまり、知的興奮、感情、他者への思いやり、インスピレーション、さらには想像力を喚起し、人の心を打つ全体的な考え方からだ[4]」。

無信仰者がやがて宗教的コミュニティーに入信する場合もある。こうした転身は、尊敬する信仰者との出会いからはじまることが多い。オックスフォード大学で宗教哲学を教えていたベイジル・ミッチェルは、オックスフォードで教えはじめたときに「想像力に富み、表現力にすぐれ、哲学の教養も高いキリスト教徒の思想家にはじめて会った」と記している[5]。このとき、ミッチェルは、「敬虔な英国国教徒のなかにいたにもかかわらず、すぐにすっかり馴染んだ」という[6]。宗教的コミュニティー（教会の儀式や集まり）に参加することには、常にある種の満足感が伴う。形而上学の専門家としてノートルダム大学で教鞭をとるピーター・ヴァン・インワーゲンにとって重要な一歩は、「教会に行くのが好きだったことに気づき、通うことに対する無意識の恐怖心がもはや自分と教会を隔てる障壁ではなくなった」と悟ったことだという[7]。

認識論や宗教哲学の研究をしてきたウィリアム・オールストンはさらにくわしい説明をしている。15年にわたる「世俗的生活」を経て、オックスフォードの客員教授を務めていた50代半ばで教会に通うようになったオールストンは、すばらしい音楽が「神とのコミュニケーション」の手段であると悟ったという[8]。プリンストン大学に戻ってからも教会通いを続け、「キリスト教の教義に知性の面で賛同する」ことはなかったが、それでも宗教に心を開いたことで効果が現われはじめた。「人生ではじめて、愛情とはなにかがかすかに理解できるようになった」というのである。オールストンは新しい教区に足を運び、聖職者の生きた手本のような牧師と出会った。控えめな監督教会カリスマ派のグループに加わったオールストンは、「そのグループの人々が、くらしのなかにほとんど絶え間なく存在するものとして神と真に触れ合っている」ことを理解するようになる。つまり彼は、「キリスト教徒のくらしの手本をまるごと」手にしたのだ。続いて、個人的な宗教体験や、予言や異言といった信仰上の劇的なできごとを重視するカリスマ派集団に加わり、「異言の賜物」を受け取り、「精霊の存在について新たな、より鮮明な感覚」を得ると、その感覚がすっかり消え去ってしまうことはなかった。カリスマ派からは徐々に距離をおくようになったのだが、その時点では、完全な、永遠のキリスト教徒だった。[9]

宗教体験

オールストンはさらに、最終的に自分を信仰に導いたのはキリスト教コミュニティーのなかに「神の愛や精霊の存在の体験[10]」があったことだと続ける。「それはいわば、これまでみえていなかった周囲の環境の一面に目が開かれたようなものだった」という。オールストンによると、このコミュニティーでのくらしは、聖書や神学的習わしを理解し、それについて考え、祈りや瞑想、聖体拝領を行い、キリスト教徒と交わり、愛に満ちた生活を送りながら成長していくことだったという。

聖なるものがみえたり訪れたりすることはまれだが、宗教的な「超越性の経験」はたしかにある。特異性、強烈さ、頻度はさまざまだが、こうした経験をすると、宇宙には唯物論者が認める以上のなにかがあるという強い感覚が残る。アルバン・プランティンガは、彼がハーヴァード大学の新入生だった当時、自らの宗教的信仰についての「懐疑と両面感情《アンビバレンス》」に取り組んでいたときに起きたできごとを回想している。

突然、天国の門が開いたようだった。圧倒的に力強く、壮大で、甘い音楽が聞こえてきたような気がした。そこには想像を絶する輝きと美しさを放つ光があった。天国のなかまでみえそうだった。そのとき突然、とてつもない明瞭さと定見と確信とともにわかったのは、神が実際にそこにいらっしゃるということだった。わたしが考えたのはそれだけだった。この体験の影響は長いあいだ残った。神の存在をめぐる議論にとらわれていることに変わりはなかったが、そうした議論が単なる学究的な、「些細な実存主義的関心」だと思えてしまうことが多くなった。まるで、本当に過去というものはあったのか、あるいは本当にほかにも人々はいたのかと議論するみたいに。[11]

プランティンガは、「神の実在体験」について、これに似た報告を数多く行っている。もっとも、大半の報告は今の例ほど強烈ではなく、「山のなかにいるときや、祈りの最中や、教会にいるときや、聖書を読んだり、音楽を聴いているときや、木の葉や草に当たって輝く日光の美しさをみたり、雪の降る夜に木々のなかにいるときに」起きたことだったという。[12]

形而上学的議論と歴史的議論

哲学を研究する信仰者はまた、常にというわけではないが、神が存在する理由を形而上学的議論のなかにみいだすことが多い。宗教哲学の専門家であるウィリアム・ウェインライトは、自分は「懐疑的気質」であり、そのせいであらゆる形而上学的立場を疑問視していることを認めている。ただし、十分熟慮したうえでウェインライトが達した見解は、「古典的な有神論の形而上学は、ほかの競合する説と少なくとも同程度に、おそらくはもっと巧みに批判に耐えている」[13]というものだ。

ウェインライトは、古典的な有神論（とくにキリスト教の有神論）はおそらく正しい、といっているのではない。そうではなく、ほかのどの形而上学的見解よりも正しい可能性が高いといっている。さらには、「信憑性の高い説明ができるなら、なにもしないよりは、なんらかの説明を選んだほうが理にかなっているのではないか」[14]ともいっている。ただし、ウェインライトは「ごくありきたりな事柄は別にすると、なににしてもわたしたちの論証は惨めなほど不十分だという感覚」をもっている。とくにかなり深い論点についてはそうだという。そうした論点については、とくに根本原理についての論証から疑ってかかるマルクス派や、フロイト派や、キリスト教徒の根拠を考えると「わたしたちの最良の系統的論述でさえ、頼りにならない」という[15]。

だが、ウェインライトの懐疑主義は逆方向にも作用する。彼には、信仰や感情を無視するきらいがある。「わたしは先天的に懐疑主義なので、ウィリアム・ジェームズがいういわゆる『信じようとする傾向』を信じなければ、騙されるかもしれないと考えてしまう。換言すると、現実ともっとも深くコミュニケーションする器官は心なのではないかという疑いをこれまでずっと抑えられなかったのである」[16]

リチャード・スウィンバーンはその哲学的研究において、歴史的に議論されてきた神の存在の証拠からキリスト教的啓示の真実を探すという弁証学の道をたどった。だが、スウィンバーンは自分の信念のために真剣な議論を行う前からすでに信者だったことを明らかにしている。「わたしの知的成長の大半は、40年前にかなりあいまいな形で信じていたことを体系化し、正当化することでなされたものだ。あまり重要ではない事柄についての見解は変化したが、世界観は変わっていない」[17]。

それでもスウィンバーンは、信頼できる信念には合理性が欠かせないと考える。「宗教の実践には、きわめて尊い目的のために、人生を惜しみなく捧げることが伴う。ただし、その目的が真に尊いものであることが示されなくてはならない。そして、キリスト教的神学体系が真実である可能性がかなり高いことを示すのも、その1つだ」[18]。だが、スウィンバーンは、弁証学的取り組みが自分の宗教的信念の決定的証拠を示していると主張しているわけではない。「キリスト教信仰の中心的主張の正しさに絶対的な自信があるわけではない。しかし、証拠のバランスをみると、正しいという見方にかなり傾いていると判断する」[19]

信仰を支持する主張

哲学者にとっても、宗教は生き方として魅力的である。教会に通い、道徳律を守り、聖典を読むといった行為に達成感を感じるからだ。有神論の議論が、哲学者の宗教に対する考えに果たす役割は副次的なものだ。それでも、そこには強い知的要素がある。宗教を信じる哲学者は自らの信仰への異論に対処できることに満足感を覚え、不信仰を支持する唯物論のような見解にはかなり苦労する。彼らは、無信仰者なら妄想としてたやすくはねつける、超越的な宗教的体験をすることが多い。こうした点を結びつけて、宗教を信じる哲学者は、その宗教自体が世界は1つであるという世界観をつくりだし、不可知論も無神論も敵わない理解をもたらしているのだと結論づける。この理解は、宗教的生き方の道徳的魅力を知性の面から補うものだ。

ここで、理解することと知っていることの哲学的違いについて紹介したい。ここでは、知っていることに強い意味合いが与えられている。ある宗教が真実であることを知っているためには、神の存在・神の本質・神の過去における介入を、史実にもとづいて、あるいは、形而上学的に説明することが求められる。そうすることによって、その宗教の教義的主張が正当化される。それとは対照的に、理解するというのは、世界で実際になにが存在し、なにが起きてきたかについて信頼できる知識が手に入るとほのめかすようなことはしないで、物事を建設的に考えることだ。

宗教を信じる哲学者は、その宗教が真実であることを知っていると正しく主張できるだろうか？知っているという主張を裏づける証拠は、神を体験したこと、神の存在を支持する形而上学的議論、現世における神の存在と行いを裏づける史実にもとづく議論しかない。こうした経験は宗教を信じる哲学者に共通するものであり、あっさり退けられることはないが、感覚的経験にもとづく確信をもたらすほどはっきりとしたものではない。

たしかに、哲学を研究する信仰者による宗教体験のほとんどは、神の本質（神はただ強大なのか、それとも実際に全能なのか）や、神が人間に用意したプラン（死後の人生があるとしたら、それはどのようなものか）についての従来の主張を裏づけるにはまったく至らない。形而上学的な、史実にもとづく議論は、せいぜいのところ信憑性のある主張というだけにすぎない。これらの議論から、神は存在するとか、キリストは死から蘇ったとか、永遠に幸せになれる天国があるといったことについて、説得力のある議論が展開できるわけではない。全体的にいって、もっとも鋭敏な宗教を信じる哲学者のなかにも、自分の信じる宗教の教義が文字どおり真実であるというたしかな知識をもっているという人は、なかなかいない。

知識なき信念

要約すると、宗教的信念には3つのまったく異なる側面がある。宗教的生き方、宗教的理解、宗教的知識である。宗教的生き方はコミュニティー内での道徳的方向性を示すもので、多くの信仰者がこれによって生活がよくなると証言しているものだ。宗教的理解は、全体としての世界、とくにわたしたちの生活を理解する手立てとなる。宗教的知識は超自然的現実の史実にもとづく形而上学的説明であり、もしそれらが真実ならば、宇宙における慈悲深い力の働きを示すことになるものだ。

多くの信仰者が、特定の宗教的コミュニティーでのくらしにはすばらしい道徳的価値があると考えており、それはまったく正しい。だが、彼らが、今のくらししか道徳的な達成感を与えてくれるものはない、あるいは今のくらしこそ万人にとって道徳的な達成を遂げる唯一の、または最良のものだと考えるのであれば、それを正当化するのは難しい。その主張が唯一のものであるはずがないのだ。

多くの信仰者はまた、自らの宗教の見解が、くらしの主な（認知的、道徳的、美的）特質の実用的理解をもたらすすべての考慮すべき事柄について、首尾一貫した、有益な考え方をもたらしてくれると考えるかもしれない。それも間違ってはいない。しかしながら、先ほどと同じく、これしかないと主張することはできない。

宗教的知識の主張は、新しい無神論者が主張するような、サンタクロースが存在するという主張と同等ではない。だが、それを裏づける「証拠」は、体系的知識の立証に求められる常識的あるいは科学的な基準を充たさない。わたしには、不可知論こそ宗教的知識の主張に関する最善の判断だと思われる。

不可知論者の宗教

不信仰者は、いや、多くの信仰者さえも、宗教的知識の基礎がないと、有益な宗教的理解への足がかりなどないと決め込む場合が多い。だが、本当にそうなのだろうか？　知識がなくても理解力を得ることは可能かもしれない。ここでは、わたしたちにとっての知識の理論的枠組《パラダイム》である科学の限界について考えてみることが役に立つ。

物理学はいつの日か、現実について完全な説明をもたらしてくれるかもしれない。つまり、森羅万象を予測できる因果関係の法則を示してくれるかもしれない。そうなったら、宇宙を1つの因果的体系として全体的に説明することができる。だが、わたしたちの経験には因果的体系の一部ではないかもしれない経験的側面（意識、個性、道徳的義務、美）がある。第3章で自由について論じた際に区別して用いたことばでいうなら、それはつまり、観察できる事実ではなく意味である。

この点は、道徳的意味や美的意味については明らかだろう。ある行為から因果的に生まれたものを完全に説明しても、それがよいものなのか、美しいものなのかはわからない。同じことは言語的な意味についてもいえる。100万年後に今のわたしたちにはまるでわからない言語で作成される文章に使われる文字の物理的形状を予想することは可能かもしれない。だが、その形状をみても、文章の意味を理解することはできないだろう。

同様に、現在のところ、因果関係から意識を説明する法則はみつかっていないが、脳を物理的組織ととらえると、そうした説明が三人称の客観的視点からどのようにみえるかについてはわかるはずだ。だが、色をみる、交響曲を聞く、友人を愛する、敵を憎むといった一人称の主観的視点からみたわたしたちの具体的な経験を、いかに物理的な説明に落とし込めばいいかとなると、ほとんど見当がつかない。

現在のところ、そうした体験について因果関係を説明するものはない。そうした説明が近い将来登場するかどうかもわからない。唯物論を根拠とする無神論者は、そうした説明がいつか登場すると信じているのかもしれないが、そのような考えは、神が宇宙の究極の原因として存在するという宗教的主張が知識ではないのと同様の理由から、やはり知識とはいえない。

もっとも、これは一人称の経験は理解しようがないということではない。日々の生活のみならず、アート、文学、歴史、哲学もその理解に貢献する。神経科学における最新の研究成果以外からは、こうした経験を理解しえないなどというのは馬鹿げている。

理解するための手法のなかには、それぞれ独自の存在論、つまり、理解したい内容の表現についての実在物の世界がある。基礎物理学の存在論は必然的にクォークやほかの素粒子を伴う。生物学の存在論には細胞や種が、フロイト心理学の存在論には自我の衝動や超自我の検閲官としての働きが、社会学の存在論には家族、種族、機関が欠かせない。基礎物理学の存在論だけが世界をありのまま描いていると論じる人もいる。最終的には素粒子が目まぐるしく動いているだけだというのである。しかし、たとえそうだとしても、甲虫や、エディプスコンプレックスや、国際連合の話は、基礎物理学にはできない形でわたしたちを理解に導く。それと同じく、文学は小説的な存在論とともに、ドンファン、ボヴァリー夫人（フローベールによる同名の小説の主人公）、モリー・ブルーム（ジェイムズ・ジョイス『ユリシーズ』の登場人物）の物語を通じて、性衝動の意味づけをしている。

宗教に目を転じると、原罪について語ることで悪を理解したり、神の創造を語ることで世界の美しさを理解したり、天国について語ることで幸福の意味を理解することがありえる。

宗教的存在論を一刀両断に斬り捨てる多くの人の過ちは、世界の因果関係の仕組みについての知識を表明していない存在論には価値がないとしていることだ。一方、多くの信仰者の過ちは、こうした存在論を理解することが知識の表明になると考えている点だ。

道徳観と同じように、宗教やそのほかのことについて、常に正しい理解の手法など存在しない。宗教はほかの手法を受け入れ、自らの手法との融合を図るべきである。実際、徐々にそうしつつある。アートや詩における宗教の表現はまさにこれを行っている（たとえば、16世紀の英国の形而上派詩人ジョン・ダンが14行詩「わたしの心を叩き割って下さい、三位一体の神よ（Batter My Heart, Three-Person's God)」（『ジョン・ダン全詩集』［湯浅信之訳、名古屋大学出版会、１９９６年］）で描いた、軍隊的、政治的、性的征服を考えてみるといい）。

宗教に強い関心と理解を示す不信仰者は、宗教は生き方であり、理解する手段であると考えている。不信仰者も、彼らからの注目を歓迎する信仰者も、この考えが宗教的知識に関する主張についてなにも語っていないことを念頭におくべきである。

もし存在するのだとすれば、知識は、宗教的献身に新たな局面をもたらすだろう。しかし、たとえ知識がなくても、有益な生き方や理解の手法をもっているならば、それは得難い才能である。

残念ながら、宗教的知識についての主張は支持し難い。宗教を道徳や理解の源として受け入れながら、宗教の知識についての主張には不可知論的立場を崩さない人々にも、なにかを主張する機会が与えられるべきだろう。たとえば、善良なキリスト教徒が三位一体やキリストの復活の事実そのものを疑うことを認めるべきである。実際、賭けてもいいが、キリスト教徒を自認する多くの人々がこれらの教義の真実性を確信していないし、ほかの信仰者も同じような疑問をもっているはずだ。そういう人々は、当然のことながら、宗教的不可知論者である。

宗教と政治

ここまで宗教的信仰について考えてきたが、どうやら宗教的主張というものは、第1章で論じた政治的考え方と似たような認識論的立場にあるようだ。どちらの考えも、最終的な土台となっているのは、より根本的な考えからの議論による立証ができない信念である。だからといって、宗教的な（あるいは政治的な）信念は理屈がとおらないというわけではない。あらゆるものが論理的証拠で立証できるわけではないというだけだ。

これまでに、現実の世界が機能している原因についての信念は、科学的調査の裏づけがないなら維持すべきではないと論じてきた。もしそうであるなら、信念の使用は狭義の知識ではなく、意味や価値についての主張に限定すべきである。これは政治と宗教双方について当てはまる。人の形をした神がくらしに介入するという、実証的な裏づけのない宗教的仮定をするのが間違っているのと同じように、市場を規制しなかった場合の米国経済への影響について、実証的な裏づけのない仮定をすることは間違っている。

その一方で、資本主義の勝利のために働くべきだとする政治的信念が現在の歴史の理解に役立つかもしれないのと同じように、神との霊的一体化を求めるべきだとする宗教的信念は自分の人生を理解する助けとなるかもしれない。

同様に、意見の不一致の問題は、政治も宗教も似たような形で解決する。認識同等者の意見の不一致に直面しても、わたしには自分が自分らしくあるために欠かせない考えを維持する権利が（それどころか義務も）ある。だが、この権利には、わたしの考え方のなかのどれが、自己意識のなかにたしかな居場所をもっている信念なのかを綿密に調べる義務が伴う。また、まったく異なる宗教的信念を抱く人々と議論することは無意味ではない。第4章でみてきたように、そうした議論により、信念がより明確になり、それどころか、修正することにつながるかもしれないからだ。

最後に、宗教的、政治的な信念に関する哲学的な分析と議論の役割について触れておきたい。これは、本章で宗教についてみてきたことであり、第1章で政治についてみてきたことでもある。

哲学は、わたしたちの信念の認識論的立場を把握し、その重大性を明らかにし、知的難題と折り合いをつけるために欠かせない概念と論理のツールが詰まった道具箱である。だから、思索する信仰者は、自らの考え方を理解し、防御するためには、哲学の専門家の権威に訴えかけなくてはならない。だが、宗教的、政治的な信念は、哲学的な議論から導かれる必要はないし、実際、導かれることはまれだ。哲学はわたしたちの信念を支える大きな知的資源ではあるが、信念の出所ではない。

議論についての哲学的原則が議論の質を高めることができるのはなぜかの一例として、第1章では政治に目を向けた。続く4つの章では、科学や宗教の議論にいかに哲学が手を貸せるかをおみせした。ここからの2つの章は再度政治に話を戻し、社会生活の中心にある価値という論点について考える。そして、そのようなときに哲学がいかに役立つかをお話ししたい。

第6章　幸福、仕事、資本主義

まずは、幸福の4つの要素、すなわち、幸運、仕事、快楽、愛情についての哲学的説明からはじめたい。快楽の役割はささいなものである。一方、仕事は幸福の主要部分を占めており、手段としての活動（なにか別のことの手段としてのみ価値をもつもの）と、活動自体に価値がある活動（アリストテレスがいう快楽を必要とするもの）という、アリストテレス学派による区別から理解していかなくてはならない。

資本主義については、幸福よりも利益を優先するものなので、幸福のために機能させるには規制が必要となる。この結論に対する哲学的批判を、個人の権利の自由主義的原則、そして基本財と必須財の区別にもとづいて再検討する。

そして、善意解釈の原則にしたがって、ミルトン・フリードマンが資本主義的利益を擁護しながらも、資本主義システムに相応な規制を課すことは許されると議論したことを深く検討する。これは公共資本主義という概念につながっていく。

最後に、民主的改革というパラドクスが起きていることに触れる。これは、資本主義の改革を一般大衆が支持した場合、改革はすでに実行されていることが必要となるというパラドクスだ。それが、資本主義を改革するためには教育が必要となるという提案につながっていく。

資本主義

資本主義者を批判する人々は、「強欲は善である」という資本主義の想定を公然と非難する。資本主義の支持者は、18世紀の散文家バーナード・マンデヴィルが記したように、「資本主義は個人の悪徳を通じて機能するものの、最終的には社会全体のための幸福という公共財になる」と認めている。マルクス主義者やそのほかの過激な思想家は、資本主義は幸福の敵であると主張しており、この考え方はほかの論者からも支持を得ている。

勤労者は独りきりで、無力な状態のまま、冷酷非情な雇用主とやりたい放題の強欲な競争のもとへ引き渡されている。そうすることで、ごく少数の大金持ちは、肉体労働に精をだす大勢の貧しい人々に、奴隷とほとんど変わらない拘束具をつけることができるのだ。[1]

米国の政策討論では、資本主義への真剣な批判が入り込む余地はほとんどない。わたしたちは、幸福の必要条件と考える繁栄に不可欠な原動力として、資本主義経済を受け入れている。ある目的のために特定の事業に対する規制を強化すべきかという議論はしても、資本主義そのものの一般的な機能や価値についてはほとんど考えてみようともしない。資本主義とわたしたちの幸福の本当の関係という、根本的な論点を無視しているのだ。

本章では、資本主義を評価するための哲学の基本概念を述べていく。宗教の場合と同じく、わたし自身の見解を述べることに躊躇はしないが、主な目的は、わたしたちの経済システムの道徳性について考えてみるために、概念という知的資源を提供することにある。資本主義を社会主義などの代替システムと比較するといった、さらなる論点はとりあげない。ここでの目的は、資本主義システムを批判的に考えてみるという、より深いレベルに向かう最初の一歩を踏みだすことだ。

資本主義経済においては、民間企業が「自由市場」で商品やサービスをつくりだし、販売する。自由市場というのは、企業がなにを生産しいくらの値をつけるかを、公共政策ではなく、需要と供給が決定する市場のことだ。資本主義においては、多くに人が企業のために働いて、商品を購入するためのお金を得る。資本主義は、幸せなくらしを送るために必要な商品やサービスを提供する最良のシステムであると広くとらえられている。このシステムを評価するには、そこに含まれているきわめて人間的な2つの要因に目を向けなくてはならない。資本主義システムを動かし続ける仕事と、資本主義システムに支えられてわたしたちが達成するとされる幸福である。

幸福

第3章でみてきたように、幸福を純粋に客観的な現象として研究しようという取り組みには限界がある。ここでは、プラトン、アリストテレス、そしてそれ以降の哲学者にならい、幸福を目指し、ときにそれを達成した、実際の経験にぴたりとはまる幸福についての見解をおみせする。

先ほど述べたとおり、幸福には4つの要素（幸運、仕事、快楽、愛情）がある。だが、最初のものは文字どおり運に左右される。幸福を実現するためには、肉体的、精神的苦痛から解放されていなくてはならない。苦痛が気高いこともあるし、苦痛によって人格が形成されることもあるが、痛み以外にはなにもなく、痛みを意味のあるものにする要素などなにもない状態までおとしめられることもある。普段は幸せな人生を送り、ときどき極度の発作的苦痛に襲われる程度ならなんとか対処できるが、ある一定のレベルをこえると、苦痛は幸福を粉々にしてしまう。

不幸に対処する方法を幸福と取り違えている倫理観もある。たとえば、ストア哲学の見解のなかには、自分の欲望を自分が実現できる範囲に適合させることを勧めるものがある。痛みを取り除くことができないのであれば、痛みの除去を目標にはするなというのである。だが、受け入れることのできる痛みには限界があるだろう。ある一定のレベルをこえたら耐えがたいものとなり、幸福を壊してしまう。ストア哲学には痛みを和らげるすぐれた戦術はあっても、幸せな人生を確実にする戦術が欠けている。同様に、宗教のなかには、将来の幸福への希望を示すことで現在の苦痛を受け入れることができるとするものがある。だが、あきらめて苦痛を受け入れることは、幸せになることと同じではない。最悪の事態を避けるためには、まず幸運であることが必要なのだ。

語源は正しい方向を示している。幸運（happy）のhapという語幹は、古期ノルド語ではまさに幸運を意味する。

次に2番目の要素（仕事）について考えるために、ヴォルテールの哲学的寓話『カンディード』に目を向けてみよう。この物語では、ほとんどの章で主人公カンディードと彼が出会った人々が地震、嵐、拷問、レイプ、戦争といった悲惨な体験をする。あきれるほど非現実的に思えるのだが、やがて作者ヴォルテールは、人類が耐え忍ぶとてつもない苦難をひと握りの人々の人生に凝縮させているだけなのだと気づかされる。

最終章で登場人物たちは苦難を逃れ、トルコの田舎に共同体をつくる。ところが、今度は倦怠が彼らのくらしを害していき、それまでの苦しかった冒険の数々を切望するまでになる。地元の賢人に相談したカンディードは、自分たちに必要なものは仕事だと理解する。全員が共同体の繁栄に寄与するなんらかの仕事を受けもつことで幸せになる。カンディードは有名な格言で物語を締めくくる。「わたしたちは、自分の畑を耕さなくてはなりません」

このようなわけで、仕事を遂行することが幸福のための2つ目の必要条件である。だが、自分ひとりだけでは仕事はできない。生き残り、繁栄するためには、共同体がなくてはならない。したがって、自分の幸福をほかの人々の幸福から切り離すことは不可能だ。個人としての自分を満足させ、しかも、ほかの人にとっても意義のあることだと思えることをしなくてはならないのだ。もちろん、お金持ちに生まれるという幸運でもない限り、仕事が生みだすのは、幸福を実現するために欠かせない最低限の収入だろう。難しいのは、申し分のない収入が伴う満足できる仕事をみつけることだ。

幸福の第3の特徴は、古代ギリシャ人が「快楽の活用」と呼んだものだ。（ミシェル・フーコーの『性の歴史　第2巻　快楽の活用』〔田村俶訳、新潮社、1986年〕と『第3巻　自己への配慮』〔田村俶訳、新潮社、1987年〕を参照）。快楽は単なる肉体的な意味での満足感であると考えられることが少なくないが、感情的、精神的な快楽もあり、それらを、たとえば食事やセックスよりもずっと重要であると考える人は大勢いる。こうしたさまざまな快楽は幸福の重要な側面である。快楽は生きていくなかで無作為にわたしたちを訪れるのが一般的であり、仕事による満足感を適度に補うものだ。

危険なのは、幸せなくらしを追求するなかで快楽に特権を与えてしまうことだ。これは功利主義的倫理学のいくつかで露骨に行われているものであり、そうした倫理学は幸福を単に心地よい体験を最大化するものだとみなしている。はたして、幸福は心地よい状態だけにあると心から信じてよいものだろうか？　そんなはずがない。ハーヴァード大学で教鞭をとっていた哲学者、ロバート・ノージックは「経験機械」についての思考実験で、このきわめて重要な点を指摘している。[2]

神経科学者がある装置を開発したとする。この装置を使うと、ものすごくロマンチックな恋愛を経験したり、すばらしい小説を執筆したり、祖国を破滅から救うといった主観的経験ができる。プログラムを入力して、自分の生涯をもっとも愉快な体験で充たすこともできる。だが、そうした装置につながれたとしても、幸せな人生はもたらされない。現実にはなにも行っていないし、人として重要な目標をなにも達成していないのに、どうして幸せになれるだろうか？

しかしその一方で、快楽はやはり幸福の重要な要素であるように思える。ノージックの経験機械とは正反対のものを想像してほしい。こちらの機械は、現実世界で偉大な物事を達成することに干渉してこないが、快楽をとらえる脳の中枢を停止させることで、自分が行うことを主観的に楽しむことをできなくする。これが幸せな人生といえるだろうか？

もっとも、快楽が幸せな人生のなかで果たすことができるのは、副次的な役割にすぎない。快楽はそれ自体を反復し増大したいという願望を誘発する。思慮深い心による節制がなければ、真の幸福の中核にある仕事を、周辺的な地位に追いやることになりかねない。快楽という病理は、きわめて魅力的な快楽を逃すまいとする強迫観念や、待ちに待ったものが経験してみたら期待したほどではなかったときの強い失望感によく現れる。「快楽を損なうもの」を回避する最良の戦術は、自分に訪れる快楽を心から歓迎しながらも、その追求に人生を支配させないことだ。もちろん、快楽を買うためにしばしば必要となるお金についても同じことがいえる。

最後に、もっとも重要であることが多い、人間愛という幸福がある。自分の幸福は配偶者、子供、友人、さらには、ひょっとしたらすべての人類の幸福から生まれるのかもしれない。また同時に、それは彼らの幸福の一助となる。この人間愛は単なる幸福の領域をこえて、道徳的、宗教的価値の世界まで人を導いてくれる。さらには、他者のために自分の幸福を犠牲にすることにさえつながっていく。愛は幸福の賜物であるが、大切なことは、単なる幸福をこえた、人としての善へわたしたちの目を開かせてくれることだ。したがって、ここでそのことについていうべきことはもうほとんどない。

仕事

先ほど論じたとおり、仕事は幸福の中心的な要素だ。いろいろな意味で、この見解は一般的に共有されている。わたしたちは職業倫理に秀でた人々を称賛するし、経済をその生産性で評価する。勤労を讃える国民の休日さえある。

しかし、その根底には両面感情《アンビバレンス》がある。わたしたちは仕事をしないことで労働者の日を祝う。旧約聖書の創世記は、仕事はアダムが犯した罪に対する罰であると解釈されることが多い。そして、わたしたちの多くが次の休暇までの日を指折り数え、満足できる引退後の生活こそ働く理由なのだと考える。資本主義は仕事のために仕事をするのではなく、お金のために働くので、相反する感情を抱いてしまうのだ。これは、それ自体に価値はないが、それを用いて達成する目標には価値がある、哲学者が手段としての活動と呼ぶものである。わたしたちの大半にとって、賃金が支払われる仕事は不可欠なものだ。しかし、仕事がくらしを支えているとはいえ、仕事そのものはくらしにはならない。

では、仕事はなんのためにあるのだろうか？　アリストテレスはその著作『ニコマコス倫理学』のなかで印象的な答を述べている。「わたしたちは余暇を得るために働かなくてはならない。幸せはその余暇にかかっている」[3]。一見、ばかげていると思うことだろう。余暇がどんなに心地よくても、なにもしないことが幸せであるわけがない。怠惰はやがて退屈に、つまり、『ボヴァリー夫人』以降、数多くの小説で描かれてきた人生を破壊する倦怠《アンニュイ》につながりはしないだろうか？

すべては、わたしたちが余暇を理解できるかどうかにかかっている。余暇は単なる怠惰、単になにもしないということなのだろうか？　そうだとしたら、余暇は退屈であり、（パスカルがいうように、死を考えることから気を逸らしてくれるものがなにも残らないために）ぞっとするようなものとなる。

だが、アリストテレスが考える余暇というのは、手段としての活動とは対立する、それ自体に価値のある行為である。わたしが先ほど幸福の中心的な要素だといったときの「仕事」はもちろん、こちらの行為である。この「アリストテレス学派がいう仕事」と、資本主義というエンジンの燃料となっている手段としての活動は、区別しなくてはならない。

おそらくは愛、冒険、アート、科学的調査、哲学的省察になると思うのだが、いかなる活動がそれ自体だけで本当に楽しいかという疑問はとりあえずおいておこう。要するに、こうした活動にかかわること、そしてそれをほかの人々と共有することが、幸せな人生の中心にあるということだ。こうした活動はそれ自体だけで価値がある。いずれにせよ、アリストテレス学派がいう仕事（適切に理解された場合の余暇）がわたしたちの第1の目標である。

バートランド・ラッセルも古典的評論、『怠惰への讃歌』のなかで賛同している。[4]ラッセルは、「仕事」を手段という意味で用いることで、「現代社会では、かなりの害が生じており」、むしろ、「幸福と繁栄に通じる道は仕事を計画的に減少させることにある」という。技術躍進が起こる前、余暇は奴隷の労働やそれに近いものに支えられた、貴族階級の特権にすぎなかった。だが、もはや必ずしもそうではなくなっている。「仕事の道徳観は奴隷のそれであるが、現代社会はもう奴隷を必要としない」というのだ。

アダム・スミスのピン工場の例をあげて、ラッセルは解決策をシンプルに示している。

ある時期に、一定数の従業員がピンの製造に従事していたとする。彼らは1日8時間働いて、世界が必要とするだけのピンを製造していた。そこへ、これまでの2倍の量のピンを製造できる機械が発明される。ピンの価格はすでにかなり安くなっていたので、今後、これまで以上に安い価格で買われることはおそらくない。分別のある世界なら、ピンの製造業界の関係者はみな、労働時間を8時間から4時間に減らす。それでも、そのこと以外はすべてこれまでどおりとなるだろう。

わたしたちは余暇の世界から遠ざけられており、その原因となっているのは、手段としての仕事自体に行う価値があるとする自己矛盾的考え方をよしとする、意固地なほどしぶとく残る偏見だけだと、ラッセルは考えたのだ。

しかし、ラッセルの提案には考慮から漏れている点がある。彼は1日8時間の労働を続ける理由は、必要のないピンをさらに製造することにあると仮定している。しかしながら、資本主義においては、品質の上回るピン（あるいは、もしかしたら、ピンよりもよい物）を製造し、それによって生活の質をさらに向上させるために8時間労働を続けるというのがふつうの発想だろう。

ラッセルがこの評論を書いた1932年に、彼の助言に従い生産性がもたらすすべての利益を余暇の延長に転換したとしよう。当時は抗生物質、ジェット機、デジタルコンピューターがちらほらと現われはじめたときだった。創造性に富む思索家なら、アリストテレス学派がいう余暇を楽しみながら、そうした発明のために投機的なデザインを案出するだろう。だが、手段としての仕事を増やさなければ、そうした設計を現実化し、大量生産に踏み切ることはできない。ラッセルが指摘した点はもっともだが、それでも次のような疑問が残る。より多くの時間を余暇のために残すには、いつ、どうやって製品の製造を（量的、質的に）制限すればよいのだろうか？　資本主義者が生産性についてことばでいうなら、どれだけあれば十分なのだろうか[5]？

資本主義の問題点

そろそろ、資本主義について批判的に考えてみなくてはならない。資本主義とは本質的に、できるだけ多くの利益を得るために商品を製造するシステムだ。幸福に貢献するという理由から製品が売れるのだとしたら、実にすばらしいことである。だが、結局のところ、商品が売れる理由はどうでもよくなってしまうのがこのシステムなのだ。製品は幸福をもたらすという誤った確信をもつことで製品が売れるのであれば、このシステムはうまく機能するだろう。実際、品質の高いものをつくるよりも、品質の劣るものを人々に買わせるほうが容易である場合は多い。だからこそ、小売店は必需品よりも、流行や不安感を充足する製品で溢れているのだ。

より幸せなくらしをもたらす製品だけをつくっていれば余暇は増え、くらしはより価値のあるものになるというのは筋がとおっている。だが、わたしたちの大半にいえることだが、資本主義のもとでは、大部分の時間とエネルギーを仕事に奪われる。その結果、わたしたちの多くは、自分の仕事の主たる価値は、物質的な必需品を買うお金を稼ぐ手段だと考えるようになる。さらに悪いことには、資本主義固有の、生産量の増加に向けた絶え間ない要求が、もっと物資が必要だとする広告に支配された文化につながっていく。したがって、休みがとれ、その時間を楽しめていたとしても、さらに高いレベルの贅沢をするために、さらに長く、さらに懸命に働くことになる。その結果、最大級の成功を収めた人々は高級レストランで食事をし、豪華な家に住み、デザイン性の高い服を身に着け、エキゾチックな場所へ旅行する。それでいて、手に入れたものを心から楽しむ時間はあまりないことが多い……。ある一線をこえると、物資がさらに増えても幸福にはあまり影響を与えない点については、みな同意する。だが、ほとんどすべての人が、自分はその線のはるか下にいると思っている。

つまり、資本主義は2つの方向から幸福に反する働きをするのである。1つは、「手段としての仕事の量によって、それ自体で価値のある仕事をする時間があまり残らない」ことだ。もう1つは、「幸福になれると思える物を望むようにわたしたちに仕向けるのだが、実際には幸福にはしてくれないこと」である。もはや、資本主義は幸福への手段ではなく、障害に思われる。となると、わたしたちが幸せになるために必要なものを与えてくれる、もっとすぐれたシステムに替えるか、あるいは、このシステム自体を規制すべきだということになる。

リベラル派の反対論

資本主義の擁護者は、資本主義の肝心な点は選択の自由であることを忘れたのかと反論してくるかもしれない。わたしの説はエリートによる幸福の理想論にすぎず、詩を書き、交響曲を聴き、友人と深い会話をする余暇というのは、基本的欲求を充たし、広告でみた魅力的な物を買えるだけのお金がやっともらえるような仕事をする、「程度の低い」満足感よりも上位にあるとされるものではないか、と。

事実、わたしたちのアプローチに対するこうした大衆迎合的な批判は、印象的で知的で、支持を得ている。リベラル派の伝統に則った政治哲学（とくにジョン・ロールズの研究）は、幸福についての特定の概念を社会の規範とすることに反対している。ロールズ（さらにはリチャード・ローティ、アマルティア・セン、マーサ・ヌスバウムといったほかのリベラル派）によると、民主主義社会の根本的な考え方は、人々は自分なりの幸福の概念をつくり、追求することが許されるべきというものになる。仕事を遂行するための余暇こそ、幸福の中心にあるという考え方もできるだろう。そして、それもまた真実なのかもしれない。だが、リベラル派の思想家たちによると、わたしたちにはこの真実を社会の中心に据える権利はないということになる。人々には自分自身で選択する自由がなくてはならない。そうでないものは権威主義的な、ひょっとしたら全体主義的な社会へのドアを開くことになるかもしれない。

社会は、ロールズが基本財と呼ぶ、万人の幸福にとって不可欠なものを提供しなくてはならないという点でリベラル派は意見が一致している。基本財の例としては、「市民的、政治的自由、収入と財産、公職に就く権利、そして〝尊重という社会基盤〟」がある。[6] ロールズが述べているように、これらは「人生の合理的計画の作成」のための必要条件であり、すべての分別ある主体に望まれなくてはならない。ロールズはこうした基本財と必須財を区別し、後者を幸福な生活を構成するものを表す概念と定義している。

リベラル派の見解では、あらゆる社会が基本財を提供しなくてはならず、それがないと幸福を追求する機会が得られないという。だが、社会はどの基本財を提供すべきかについて、特定の立場をとるべきではない。なぜなら、よき人生についての自分自身の概念を自分で選択する権利、すなわち自主性こそが価値だからだ。

対して、必須財は幸福な人生の内容を定める。基本財は単に、幸福な人生についてある特定の概念を選択して、そのためになにが必要となるかしか伝えてくれない。リベラル派は、必須財やそれが定める幸福の概念については、中立的な立場に留まっている。政府はわたしが十分な食事や住まいを手に入れることを助けることはできるが、ポップコンサートではなくクラシックに行くようにとか、ファストフードではなく有機農産物を好きになるようにとは、うながすべきではない。

こうしたリベラル派の立場からみると、資本主義を支持する強力な理由が2つあることになる。生産能力がわたしたちの物質的ニーズ（基本財）を充たすのに必要な富を最大化してくれること、そして、自由市場によって、自身で目星をつけた幸福を手に入れるために、必須財が許す限り、それがなんであれ追求できることだ。

このリベラル派の議論は、資本主義は個人の自由を促進するという前提に立っている。仕事を得るということはふつう、自分の時間とエネルギーの大半を自分が望むことにではなく、自分の雇用主が望むことに捧げることを意味する。職務上の義務のみならず、雇用主は従業員の思考や価値観を型にはめようとさえする。権利章典で保障されている自由について考えてみてほしい。人々は政府が少しでも表現の自由やプライバシーを制限すると激しく抵抗するが、雇用主は服装について命令し、彼らの考え方に異を唱えたら解雇し、従業員を監視して盗みを働いていないか、怠けていないかをたしかめる。仕事場を一歩離れると、わたしたちは広告の海を泳いでおり、そのほとんどが消費者に買わせたいものを、諸費者がほしいと思うように仕向けるものだ。

資本主義システム自体は、自由な選択の下僕《しもべ》を自称する。消費者が欲するのであればなんでも製造するし、従業員が欲するものを買えるだけの給与を支払うと主張する。だが、この主張は欺瞞である。資本主義における企業は利益の最大化をなによりも追求する。この目標によって、わたしたちは一般的に、興味のない仕事をすることを余儀なくされ、その結果、ほしいと思うように仕込まれた物を買うことになる。利益が最大となるのは、就労者の生活が、製造を最大化する手段としての仕事と利益を最大化する消費だけで占められているときだ。その結果、資本主義における企業は、その企業が雇用する労働者の自由や幸福と対立することになる。

この対立は、ジョン・メイナード・ケインズが1930年に行った予測がはずれたことの説明となるものだ。その予測というのは、次の世紀中に資本主義システムは人々の物質的ニーズをすべて充たすことができるようになり、被雇用者の平均労働時間は週15時間ぐらいになるだろうというものだった。これによって十分な余暇の時間ができ、人々は幸福なくらしを送れるようになるとケインズは考えた。ケインズの予測は資本主義の生産力については当たっていたが、手段としての仕事が減少するとした点は外れていた。こうした仕事は1930年からわずか20パーセントほどしか減少しておらず、さらに減少するような兆しはみえない[7]。わたしたちに余暇があまりないのは、自分を幸せにしてくれると思う物を買うお金を稼がなくてはならないからだ。資本主義は自由の敵だということで人々の意見が一致するのなら、資本主義が利益を最大化しようとする動きは排除、あるいは厳格に制限しなくてはならないという考えに戻らねばならない。

だが、もしかしたら、わたしたちは資本主義を支持する主張を過小評価しているのかもしれない。善意解釈の原則を適用した例をみてみよう。

資本主義を再考する

大恐慌、ニューディール政策、さらには戦後の著しい発展を経て、アメリカ合衆国は資本主義経済システムを強大な政府が制限するという、半社会主義への道を進んでいるかにみえた。1980年にロナルド・レーガンが大統領に選ばれて以来、制約しない（自由放任《レッセ・フェール》主義的）資本主義への反動が大きな政治的力となった。そして、この政治的な動きは、多くの保守派知識人に支持された。とくに重要な論客のひとりが、資本主義において企業は利益を最大化してこそ社会にもっとも貢献できるとした論者のなかでも、もっとも明晰で説得力のある議論を行ったミルトン・フリードマンである。ここまでわたしたちは、資本主義の制限を支持する主張を積み上げてきた。フリードマンが反対の主張の正しさを立証できるのであれば、これまで積み上げてきた幸福、仕事、資本主義の関係についての主張は再考しなくてはならなくなる。

社会は、商品を交換する経済システムと法律を制定する政治システムのどちらも必要とするという事実からはじめることで、フリードマンの主張がよく理解できる。フリードマンは、社会の究極の目的は自らが思い描く幸福を追求する個人の自由でなくてはならないというリベラル派の考え方に賛同する。だが、その一方で、政治的決定に各個人の意志を反映することはできないので、政治システムと個人の自由のあいだには緊張関係があると指摘する。

絶対君主制のもとでは、誰もが君主の意志に従わなくてはならない。民主主義のもとでは、誰もが多数派の意志に従わなくてはならない。それらの中間的な政治体制では、ある集団が別の集団に服従することになる。フリードマンの主張は、資本主義は個人が自分で決定を下すことを許容するシステムだというものだ。ほかの人からなにを買い、ほかの人になにを売るかは、各自が決めることだ。フリードマンがあげた例を引くならば、民主主義的政治システムでどの色のネクタイを締めるべきかを決める場合、結果的に多数派が好む色のネクタイを誰もが締めることが必須となるかもしれない。資本主義システムでは、ネクタイ製造会社のあいだで競争が生まれ、結果的に各個人の主観的趣味に応じたさまざまな色が並ぶことになりそうだ。

つまり、可能な限りいつでも、政府ではなく経済に決定させるべきだということになる。とくに、なにを買うべきか、売るべきかという判断には、政府の介入をできるだけ少なくするべきである。多くの場合、人は経済的取引を利用して自分の利益を最大化しようとする（これは一般的に買い手にも売り手にも当てはまる。というのも、わたしが物を買うのは、売り手の売る物にその物に対して支払う金額以上の価値を認めたからだ。そして、売り手が売るのは、わたしの支払う金額に売ろうとする物以上の価値を認めたからだ)。取引の両当事者にとって、より大きな価値をつくりだすこと、これこそが資本主義の目的なのだ。

フリードマンの立場は、利益の本質についての本人の見解から導きだされている。わたしたちは、利益を企業の所有者が好きなように消費するための儲けだと考えがちだ。だが、フリードマンは利益を単に、社会のためにさらに多くの価値をつくる過程を続けていくための資金源とみている。この立場からすると、利益をほかに流用することは、所有者の富を増やすにせよ慈善事業を支援するにせよ、製造を減らし、人間の欲望を充たす商品を減らしてしまうことになる。

したがって、フリードマンによると、自由経済においては、「企業の社会的責任は、資産を使うことで、利益を増やすことを目的とした活動に従事することだけ」となる。だが、どうして利益が企業の唯一の目的でなくてはならないのだろうか? 企業が、人々が購入したくなるような物を製造する以外の形で、社会の向上にむけた努力をすることを許容し、促し、あるいは要求するのがどうしていけないのだろうか? フリードマンはこの問いかけに自ら答えている。「企業には最大利益を生む以外の社会的責任があるとしても、それがいかなる責任なのかをどうやって知りえるのだろうか? 自分で企業という道を選んだ民間人に、社会的利益の中身が決められるだろうか」。さらに、企業が利益を流用して、製品によって充たされる以外のニーズを充たすことを許容したならば、事実上、本来は公官吏の管轄である「課税、歳出、規制という公務」を執行させていることになるとフリードマンは考える[8]。

もちろん、民間人が自分の収入を慈善事業に寄付することは、悪いことではない。だが、フリードマンの見解はまさにそこを突くものだ。企業の利益自体は個人的な収入ではなく、むしろ、わたしたちが物を製造するために用いるシステムに必須の要素なのだ。そして、それゆえに、それ以外の目的の達成は、政治的プロセスに任せるのがもっとも適しているという。

フリードマンの見解からすると、企業の経営者やマネジャーが個人的な使用のために受け取るお金も、企業が支払うほかの賃金と同様利益を減じさせるので、最小限に留めておくべき費用とみなすべきということになりそうだ。経営幹部に支払う高額の給与や、不必要な多額の配当はどちらも、資本主義の適切な実践に反している。

これは資本主義に対するわたしたちの批判への答にもなっている。最大限の利益をもたらすものが、より幸せなくらしをもたらすわけではないといえそうだ。そもそも、資本主義の社会的機能は人々をより幸せにすることではない。人々が買いたいと思う物の生産を最大化することだ。企業が志すべきことは人々に正しい種類の物を、つまり本当に自分を幸せにしてくれる物をほしいと思わせることだといってもいい。だが、企業の経営者に、人々がなにを望んでいるかを知る特別な洞察力があるなどとどうしていえるだろうか？　必須財についての価値判断を要する決断は、民主主義という政治制度に任せるのが最適である。

資本主義システムの適切な機能について、フリードマンの見解を受け入れたとしよう。フリードマンは実は、利益を最大化することが資本主義の唯一の目標であるということは示していない。単に、さらなる目標は政治的決断によって定められるべきであり、企業経営者に任せるべきではないといっているだけだ。しかし実際には、企業の唯一の社会的責任は「その利益を増やすことである」といっているので、フリードマンも同じ意見であるとみてよいだろう。原文をそのまま引用するとこうなる。「企業の社会的責任は1つしかない。行動規範から外れずに、つまり、詐欺や不正行為をせずに、開かれた自由な競争にかかわることを条件として、その資本を使って利益を増やすことを目的とした活動に従事することだ[9]」

ここで示された条件は、利益の最大化に対する制限事項となる。さらに重要なのは、この条件は、資本主義システムを採用した社会そのものによって資本主義に規制が課せられる可能性があるという原理に、フリードマン自身が縛りつけられているということだ。この原理は、利益を社会財のために使った企業は、政治システムの役割を奪っているのだというフリードマン自身の主張にも暗示されている。

フリードマンの説明によると、資本主義は政治システムから独立して機能する経済システムではない。むしろ、政治システムの産物であり、道徳や社会的責任などの目標ももっており、そうした目標は利益を生む財の交換に勝るものである。したがって、企業経営者は社会的価値を優先させるために、政府による営利行為への制限を受け入れなくてはならない。そうなると、仕事に従事するために必要な余暇を可能とするためなら、生産を制限してもいいということになる。

政府にそうした積極的な役割を与えることは、アダム・スミスがいう政治的規制がなければ、「見えざる手」が「私悪から公益」を生むという魔法についてのフリードマンのリベラルな主張に反しているようにもみえる。だが、実際のところ、フリードマンは、その「見えざる手」は国家につながっているのだと明言する。彼はスミスの有名な一節を紹介している。「自分自身の利益を追求する個人が、アダム・スミスを再度引用するなら、『自分の意志ではない目的の達成のために、見えざる手に導かれる』ような法体制を築きあげるのは、残されたわたしたちの責任である[10]」。「見えざる手」が公共の利益のために機能するのは、政治システムが法律を通じて築いた社会的価値観へ向かうからにほかならない。こうした価値観が、資本主義的経済システムの機能を形づくる。

フリードマン自身は、資本主義を軌道に乗せておくためには、さまざまな形の政府による介入が必要であると認識している。まず、市場が本当に自由であるために必要とされる介入がある。たとえば、不正行為や詐欺を禁じる法律、財物の明確な定義、契約の合法的な履行、市場規則の解釈について論争が生じた際の司法による裁定である。自由放任主義的見解に傾きがちな人でさえ、政府にこうした役割を認めることに異議を唱えることはないだろう。

しかしながら、フリードマンはさらに先へと進む。たとえば、政府は通貨供給量を制御し、自由経済を破壊する「独占」を阻止する施策をとらなくてはならないとする。また、「外部効果」(経済学者がしばしば外部性と呼ぶもの)を相殺するための介入にも前向きである。フリードマンは、「個人の活動がほかの個人の活動に影響を及ぼし、そのせいで相手方に代金を請求することも、補償することもできなくなったために、完全に自発的な交易が不可能となった場合」と外部効果を定義している。たとえば、工場による汚染について補償する場合がそれにあたる。フリードマンはさらに、「子供など責任能力のない者を保護するために民間の慈善事業や家族を補償する」必要性を記している。[11]

フリードマンは、企業は利益を最大化すべきであると主張するが、それは四半期ごと、毎年、あるいは特定の数年間についてではなく、「長期的利益」という意味であることも憶えておかなくてはならない。それなら理屈がとおる。全体的な最大利益となると長期間にわたる発展が必要となるだろうし、その間、時間当たりの利益は最大とは程遠くなるだろう。だが、そうだとしたら、企業が成功したかをどのようにして知ることができるだろうか？　現に投資家によってその判断基準は異なるし、いつ利益を回収したいか、いつ回収しなくてはならないかにも左右される。さらには、どれくらいの期間でとらえるかによって、収益にかなりの差がでるだろう。長い期間でとらえると、「よき市民」としての評判を築くために短期的利益を慎むという「社会的に分別ある」実践が必要となるだろう。このような長い期間でとらえる見方でいくと、長期的利益を最大化するためには社会的責任に相応しい評判が必要となることから、「利益の最大化」がなにを意味するかについて、人間的な側面がみえてくる。

フリードマンによる資本主義擁護論は、現在の経済的保守派層のほとんどが認めないはずの干渉でさえ容認することになる。十分な食料、住居、医療、教育といった基本財を万人に提供することで貧困を撲滅するという、きわめて革新的な提案を考えてみてほしい。そうした計画の提案者は、次のように議論するはずだ。

すべての人に人間としての基本的要求を充たす以上の商品を生産できるわが国のような経済を考えると、そうした商品をめぐる市場での競争を求めても意味がない。そうした商品をもたない人々に、すでにもっている人々との競争で勝てる見込みはほとんどない。そして、万人の富がわずかずつ減少したとしても、その苦しみは取るに足らないものだ。だったら、働く意欲のある人全員に主たる必要性を充たす程度の金を支払ったらいいではないか。

この議論は典型的な社会主義的な計画のように聞こえるかもしれないが、フリードマンが主張する資本主義の性質や機能と矛盾しないものである。疑問点として残るのは、貧困を深刻な社会的悪とみるべきか、この計画を実行するだけの財源があるか、相殺すべきマイナス効果のない計画を実行する手段がみつかるかということだけだ。こうした疑問点に対する答は、フリードマンによる資本主義擁護論の背後にある基本的理論の考察とはまったく無関係の、実践的な判断に依存することになる。

フリードマン自身は、この取り組みに似た提案をしている。人々を貧困から抜けださせるための「マイナス所得税」の導入である。彼の考えをおおざっぱにいうと、申告した収入が一定額を下回る人には払戻金を支払い、最低限の「貧困線」まで収入を引き上げようというものだ。

フリードマンは、資本主義は利益の最大化に向かうべきだという主張をもっともらしく擁護する。だが、彼の擁護論は、「共同社会で合意した目標に向けて利益追求を展開する民主的政治システムの道具」へと資本主義を変えてしまう。つまり、フリードマンによる資本主義擁護論は、わたしたちの批判を脅かすものではないことがわかったということだ。フリードマンは、政策を策定する社会的価値の役割や、適切な状況下であれば、経済システムに政府が介入してもよいとする点で、革新派と意見を共有している。過去数十年のあいだ、ほとんどの革新派が、資本主義経済の役割に関するフリードマンの中核的な姿勢に同意するようになった。したがって、彼らは経済政策に関するフリードマンの基本的信念も共有することになるだろう。フリードマンと革新派の意見が一致しないのは、ある特定の状況でどういった「適切な規制」が必要になるかという、実際的な問題だけとなるだろう。

最近、経済問題をめぐって政治的行き詰まりが生じているのは、かなり大勢の保守派がフリードマンの立場をこえてしまったからだ。彼らは企業に対する規制のほとんどすべてに異を唱え、社会的問題に対して政府が解決策をだす必要性に反対し、企業の成功を短期的利益という観点だけで判断するべきだと主張しているかのようだ。こうした立場はすべて、フリードマンが擁護する資本主義から導かれたものだ。しかし、フリードマンが資本主義のために信憑性のある理論的主張を唱えているのに対して、保守派たちによる資本主義の過激な解釈からは、まともに支持する見解は現われてきていない。フリードマンの見解に立ち戻ったところで保守派とリベラル派の実質的な違いが解消されることはないかもしれないが、この違いについての有益な政治的議論が可能となるはずだ。

フリードマンによる資本主義擁護論をこのように分析したうえで、いかなる結論を導きだすべきだろうか？　説得力があると考えるにせよ、そうは思わないにせよ、資本主義的経済を続けていくのであれば、利益製造機たる資本主義のパワーをただ重視するのではなく、社会的利益全体をより幅広く考慮していかなくてはならない。また、そうした考慮はさておいても、資本主義は人が生き抜くために必須の財を提供するが、人間の生活に意味を与える道徳的価値には無関心であるという一面もある。フリードマンの思想を考えてみると、その先には、欲望の充足以外に目的をもたず、魂も道徳観念もない資本主義像がみえてくる。ただし、そうした像がみえてくるのは、わたしたちがそれを、資本主義が生みだすことのできる財以外を考慮する道徳的見解の不可欠な一部と考える場合だけだ。

カリフォルニア大学サンタバーバラ校の政治哲学者クリストファー・マクマホンは最近、公共資本主義という概念を発表した。これは企業を（とくに大企業を）政府機関とみなし、その幹部を公官吏とみなすものだ。[12] これは、企業の幹部は公共政策を策定する立場にはないというフリードマンの主張を維持しながらも、資本主義をより広い社会的、政治的コンテクストにおくものだ。しかし、同時に、政府官吏は企業経営手法に口をだすことにはまず向いていないというフリードマンの主張とは真っ向から対立している。マクマホンによる公共資本主義の具体的な解釈を受け入れるべきかどうかについての結論は控えるが、わたしたちの共同社会を支える社会的価値と本質的につながっている資本主義として、その名称は採用してもいいだろう。この意味での公共資本主義は、フリードマンによる資本主義の分析や、本章ですでに展開してきた仕事や幸福の説明とまったく矛盾しないだろう。

なにをすべきか？

わたしたちのここまでの結論は、ミシェル・フーコーの便利なフレーズを繰り返すなら、資本主義はほかのあらゆる権力構造と同じく、「悪くはないが、危険」であるということだ。危険を相殺する最良の手段はなんだろうか？　まず、資本主義の影響力の濫用（独占状態をつくりだす、労働者を酷使する、不正な商取引を行う）を阻止する法律を成立させることがあるだろう。また、フリードマンが主張したマイナス所得税（あるいはそれに代わるもの）のような、資本主義に任せておいたら黙認されてしまう、貧困の阻止に向けた法律を制定することも必要だ。

だが、幸福に対する資本主義からの2大脅威（余暇ではなく、手段としての仕事を重視してしまう傾向と、実利主義的価値の支持）に抗う効果的な法律を制定するのは容易なことではない。週当たりの最大労働時間を40時間から大幅に減らし、高い消費税を課し、広告への規制を強めさせることはできるかもしれない。だが、ここでわたしたちは資本主義を改革することのパラドクスに直面することになる。つまり、そうした法律には市民の支持が必要だが、支持が得られるのは、その目標がすでに達成されている場合に限られるというものだ。資本主義の特性《エートス》である仕事と余暇を支持している市民のことを考えると、そうした提案は理想郷《ユートピア》的な夢想のように思えるだろう。こうした改革を支持するのは、すでにその特性《エートス》、つまり仕事と余暇を放棄している少数派だけだ。

資本主義の抜本的改革は、人々の基本的な価値観の変革を促すことが必要となる。こうした変革への効果的な手段は教育以外にない。教育システムに対してはかなりの不満の声が上がっているが、学校教育は職業訓練のみならず、一般教養教育（ここでは、人間生活の可能性を広く理解し、可能性を理解したうえで選択する能力をもつ市民を形成する教育を指す）も提供すべきだという考え方がかなり尊重されているのも事実である。そうした教育により、市場の甘言に惑わされることなく物事を見据え、幸せな生活に必要だと自分が決めたものを市場は与えるべきだと主張する自己決定ができる主体が育成されるはずだ。

わたしたちは、そうした主体の決定を支配すべきでないし、支配できるわけでもない。彼らは、抽象的な意味合いで自由に自分の行動を支配するのみならず、文化的意味合いでも与えられた多くの選択肢を自由に、そしてかなりの程度まで理解する。文化的意味合いの自由は、文学的、哲学的、政治的、宗教的、科学的偉業という、不朽の、増えていく一方である文化的歴史遺産に触れることができることからきている。こうした偉業は特定の機関や活動の根底に流れ、個人の世界を特徴づけるが、逆に、そうした個人の世界への過激な批判や代替物を支持することもある。文化は大変革の種子を内に秘めているのである。

ここでの議論でわたしは、従来の保守派が幸福の概念を形成する際に訴えた、知的・道徳的遺産に訴えかけている。だが、すでに述べたとおり、従来の価値観を上から押しつけることで現代社会を変革できると考えるのは愚かなことだ。むしろ、変革は下から、その恩恵を受ける人々によって行われなくてはならない。必要とされる自由主義《リベラル》的な教育は、旧世界のエリートが長い時間をかけて練りあげた知恵を一般大衆にもたらすようなものではない。それは、万人に等しく開かれ、能力と持続性のみによって制約を加える、新世界の理想に触発されたもののはずだ。こうしてできた自由市民の最終的な結論が、わたしたちの考える真実ではない危険性ももちろんある。自由で、教養もある市民が資本主義の物質的幻影を選んでしまうこともありうる。だが、民主主義社会においては、良質な生活という理想には、人々の意志が支持するならともかく強制力はない。人間的見地からの幸福な生活を優先してくれるだろうという希望を託せるのは、リベラルな教育を受けた消費者だけである。

民主的教育

ここまで、資本主義についての特定の哲学的見解を示してきたが、その主たる目的は、特定の見解について説得力のある主張ができたかどうかはともかく、哲学がいかに政治的、経済的問題を明確にできるかを例証することだった。幸福についてのわたしの説明には賛成できないかもしれないが、少なくともここでの議論によって、快楽を幸福の唯一の源とすることの問題点を提示できたし、幸運や仕事といった、ほかの多くの関連要素についても指摘できた。仕事についてもわたしとは異なる見解をもっているかもしれないが、それでも、手段としての仕事と、アリストテレスが「余暇」

と呼んだ、仕事のための仕事の違いや、週当たりの労働時間の劇的な削減を求めるバートランド・ラッセルの主張の長所と短所については理解できたのではないかと思う。

わたしたちはまた、ジョン・ロールズによる基本財と必須財を区別することの有用性や、資本主義と自由のあいだに存在する解消すべき緊張関係についても理解するに至った。さらには、利益の最大化についてのフリードマンの考え方を最終的にどう判断するにせよ、彼の考え方は世間に広まっている「貪欲は善である」といったスローガンとは異なっていること、そして、彼の見解が当初の印象よりもほぼ間違いなく進歩派による経済的見解に近く、その近似性が公共政策についてのより有益な論議への道を開くかもしれないことが理解できた。最後に、資本主義の分析や評価が、一見まるで異なる問題にみえる民主的教育といかにつながっているかという感覚をつかめたのではないかと思う。

この民主的教育が次章のテーマとなる。

第7章　資本主義社会における教育

資本主義を変革することのパラドクスに対応することからはじめよう。まず紹介するのは、資本主義と一般教養教育は両立しないとするフィリップ・キッチャーの議論である。この議論に対する反論や反応をみていくと、この議論は暗黙の前提条件に左右されることがわかる。わたしたちの社会は、知的教養に向けた取り組みに欠けているというのがその前提条件だ。一般的な見解には反するが、そうした取り組みは大学で研究に勤しむ教職員が果たす役割だと主張したい。この役割は、資本主義がわたしたちの社会における唯一の基本的効用ではないことを示している。したがってこれは、原理上は一般教養教育との対立を解消するものとなる。この議論の拠り所は、アリストテレスによる手段としての知識と知識のための知識の峻別にある。この区別を用いると、大学が重視するのが職業訓練ではなく、知的教養である理由を考察できる。

しかし、大学が職業訓練を行わないのであれば、幼稚園から高等学校までのあいだにそれを行わなくてはならないことになる。これを実現するためには、医師、弁護士、大学教授を供給する人材バンクのような、成功者を集めたところから精鋭の専門家を引き抜いて学校の職員にする必要性がでてくることを議論していく。

資本主義は教育についての不適切な見解を支持する。というのも、資本主義は教育をカール・マルクス的な意味での商品、つまり、売るために生産されたものとして扱うからだ。商品化は教育の意味、試験の役割、教えることの本質を歪めることになる。教育は、生徒への知識の伝達を重視しているわけではない。知識を測る試験が、評価を下す側の教師や学校にとって、教育を評価するものとなっていることを拒絶すべきである。そして最後に、教えることを科学ではなく技能として理解すべきであることを論じる。教育問題への解決策として奨励されている指導の科学を学ぶことはあまり役に立たないことだと理解すべきなのである。ここでは、行動の哲学的解釈とともに、行動とできごとの哲学的な違いを用いる。

わたしたちは、哲学が好んで用いる技法を繰り返し適用することでこうした結論に達することになる。その技法とは、前提条件を明らかにすることだ。思考を制限している前提条件を疑問視することにより、行き詰まった論争に新しい考えを吹き込むことができる。

ある問題

前章の最後で、規制されていない資本主義に対抗する策としての教育の必要性について述べた。わたしたちの経済生産システムは、放っておくと、物質的欲求の追求へとわたしたちを向かわせる。このシステムがある経済的循環によって繁栄しているからだ。すなわち、利益を最大化する生産物をほしいと考え、そうした生産物を生産してお金を稼ぎ、そのお金で別の生産物を買うという循環である。資本主義は人が自由に選んで買えるものを生産するのだから、資本主義を管理しているのは人であるという考えは、間違った通念だ。実際には、企業は人々の欲求をつくりだし、それを操ることに心を砕くことで、最大の利益を得ようとしている。

わたしは、一般教養教育《リベラルアーツ》（おおざっぱにいうと、科学的知識や人文学的知識を、知識の習得そのものを目的として学習すること）を資本主義の危険に対する対策としてはどうかと提案した。リベラルということばは、奴隷に対するものとしての自由市民の生活という古代の概念に由来しており、ここでは、資本主義に束縛されない自由な生活のための教育であるから、まさにこのことばがふさわしい。だが、教育によって資本主義システムを管理できるようにするという考えは、明らかで圧倒的な障害と直面することになる。学校の主たる目的は、資本主義社会の企業が求めるスキルを身につけた従業員をつくりだすことになっている。そのような学校に、資本主義に対抗する力を育ませるという期待がどうしてできるだろうか？

コロンビア大学で教鞭をとる哲学者フィリップ・キッチャーは、アダム・スミスの『国富論』[1]のなかの議論を発展させて、この問題に対する強力な系統的論述を行っている。彼の議論は、資本主義は生産性の最大化を模索し、労働力を分割することで実現される。すなわち、特別な訓練を受けた労働者を組み立てラインなどの製造プロセスにおくことで実現されるというアダム・スミスの洞察からはじまる。この点を考えると、資本主義には、単純な作業から高いレベルの工学技術や管理に至るまで、さまざまな特殊スキルを身につけた労働者が欠かせない。だが、キッチャーの主張によると、一般教養教育はこうしたスキルとはほとんど関係がない。したがって、資本主義経済に関する限り、そうした教育はわずかな役割しか果たさない。今日のグローバル経済においては、申し分のない資本主義体制をとっていてもほかの経済体制との競争は避けられず、多くの競争相手も生産を最大化する。学校が高い技能をもった労働者を養成しないような国は成功するはずがないというのだ。

こうした議論に対する一般的な答は、一般教養教育は資本主義体制における生産性にとって必須であるというものだ。一般教養教育による幅広い知的育成がなかったら、今はまだ知られていないけれど、将来必ずや必要となる新しいスキルの習得に求められる適性を欠くことになるだろう。キッチャーの例を引くなら、コンピュータープログラマーに現在もっともよく使われているプログラム言語だけのトレーニングを積ませることは、論理学、数学、コンピューターサイエンスといったより幅広い教育を組み合わせたトレーニングほど有益ではないはずだ。

この例は、一般教養教育を擁護する際の問題を際立たせるものである。キッチャーが指摘しているように、関連する技術分野における幅広い教育こそ、適応力のある労働者となるのに必須のはずだ。ところが、一般教養教育の内容を幅広くすることとは、そうした適応力をもたらしてくれそうにない。資本主義がわたしたちに要求するのは、新しい技術的スキルの取得である。教養、すなわち、人間の可能性についてのより深い理解やそうした可能性のなかから賢明な選択をする能力が要求されるわけではない。

一般教養教育は、具体的な問題に焦点を合わせた思考が達成できることをはるかにこえた、イノベーションに結びつくという反論があるかもしれない。実際これは、純粋な基礎科学研究が支持されてきた理由である。しかし、飛躍的な創造力を秘めた学生はひと握りしかいないとキッチャーは指摘する。資本主義のもとでは、少人数のエリート学生を鍛えさえすれば、イノベーションという利得を得ることができる。

キッチャーは結論として、資本主義は一般教養教育の効用を否定するものであり、効用を守るためには経済システムそのものを根本から変えなくてはならないと論じる。また、一般教養教育の効用が資本主義を変革する鍵だとしても、それは成功する見込みがないというのが結論となりそうだ。

しかしながら、キッチャーの議論が有効となるのは、資本主義がわたしたちの基本的価値観を決定すると仮定できる場合、すなわち、わたしたちがコミットしているのは物質的な充足だけであり、「科学的・人文科学的なものの効用をあまり理解していない」と仮定できる場合に限られる。この前提条件がなかったら、一般教養教育の効用を維持するには抜本的な経済システムの変革が必要だということにはならない。そして、この前提条件には疑問の余地がある。その理由を知るために、大学教育について検討してみよう。

大学の存在意義

この問いに答えるときは、さまざまな目的をあげるのが一般的である。一般教養教育はそのような目的の1つにすぎない。ほかの目標の大半（市場性の高いスキルの習得、道徳や社会性の育成、学習方法の体得など）は、雇用主の要求に応えるものだ。たしかに、若い人々にはこうした資質のすべてが必要だ。だが、トップレベルの大学は、こうした資質を効率的に伝える手段をもたない。

大学という教育機関は教授陣を中心につくられている。物理学者、生物学者、経済学者、心理学者、哲学者、歴史学者、文学者、詩人、美術家など、ずらりと並んだ錚々たるメンバーが、最先端の、高度に専門化された、学術的で創造性に富んだ研究に取り組んでいる。彼らは、科学的・人文学的分野の教師としてはすぐれているかもしれないが、職業訓練を高い費用対効果で提供できるわけではない。同様に、一般教養教育も、有能な教授陣でなくても可能なはずだ。研究に特別な関心はなくてもその学問に精通していて、なおかつ教えることにすべてをかけている人にこそ、すばらしい教育ができるはずだ。

トップレベルの大学はさまざまな目的で学生を教育するが、その担い手となっているのは、主として専門分野の研究で業績をあげるために雇われた教授陣である。教授陣の性質と役割からすると、大学の存在意義のなかで信頼できるものはただ1つ、知的教養を育むことだけだ。わたしたちの社会において、知的世界は大学の教授陣によって占められている。法学、医学、工学も、実践的なスキルを駆使する「学問的職業」として理解されている限りにおいてそのなかに含まれる。

したがって、現代の高等教育システムへの支持が納得いくものとなるのは、知的教養が必須のものとみなされる場合だけである。さもなくば、大学は成年期初期の若者に、効率的な職業訓練や、基本的な社会的・道徳的教育を提供するだけでよい。なにも、高いお金をかけて終身雇用の学者を招き入れる必要はない。教授陣が打ち込んでいる知識や見解を高く評価しないなら、大学の力はなくなってしまう。

コミュニティーカレッジなどそのほかの教育機関は、まったく違う目標をもっており、どちらかというとそれは、高等学校や専修学校が行う職業訓練に近いものだ。だが、大学によってさまざまな目標を定めているとしても、大学という最高高等教育機関が果たしている知的教養をはぐくむという役割にはなんら影響を与えない。

さまざまな学問分野の正確な価値や役割について疑問があるのはたしかだ。文学者は政治色の強い知的トレンドによって堕落していると考える人もいれば、哲学者は論理的な重箱の隅をつつくのに熱心なだけだと考える人もいる。だが、知的教養の総体がわたしたちの社会においてなんら重要性をもたないというのは馬鹿げている。高いレベルの純粋な科学的研究、美術や音楽、歴史の理解、哲学的思索を支持する必要はないなどと、本気でいえるだろうか？　大学がなくても知的教養を維持した社会もたしかに存在した（古代のギリシャやローマがその例である）。だが、現在の科学研究の大半、人文科学研究のほとんどすべてが大学で行われている。そして、詩人や小説家や芸術家や音楽家が訓練を受け、雇用される場にもなってきている。知的教養と大学生活の関係はかなり密接なものになってきており、分離したら双方を破壊しかねない。よかれ悪しかれ、大学は科学、哲学、歴史、芸術、文学など、人間に不可欠なものを進歩させ、伝承する手段なのだ。

さらに、知的教養を大学に集中させることには利点があることも指摘しておきたい。知的学究分野の専門家には、知的で意欲のある専門家ではない人々との接触、つまり、学生との対話が必要なのだ。それがないと、高度な研究の複雑性に埋没し、現在行っていることの一般的意義を見失ってしまうだろう。大学を単なる研究機関ではなく、学部生を教育する中心機関としているのは、先人の知恵によるものなのだ。

もちろん、大学には知的教養を維持し、発展させ、伝える以外の機能もある。学生はよりよい仕事に就く力を身につけたい、友人や配偶者をみつけたい、さらにはスポーツを楽しみたいと考える。

だが、こうしたことのために大学の中心にエリート教授陣を据える必要はない。そのようなものはすべて、職業訓練校が寄宿舎や交流イベントや競技施設で行えることだ。大学教授に多大な投資をする正当な理由は、知的教養とそこから得られた見解を次の世代に伝えることにしかない。もし、大学の主たる意義が新しい次元の知識や見解でもって学生の目を開かせることにないのだとしたら、教授たちには即座にお引き取りいただきたい。

しかしながら、この結論は「大学教授は、いま教えている課目が学生の職業やポップカルチャーへの関心といかに関連しているかを示すことによって、学生にとってその課目を興味深いものにしていかなくてはならない」という前提条件と矛盾する。学生のほうは、課目がどれほど本質的に興味深いものかを理解しなくてはならない。これは教授側が教える課目に、学生がすでにもっている関心を合わせるということではなく、学生が今の自分の関心をこえたところまで行ってみるということだ。知識の伝達がその科目の内容を興味深いものに変えるわけではない。手ほどきして、知的教養の魅力的な部分へと誘った結果として、その学生にとって興味深いものとなるのである。

第6章では、アリストテレス学派による手段としての仕事と、仕事のための仕事の区別をみてきた。ここではそれに類似するものとして、アリストテレス学派による手段としての知識と、知識のための知識の区別が必要となる。研究機関である大学を中心とする教育は、知識のための知識に焦点がおかれている。

ここには、もっともな反論がある。大学に進学する主たる目的が学生の知的教養を高めることにあるのなら、よい仕事を得るために必要な訓練はどうやって与えたらいいのだろう？　わたしたちの社会は知識のための知識に並々ならぬ関心を寄せるが、優秀な従業員となるには手段としての知識が、つまり、それ自体には特別な価値はないが、資本主義社会が要求する商品やサービスを提供する手段として必須の情報やスキルが欠かせない。大学は、工学・法学・医学といった従来の「知的職業」に関心のある人については、彼らに合った標準的なプログラムを維持すればよい。これらの職業には一般教養教育と高いレベルの職業訓練を組み合わせたものが必要となるので、これはうなずけるものである。

しかしながら、教育に関する現在の考え方では、大学はエリート的な職業のための場所であるだけでなく、そのほかの職業のためにも手段としての知識が取得できる場所であるべきだとされる。この考えは、ほぼすべての人が大学に進学すべきだという前提条件に直接つながるものだ。だが、この前提条件の基盤は、大学がどうやって学生に職業訓練をさせるのかという疑問によって、一挙に崩れてしまう。

まず、大学が提供するのは基本的な知的スキルである。たとえば、複雑な指示が理解できて、人を説得できるように書いたり話したりすることができて、複数の選択肢を批評眼をもって評価することのできる能力である。学位を取得すれば、こうした基本的スキルだけでなく、雇用者が求める道徳的、社会的資質を備えていることの証明となる。大学生は4年ものあいだ、権威に従い、締め切りに追われ、たとえそれが無駄で退屈だと思っても、困難な課題をこなしてきた。おおかたの仕事にとって、これ以上すぐれた経歴があるだろうか？

一方で、そうした知的、道徳的、社会的訓練は、ホメロスの詩や、素粒子の理論や、実験心理学や、カント哲学の専門家からでなくても学ぶことができる。つまり、大学が提供する知的教養に没頭する必要などないということだ。それでもほとんどすべての人が大学に行くべきだと思うのはなぜだろうか？　それは、よい仕事を得るために必要な手段としての知識が得られるのは、大学しかないと考えているからだ。

手段としての教育

これは、かなり奇妙な前提条件に思えることだろう。どうして小学校や高等学校が手段としての知識を提供してはいけないのだろうか？　わたしたちの社会において、「よい仕事」の大半で成功するために、知的な面で必要となるものはなんだろうか？　ここで、信頼に足る、従来の考えを紹介しよう。それは、国内メディアの記事を読んで理解できるだけの文学、芸術、科学、歴史、政治学の素養。微分積分学を学ぶのに必要な数学の基礎知識。うまくまとまり、文法的にもしっかりした仕事上のメモやブログを書くことができる能力。そして中級レベルの外国語能力だ。

こうした教育を受けた学生は（ときにはMBAや、そのほかの修士号というおまけつきで）、かなり満足のいく、給与も高い仕事へ近づくはずだ。雇用という観点からすると、しっかりと訓練を受けた高卒の学生は、会計士やエンジニアになりたいとか、法科大学院《ロースクール》や医学部につながる専門研究前のプログラムを受けたいとか、科学や人文科学で博士課程に進みたいというのでない限り、大学の学位は必要ないだろう。資格として必要な場合という例外を除くと、大学に進学する主な理由はやはり知的教養ということになる。

もちろん、今日、多くの高等学校は、企業に求められる手段としての教育を十分には提供しておらず、この不足を大学での「補習」で補っている。これは財源の大いなる無駄使いである。雇用主が求める手段としての知識を、小学校や高等学校が提供できない理由などない。もちろん、できないことに対する説明はいろいろと耳にする。生徒数が多すぎる、技術が足りない、教師の給与が低い、両親の関与が不足している……。こうした要素も重要ではあるが、学生自身の勤勉さを除くと、教育の結果のよし悪しはおおかた、誰が教えるかに左右される。手段としての教育ができない理由のうちもっとも関連性が高いのは、そのような教育をすると、生徒も教師も本来すべきことができなくなるということだけだ。

だが、幼稚園から高等学校までの教師にそうした教育は行えないというのは、自明なことではない。少人数のクラスで、コンピューターを多数揃え、教師に高い給料を払い、親も教育熱心という、そんな最高の公立学校を卒業しながら、入学して当然と思える大学よりレベルがはるかに低い大学にしか入れない生徒はたしかに大勢いる。ただ、明らかにいえることとして、わたしたちは教師の質について驚くほど低い水準を想定しているということだ。法律家、医師、大学教授など、知識に基礎をおくほかの職業にはすべて、成績が上位10パーセントから20パーセントの大学生が集まる。しかし、教師はそうではない。

きわめて優秀な女性が、ほかの職業から締めだされて小学校や高等学校の教師という職を選んだ時代もあった。しかし、ほかの職業も女性に門戸を広く開放するようになった現在、高等学校まで教える教師は全体的にいって、あまり学業成績のよくなかった学生で占められている事実は認めなければならない。これに対し国は、研修、成績証明書、外部への成績責任（訳注：生徒の成績によって学校への補助金や教師の給料が左右される方式）を重視することでこの実態に対処しようとしている。だが、結局はほかの職業と同じく、才能の代わりになるものはない。

教育をめぐるこの論争のなかでもっとも勢いをそぐ前提条件は、高い学業成績を達成した学生たちを教師という職業に引き抜くことが難しいというものだ。たしかに、小学校や高等学校での教師の仕事を選ぶ優秀な大学生はあまりいない。もっとも励みになるデータでも、高校教師の学生時代の成績が平均点より少し高いということぐらいであり、小学校教師の学生時代の成績に至っては平均点よりかなり低い。[2] だとしたら、ほかの職業で効果を発揮している手法を、どうして小学校や高校の教員採用に取り入れないのだろうか？

そうしない理由の1つは、優秀な学生は教師の仕事にあまり関心がないというものだ。だが、それとは逆に考える根拠もある。大学で教えたい人のために組まれたトップクラスの博士課程には、定員をはるかにこえた志願者がいる。さらには、専門的な研究スキルに欠けているとか、大学教授というかなり競争率の高い求人市場に賭けるリスクを負いたくないといった理由で、学業成績が優秀でも大学院に志願せず、教えることに満足する学生は多い。こうした学生は、給与や労働条件が大半の大学のそれに近ければ、大学以外の場で教師となる候補者集団を形成することになるだろう。また、博士課程での中心的な活動となる高度な研究には関心がないが、知的な意味で魅力に欠け、社会的にあまり有益でない仕事よりは、大学以外の機関で教師として働くほうがいいと考える優秀な学生も多いはずだ。

もう1つの理由は、子供や十代の若者を教えるには社会的、感情的能力（他人の気持ちを理解し、相手の成長を促し、しつけを施す）が必要となるが、それは「最高レベルの」大学出身の学生の知的資質には欠如しているかもしれないというものだ。だが、頭がよく、明晰で、さまざまな考えかたについて熱心な人を、教育者としての能力が低い傾向にあると考えるべき理由はどこにもない。

ある特定の学年の生徒とうまくやっていくための、高い知的能力と資質を備えた人を選べばよいだけの話だ。さらにいうと、教師は信頼がおける、重みのある人物であることが大切だ。自分に自信をもち、まわりもそれを認めていて、選ばれた職業人としての名誉をもった教師なら、より簡単にそうした重みを示すことができるだろう。

最後の理由は現実的な考えに思えるかもしれない。それは、教師をえり抜きの、高い敬意を払われる職業に変えるには費用がかかりすぎるというものだ。小学校や高等学校で教える300万人の教師に、医師や弁護士並みの給与を払えると本気で思っているのだろうか、いったいどうやったら払えるというのかという批判である。

まずわたしたちは、必要な歳出のための増税に対する自虐的嫌悪感を克服しなくてはならない。だが、増税をしなくても費用を削減する方法はいくつもある。なにも医師や弁護士に匹敵する給与を教師に払う必要はない。かなり低い給与レベルであっても大学で教鞭をとることには強烈な魅力があるのだから、教師にエリート教育機関においてフルタイムで教えている教授並みの給与を支払う必要もない。さらに長い目でみると、わたしたちが若者の教育を任せるエリート職業人の高い能力は生徒の手本となり、それだけでもとが取れるかもしれない。この仕事は自分には無理だと感じて職を辞す教師の数は激減するはずだ。現行のやる気をそぐような外部評価プロセスや、外部専門家の最新の考え方にしたがって継続的に教師を再教育することはもはや不要となるだろう。自ら教えるわけでもなく、こうしたプロセスを監督するだけの事務方による、大規模で費用のかかるネットワークも不要となる。

さらに、小学校と高等学校の教師を専門家として扱えば、よい仕事に就くために必要となる知識やスキルを提供することが期待できる。大学は特定の専門的職業（法学、医学、工学、教育）に就くことを求める人々と、ふつうの仕事が求めるレベル以上の知的教養に触れたいと思う人々のためのものとなる。

この議論は、資本主義と一般教養教育は両立しえないとするキッチャーの発言をどの程度解決しただろうか？　ある意味では、まったく解決になっていない。資本主義だけが社会の基本的価値観を決めるのであれば、知的教養は軽んじられることになるだろう。ここまでみてきたように、大学が知的教養の中枢として、事実上特権的な地位を得ていることは、わたしたちの価値観が資本主義システムだけですべて決まるわけではないことの証なのだ。だからこそ、わたしたちは手段としての知識を身につけるための教育と、知識のための知識を身につけるための教育を区別することができる。

専門家として扱われる教師の卵たちは、資本主義の企業が求める手段としての知識に対するニーズに直面し、もっているだけで人々を幸福にするような知識を追い求めるかもしれない。大学も手段としての知識を提供するのだが、それは高度に専門化された手段としての知識が要求される知的職業に就くための訓練を受ける人が、知的教養とともに受ける場合に限られる。この見解をとると、大学は一般教養教育ならびに科学の研究と指導に専念することになる。こう考えていくと、大学教育は資本主義の唯物論的価値観に対抗するものとして機能することになる。

もっとも驚くべき結論は、一般教養教育の命運は、高等学校までの教育の改善にかかっているということだ。これがうまくいくと、大学は求人市場のための教育という負担から解放される。この改善がなされなかったら、大学は知的教養に取り組むという本来の義務に背き、小学校や高等学校による手段としての知識の教育の弛みを締め直さなければならなくなる。こうした悲惨な事態を防ぐには、ほかの知的職業に合わせ、高等学校までの教師という仕事を専門的職業としてつくり直さなければならない。

商品としての教育

資本主義への傾倒は、一般教養教育への強い傾倒こそ排除しなかったものの、教室で起こっていることを歪曲しかねない考え方を支持する結果をもたらしうる。わたしたちは、資本主義というシステムにうながされ、自分が評価するものはすべて、マルクスが商品と呼んだもの、すなわち、測ることのできる価値を有し、個人とは無関係に、生産、譲渡できるものであるという前提に立っている。たとえば、売春において相手を引っ掛けようとする行為は性的快楽を商品として扱っているのであり、セックスが文字どおり「愛を育む《メイキングラブ》」ことであるようなカップルの快楽とは対照的だ。商品化できるものは、それがなんであっても経済的価値を与え、購入し、売却することが可能だ。しかも、実際にはお金が人の手から手に渡らないような場合でも、商品化によってわたしたちの考えが歪曲されてしまいかねないのである。

教育がもっとも重大な実例である。わたしたちは知識を商品として語り、知識量が急速に増えているとか、学校が知識を学生に移転するなどという。第2章では、生みだした付加価値（試験の点数の伸びが付加価値であると定義された）の量で教師を評価するさまを見てきた。こうした考えこそ、教育の目的、試験の役割、教えることの本質についての見方を歪めてしまうのだ。

教えることの対象

教えるということは行為である。哲学者たちは行為に並々ならぬ関心を寄せてきた。そして、その思索は、教えるという行為を語るうえで有益な考えを提供している。行為というのは人がすることであり、人に起こること（哲学用語ではできごとという）ではない。椅子に座って寝ているときに頭ががくんと下がったら、それはできごとであり、行為ではない。対照的に、同意を示すために首を縦に振るのは行為だ。プラトンとアリストテレスまで遡ると、このトピックに取り組んだ哲学者のほとんどは、行為の本質はその目的、すなわち、行為者が意図して達成を目指している目標（あるいは、哲学者がよくいうように、対象）に左右されると結論づけている。たとえば、わたしの手が電源のスイッチを動かすといった物理的には同じ動きであっても、その意図はライトを点けるためかもしれないし、泥棒を驚かせるためかもしれないし、革命の開始を告げる信号を届けるためなのかもしれない。それぞれの意図がそれぞれの対象に、そしてそれぞれの行為に呼応している。

なにものをも商品ととらえる見方においては、教えることとは、伝え方（スキル）にしろ、中身（情報）にしろ、知識を生徒に伝えることを対象とする行為である。この見解について議論が必要なら、成果を測るためには試験が必要だというだけで十分だろう。いかなる知識がどれほど伝わったかを特定すること以外に、試験の役目はないからだ。結局のところ、教えることの対象は、「生徒が保有する商品（知識）を増やすこと」だ。

だが、わたしたちが教育のなかで受けてきた数多くの試験について考えてもらいたい。ほんの数年前にA評価を受けた試験において、今、どれくらいうまく答えることができるだろうか？　ちょっとしたテストをしてみよう。

・太平洋戦争の原因について論じなさい。
・メアリーは現在20歳である。この年齢は、メアリーがアンの現在の年齢だったときのアンの年齢の2倍である。アンは今、いくつか。
・メンデルの法則について簡潔に述べよ。

教えることの対象が知識であるなら、その効果は長続きしないようだ。最終試験でよい成績をとる程度には知識を得られるかもしれないが、定期的にその教材を見直さない限り、まとまりのないわずかな知識を残すだけで、多くは忘れてしまうだろう。

もちろん、ほとんどすべての生徒が読み書きやある程度の基本的数学、さらには歴史や地理といったほかの教科の基礎を習得する。だが、それが維持されるのは、そうした知識をある学年で一度だけ学んだからでなく、いろいろなことに対処していく（メールを送信する、料金の支払いをする、最新ニュースを常に調べる）なかで、絶えず復習しているからだ。

もっと高度な大人向けの知識についても、さらにはわたしたち哲学者が専門とする分野についても、同じことがいえる。わたし自身、自分が大学や大学院で勉強した哲学者たちについては多くのことを知っているはずだが、実は、指導や研究において繰り返し触れた哲学者のことしか覚えていない。一度は学んだものの、繰り返し触れることがなかったものは、たいてい忘れてしまう。せいぜい、学んだことの形跡が教養人の証拠として残る程度である。

教育を商品ととらえる見取り図は、学んでいるときに実際に起きていることとはかけ離れている。一定の知識は取得されるものの、多くの場合それは短期間しかもたないのである。教育の対象は存続するもののはずであり、その対象はおそらく知識ではない。

しかし、教えることの対象が知識ではないとしたら、いったいなんなのだろうか？　ここ数年、わたしはノートルダム大学1年生の成績優秀学生を対象とするセミナーを担当しており、プラトンからトゥキュディデス、カルヴィーノ、ナボコフに至るまで、幅広いテキストを読んできた。わたしたちは特定のテキストについての完全な知識がなければできない活発なディスカッションを行い、また、学生は特定の一節を存分に読み込まなければ書けないだろうみごとな文章を書いてくる。それでも、その知識が咲きほこるのは1年足らずだろう。教えるうえでの本当の目標は、学生が「偉大な書物と深く出会うこと」ではないか？　わたしは最近、そう思うようになった。教えることの対象が知識そのものだったとしたら、わたしの努力はおおかたが水泡に帰すだろう。わたしの行為が成功するのは、その対象が、一定の経験を積む手助けをすることにある場合に限られる。古典作品を読み、論じ、それについて書くという、知的で、感情的で、耽美的で、道徳的でさえある経験だ。

そうした経験の価値とはなんだろうか？　これらの経験は知的で、耽美的な充足感への可能性を拓く。読んだ書物のすべてを好きになることはないかもしれないが、そのうち何冊かは楽しみ、ギリシャ哲学や現代主義者《モダニスト》による文学が自分にどれほどの幸福をもたらすかを発見するはずだ。今後そうした可能性を生かす機会はこないかもしれないが、それでも彼らの人生の一部として残り続けるはずだ。そして、ホメロスの新訳版やT・S・エリオットの自伝の批評を目にしたときに、あるいはモリエールの『タルチュフ』やチェーホフの『かもめ』が地元の劇場で上演されているときに、ふと芽吹くかもしれない。

大学教育は、主としてそうした広がる可能性、たとえば、数学的発見の美しさ、科学的解釈のスリル、歴史物語の魅力、神学的思索の神秘などをとおして、学生を知的文化に誘う。それゆえ教育は、伝えられた知識の量ではなく、「持続的な知的刺激がどれほど生みだされたか」でまず評価すべきである。学生が最初の出会いを継続し、深めていって、ようやくソフォクレスやベケットについて重要ななにかをつかむようになれば、最後には知識が現われるかもしれない。そうしたものは、たいていあとからやってくるものだ。すぐれた教師が学生の魂に蒔いた火花は、じっくり時間をかけて燃えあがるのである。

したがって、大学で教えたことの成果は、博物館、劇場、クラシックコンサート、読書会、さらには『サイエンティフィックアメリカン』『ニューヨーク・レビュー・オブ・ブックス』『エコノミスト』『アトランティック』といった出版物の人気で測られるべきだ。こうした場でこそ、学生は受けた教育の成果を享受するはずだ。この成果は、教育という商品を所持するのではなく、むしろ、思想の探求と創造的な想像力の世界へと学生を誘い、資本主義の商品としての価値から彼らを自由にするものだ。

資本主義は、この文化的世界をすっかり毛嫌いしているわけではない。雇用主はしばしば、批評眼をもち創造的にものを考える人や、暗黙のうちに決められていることに潜む疑問の正体を看破し、問題を理解する新しい方法を捻りだす人を雇いたいという。こうした長所はすべて、一般教養教育と関連があるものだ。だが、批評眼や創造性を重視する姿勢は、ビジネスの世界ではたいてい姿勢止まりである。本当に重きをおかれるのは、標準的な手続きや確立された価値観を調整して利益を生むような変更を行うことであり、抜本的な変更が求められることはまずない。たとえば、映画産業では斬新な芸術的発想を実現するよりも、続編を製作するほうがお金が入ってくる。成功するのは、トーマス・クーンの科学革命のような革新的思考ではなく、クーンが通常科学と呼ぶ問題解決策である。さらにいえば、革新的な思考を促すと、資本主義システムをめぐる厄介な問題につながってしまいかねない。

ベル研究所など少数の例外はあるものの、概念の大きな変化は、大企業の煩雑な手続きや、莫大な利益を追求する起業家以外のところで起きるのが一般的だ。短期間に実際的な成果を求められると、革新は制約を受けるのである。並々ならぬ創造性を生み、同時にかなりの批判を受けているのは、どちらかといえば知的文化、つまり物理学者、詩人、心理学者、音楽家、哲学者、ビジュアルアーティストである。知的文化と波長が合わない人は、新しいものの見方や考え方に必要な源泉を欠いている。

試験の役割

知識の商品化のもう1つの効果は、教育システムにおいて試験が支配的な役割を果たすようになることだ。試験は課程の進捗を測るうえで非常に役立つものだが、今や、SATやGREといった試験は、それ1つで生徒の将来に影響を及ぼしてしまう。試験は教師自身、そして、教育システム全体の評価にもなっている。その結果、試験は教育的取り組みの核心、学校が成功しているかどうかの試金石となっている。しかし、その役割はもっと限定されたものであるべきだ。

2010年、読解力を測る試験のスコアが発表された。世界各国の15歳の受験者の点数をみると、アジア諸国が上位を占め、アメリカの順位は真んなかあたりだった。研究者や教育者からは、すぐに対処すべきだという声が上がった。[3] 翌年、ふたりの社会学者、リチャード・アラムとジョシパ・ロクサは、大学で2年間勉強しても、45パーセントの学生には、批評的思考の試験において著しい進歩はみられなかったという研究結果を発表した。[4] この結果から多くの人は、大学教授は授業のレベルを上げ、より長い学習時間を課し、提出させる課題を増やすべきであると結論づけた。

だが、ここで示された論拠が実際に抱えている問題に答えているかどうかはきちんと問わなくてはならない（関連論拠の原則の否定的適用）。疑問の1つは、ある特定の試験が、学生に理解してもらいたい事柄を本当に試すものになっていたかどうかということだ。わたしたちは学生に、試験のためだけに勉強してほしいとはまず考えない。試験は、九九を覚えたり、南北戦争を理解したり、批評眼をもって考えるといった知識やスキルを必要とし、それらが示されるものでなくてはならない。それでも、そうした課目の試験で失敗した学生が、わたしたちが望む能力や知識をもっているということも、まったくないわけではない。たとえば「392×654」を5秒で暗算しなさいという問題が数学の試験にでたら、あるいは南北戦争で50回起きた戦闘それぞれの正確な日付を書きなさいという問題が歴史の試験にでたのなら、成績が悪くても心配する必要はない。

この問題は、批評的思考など複雑なスキルを試す場合に、とくに深刻なものとなる。アラムとロクサが行った批評的思考を試す試験には、シミュレーションによる「遂行課題《パフォーマンスタスク》」（たとえば、ある架空の企業が、最近墜落した航空機と同タイプのものを購入すべきかを決めるにあたり、論拠を比較検討するといったもの）があった。自らの経験や関心とは無関係のテーマをめぐる想定上の事例について、学生が批評的に思考できるかどうかを試すものだが、そうした能力の有無をわたしたちは実際に気にかけるだろうか？　気にかけるかもしれないが、もしそうだとしたら、そうした事例でよい成績を残すことが、批評的思考を実世界で発揮することにつながることを証明しなくてはならないはずだ。

わたしは、教師として学生を指導するうち、クラスで提起した哲学的問題には説得力ある議論がなかなかできないのに、あとで論文を提出してもらうと、実に洗練された主張を展開する学生がいることに気づくようになった。さらに、ひとたび哲学的問題の重要性を理解すると、批評のスキルはすぐにあとからついてくることもわかった。わたしたちの経験こそが、知的文化を理解できる可能性をつくりだすのである。となると、試験の主たる目的は、「学生が課題に適切に取り組んできたかを彼らの短期的な理解の度合いで判断し、それを教師に知らせること」となる。

したがって、試験を教育の中心におくことは誤りである。そうするのは、知識を譲渡可能な商品とみなし、それを受動的に受け取ることが教育であるという思い込みがあるからだ。ここで行為とできごとの区別を再度用いよう。今回は、それを学生の学習にあてはめてみる。学習が単なるできごとであるならば、試験で点数が低いことは教師に悪い印象を与える。だが、そのとき実際に教師にできることは、生徒に知的資源を提供することだけだ。教育は教師と生徒の共同作業に左右されるものであり、その行為の対象は知識ではない。教育を商品の譲渡と考えると、この真実がみえなくなる。

もちろん、生徒がさらに高度な教材に進めるかを判断するための、現在のカリキュラムにしっかりと取り組んでいるかどうかという情報や、生徒たちの相対的学習達成度についての比較情報は必要だろう。だが、そうした判断は、一学期間、あるいはもっと長くクラスを受けもった教師が行うのがもっとも適切であるように思える。外部からのそれ以外の評価がどうして必要なのだろうか？

そのようなものの必要性がでてくるのは、教師の判断が信用できないなんらかの理由がある場合だけだ。小学校や高等学校には標準化された試験が必要だという主張は、こうした不信感に端を発している。先にわたしが力説した教師の専門化を行えば、標準化された試験の必要性は激減するはずだ。それを行ってもなお、不公平な評価を行う教師を特定するための手段は必要となるだろう。だが、それは、わたしたちが医師や弁護士や大学教授にそれぞれの職業の監督者としての役割も担ってもらっているように、専門職集団に任せてしまってかまわない類のものだ。

教えることは科学か、技能《アート》か

さて、ここに、教え方や生徒の評価は教師に任せればよいという考えに反対する、有力な見解がある。議論の主眼は、認知心理学や神経科学から得られた大量の実証的知識から、いかに学習するかのプロセスがわかったので、そうした知識が教室での実践の基礎となるべきであるというものだ。したがって、たとえば、心理学者のダイアン・ハルパーンとミルトン・ヘイクルは、反響を呼んだ論文のなかで、「人間の認識作用の研究は、わたしたちが大学の教室で用いることができ、用いるべきである。これは、強固な理論的基礎と研究にもとづく適用例が備わった実証科学である」としている。ところが、ふたりはさらに、「残念ながら、その研究論文は無視」されており、その代わり、「事実上、すべての大学の教授陣が、自分がかつて教わったままのやり方で教えて」いる。その結果、「ほとんどの大学で現在用いられている教育モデル以上に、わたしたちの認識作用に関する研究結果と対立するモデルをデザインするのは難しいだろう」と皮肉を述べる。[5]

それと同様に、ハーヴァード大学の元学長デレック・ボックは、「大学教授が使っているメソッドは、目標を達成できるほどよくできたデザインではないことが多い」と断言する。[6]ボックは主流となっている講義のメソッドに批判的であり、そうしたメソッドは実証研究により著しく非効果的であることが示されていると主張する。テンプル大学の心理学者ノラ・ニューカムはこの立場をうまく要約している。「教えることについての既存の概念は、教えることを技巧《クラフト》あるいは技能《アート》とみており、学生は関連する課程を通じて、職人を観察することで体得する。提案されている概念は、教えることを学習の応用科学とみなすものだ[7]」

科学（あるいは知識）と技能（あるいは技巧）の違いは、哲学の歴史と同じくらい古い。クセノフォンやプラトンが伝えたように、これはアリストテレス思想の中心テーマである。だが、当初から、知識がさまざまに理解されたこともあり、この違いはわかりづらいものだった。抽象数学と形而上学は純粋に理論的な学問分野であり、実用的な技能や技巧とははっきりと分かれている。しかし、現代的な意味での科学的知識は実証的な学問から生じるものであり、理論を実際に応用する実験によって理論を試す。こうした応用には、かなりの技巧的な判断や技術が伴う。もっとも鋭い知性をもつ博識な理論家さえも、場合によっては（実際、かなり多くの場合に）不器用な実験者である。たとえば、量子物理学でノーベル賞を受賞したヴォルフガング・パウリの伝説によると、彼が実験室にいるだけで、どんな実験でもぶち壊しになったという。

そうすると、応用科学から科学を、そして両者から技能をどのように区別したらいいのだろうという問いがでてくる。いわゆる純粋科学は、実験室という細心の注意を払って構築された環境のなかで、慎重な観察をとおして仮説を試すものだ。純粋科学の主張は、仮説を「応用する」ことで立証されるのだが、そうした応用が可能となるのは最大限に制御された状況下に限られる。一方、応用科学は、エンジニアが橋を設計するときのように、実験科学の結果を使い、比較的制御の緩い環境下で結果をだす取り組みである。科学や応用科学（たとえば、エンジニアリング）とは対照的に、技能や技巧は実験で確立した大量の法則がなくても機能する。技能や技巧は現実世界で積みあげてきたたくさんの経験からさまざまなテクニックや経験則をつくりだし、実際にうまくいく方法をみつける。こうしたことはすべて、期待される結果を生みだすために行われる。

このような理解で考えると、教えることは応用科学よりも技能に近いことが明らかだろう。もっといえば、橋をかけるよりも小説を書くことに近い。ここでもう一度、第2章でできた、ここでうまくいったからといって別の場所でうまくいくとは限らない、という点に訴えてみてもいい。教育心理学が実験室での結果をかなり大量に確立させているとしても、そうした結果を現実世界に応用する手段はほとんどない。工学には物理学の法則を橋の建設に応用するための確立された技術があるが、それとは対照的だ。

デレック・ボックは、教育心理学における研究の限界を認識しており、研究結果を指導の基礎とするよう大学教授をうながすときも、そうした限界を認識している。ボックは結論として、「教育研究の大半は矛盾する結果を示していたり、あるいは方法論的な理由から批判を受けている」としている。ボックは、「社会的慣行や人間の振る舞いをめぐる大半の論点の実証的研究についても同じことがいえる」と記して、この点を和らげようとしている。しかし、欠陥を一般化したところで、その欠陥がなくなるわけではない。

ボックはまた、教授たちは、「ほかの大学の研究が、自分の指導する学生にとって適切なメソッドを示してくれるものなのかどうかを疑問視している」かもしれないと記している。さらにこの疑問に対し、「それは、自分の大学で教育実務に関して真剣な研究を行うことにあまり関心を示さない理由の説明にはならない」と答えている。[8] もっとも、自分の大学という特定のコンテクストのためにデザインされた「研究」では、心理学や認知科学へ貢献することにはならない。そうではなく、複数のメソッドを実際に試すことによって、すぐれたディスカッションができるようになる方法を知りえるのかもしれない。とはいえ、これでディスカッションを活性化する手段についての一般的な真実が発見できたと考える理由はどこにもない。単に、特定の学生と自分が教えている特定の分野にとって効果のあるメソッドを発見したというだけのことだ。そしてこれは、教えることを技巧ととらえる場合の標準的な戦術である。

基本的な読み書きから哲学、高等数学に至るまで、学校が教えることのできない課目などこれまでは1つもなかった。能力もばらばらの大勢の学生に教えようとしたら、質の高い教師と質の高い指導環境が必要になってくるのはたしかだ。だが、これまでうまくいってきた技術があるのに、それとは別の技術が必要だと考える理由はない。教育に科学の応用を求める声は、たいていの場合怪しげな解決方法であるようにみえる。

最後に、効果的に応用すると広い範囲のコンテクストにおいて教え方を格段に上達させる、確固たる教育科学があったとしよう。そうした取り組みがすぐれていることを示すことに、特別な困難はないはずだ。その科学的アプローチに則った学校を設立し、その学校の生徒に対する教育方法がどれほどかをみてもらうだけでいい。根拠にもとづく医療の場合は、このようなやり方で従来の医療よりすぐれていることを証明している。

しかし、実際のところ、すぐれた学校をつくろうにも、教えるという技能に秀でた教師たちを配置し、彼らが熟知する専門分野を教えるのに見合った財源を与えるというアイデア止まりで、それ以上に俊逸な考えをもつ人がいない。「科学的メソッド」がすぐれた結果を生んだ例はあるが、たいていはきわめて優秀な教師が、やる気満々の生徒を相手にそのメソッドを使ったというだけのことだ。コンテクストはさまざまだとしても、ふつうの教師がふつうの学生相手に科学的教授法を用い、それがうまくいったという実例がいったいどこにあるのだろうか？

聡明で、情熱に溢れ、課題をよく知っている教師のすべてがすぐれた教師であるとは限らない。どのような技能《アート》でも同じことだが、教えることには長年の実践、粘り強い思考、その分野に長けた人々との交流が欠かせない。もちろん、画家が光学や色の科学から役に立つアイデアをみつけるように、教師がこれから試すアプローチのヒントを求めて認知科学に注目してはいけないという理由はない。だが、すぐれた教え方というものは、これまで長いこと、そしてこれからもずっと、まずなによりも個々の教師が教室での経験で身につける技能《アート》であり続けるはずだ。

ほかの事例についてもいえることだが、教えることは応用科学であるという考えは、教育を商品ととらえる資本主義的見解からきている。学校は知識を製造する工場であり、効率的な生産は知識の科学たる認知科学にもとづかなくてはならないというわけだ。だが、教えることは商品の譲渡ではない。教師が知的職業のエリート集団であれば、教えることは、これまでも、そしてこれからも、人の役に立つ技能である。

本章では、哲学的思考がどのように教育システムの欠陥に対処するアイデアへと導いてくれるかを例証した。ここで展開した見解は過激である。これは理想論であり、実現が難しいことはわかっている。だが、短期的見通ししかない哲学的理想にも、マンネリ化した論争にゆさぶりをかけ、決まりきった筋道から引きずりだすという、きわめて重要な務めがある（プラトンの『共和国』はこのための知的枠組み《パラダイム》だった）。さらに、こうした理想論は、ずっとあとになってなにが知恵として新たに受け入れられるかを垣間みせてくれる。毎度同じではあるが、わたしの第一の目標は、自分が擁護する具体的な見解を主張することではなく、哲学的思考のツールが社会政策の議論になにをもたらしうるかを例証することにある。

ここまでの4つの章では、議論の内容を徐々に一般的な方向に向け、宗教、幸福、資本主義、教育という幅広い題材を扱ってきた。続く2つの章では方向を転換し、哲学の専門家が示す複雑な議論の筋道が、アンディ・ウォーホルのアートの意義や、堕胎の倫理性をめぐる議論をいかに論証するかをみていく。

第8章　アートの価値とは？

アンディ・ウォーホルの作品であるブリロ・ボックスは、偉大な芸術作品なのだろうか？本章では、アーサー・ダントーの研究から、芸術的偉業と美学的偉業、意味をみいだすことと意味を与えることとの違いについて言及していく。これは、美術作品にはほかの作品よりも「すぐれている」と評価されるものがあるかという論点につながっていく。

音楽の場合であれば、クラシック音楽はポピュラー音楽より「すぐれている」かどうかと問うことができる。「個人の好みの問題だ」という、相対主義者がよく取る手段について考え、それを退けたうえで、そうしたことをいう人でさえ、実際にはその論法を否定しているのだと議論していく（相対主義に対する一般的な哲学的対応）。音楽の評価には客観的な基準があることを考え、そうした基準によってクラシック音楽はポピュラー音楽よりすぐれているという議論を組み立てることができる。

ただし、この議論は、ポピュラー音楽もクラシック音楽も同じ基準で判断できるということが前提条件となっている。哲学者のブルース・ボーはこれに異を唱え、クラシック音楽の評価に適した知的基準と、ロックミュージックの評価に適した感情的基準を区別した。芸術作品の一般的価値と個人にとっての重要性という別の区別も用い、クラシック音楽の優越性という主張をより精緻なものにしていく。そして、美学的価値と道徳的意義の区別にも言及したうえで、偉大な芸術は道徳的力の源であるという主張を評価する。最後に、ノエル・キャロルによる前衛芸術《アヴァンギャルドアート》と大衆芸術《マスアート》の区別から、ウォーホルのブリロ・ボックスの意義に戻る。

アートとしてのブリロ・ボックス

1964年、あるギャラリーが、アンディ・ウォーホルが制作した多数のブリロ・ボックス（訳注：もともとは、洗剤を染み込ませた台所用のスチールたわしの商標名）を展示した。それは、スチールたわしメーカーがつくっていた箱の正確なレプリカではなかったが、画廊で目にした大半の人々にとって見分けがつくものではなかった。わたしはその箱を画廊でときどき、写真ではたびたび目にしてきたが、正直なところその作品は（そしてアンディ・ウォーホルのほかの作品の大半も）わたしにはピンとこなかった。

だが、多くのアートの専門家の考えによると、わたしはなにかを見逃しているということになる。ニューヨークタイムズでアートの批評を書いているピーター・シェルダールは、ウォーホルを「天才」「偉大なアーティスト」と呼び、「ウォーホルの黄金の基準は、ほかの芸術の通貨の価値が水増しされていることをすべて暴きだす」とまでいっている。[1] また、ミュンヘン大学で美術を教えるライナー・クローン教授によると、「ウォーホルの機械的な複写のテクニックは、20世紀全体の芸術的テクニックのなかでもっとも重要な進歩であり、14世紀や15世紀のルネサンスの芸術家による、中心投象画法を用いる模倣的画法の発明に匹敵するものだ」ということになる。[2] さらに、著名なアートの批評家で哲学者のアーサー・ダントーは、「ブリロ・ボックスによってアートの本質という哲学的論点の本質が解明された」「アンディ・ウォーホルはアートの歴史が生みだした、哲学の天才にもっとも近い存在である」と発言している。[3]

わたしはアートの専門家ではないが、アートは生活の一部となっている。無知であるがゆえに偉業を鑑賞できないような思いはしたくない。だからこそ、ブリロ・ボックスについてもう少し考えてみたいと思う。まずは、「あの箱は偉大な芸術作品か」という問いかけからはじめたい。そして、最近の哲学的議論が提供するツールを用いてこの疑問への回答を試みることで、アートの価値と、その社会的地位についての多くの論点へとつなげていく。

2つの明らかな事実からはじめよう。まず、多くの博識な批評家が、ウォーホルのブリロ・ボックスを偉大なアートとみなしている。ふつうのブリロ・ボックスは偉大なアートではない。当然、ふつうのブリロ・ボックスに10万ドルを払う人はいない。次に、みた目に関する限り、アートとしての箱とふつうの箱のあいだに大きな差はない。本物のブリロ・ボックスが並ぶなかにひと箱だけウォーホルの箱を混ぜたとしても、それをみつけるのは難しいだろう。つまり、芸術作品が偉大なものと評価される理由がそのみた目にあるとしたら、ウォーホルの箱は偉大な芸術作品ではないことになる。

芸術作品というものは、それがどうみえるか（美しい、崇高だ、うっとりする）によってその偉大さが決まるため、ウォーホルの箱は偉大な芸術作品ではないと結論づけていいような気もする。だが、この結論はおそらく間違いだろう。ウォーホルの箱を鑑賞するポイントは、その物理的外観ではなく、人々への影響にある。この作品の鑑賞には2つの形態があるのだ。

ウォーホルの箱は日常生活のありきたりの物と、博物館の「アート」の区別を取っ払ったとして称賛されることがある。彼の箱によって、日常世界をつくりあげている物を博物館で目にする物と同じくらい、しかも、それほど努力しなくても楽しみ、鑑賞することができるようになった。伝統的な芸術を楽しむには、歴史的な知識や洗練された美的感覚という難解な世界に足を踏み入れることが求められるが、ウォーホルのポップアートは、わたしたちがすぐに理解し、鑑賞できる物に本来備わっている楽しみを教えてくれる。ニューヨークタイムズでアートの批評をするロバータ・スミスはこの点を支持して次のように述べている。

ウォーホルは大絶賛されてしかるべきだ。自分が長いあいだ受け入れてきた、さまざまなアートの形式と現実のあいだのフィルターを取っ払い、この国の安っぽく、物質主義的で、燦然と輝き、ときに暴力的で、それとなくエロティックなすべての栄光に、光を失った芸術の魂を輝かせたのだ。

ウォーホルは現実の人々に、寝て、食べて、キスをする人々に、ただビデオカメラを向けた。その場その場でやることを決めていく俳優や、俳優でさえない素人にもカメラを向けた。エンパイアステートビルに向けて固定カメラを設置し、ひと晩で約7時間撮影した。絵画では、新聞の写真を切り抜き、拡大したものをシルクスクリーン印刷用の布に投影し、キャンバスに貼りつけ、わずかばかりの感光したような色を加えた。[4]

ダントーはこうまとめる。「ひとりのアーティストにできることなど、アート全体が追求してきたものに敵うはずがない、現実世界が人に与えてきたものに敵うはずがない、というのがウォーホルの直観だった[5]」

だが、平凡な物も楽しく鑑賞できるという考えを伝えるためだけなら、平凡な物と瓜二つの模倣品をギャラリーに展示する必要はない。日常の経験のなかでも、わたしたちは平凡な物に芸術作品のような美しさ、感じのよさ、魅力があることにしばしば気づかされる。そうした物は博物館の意匠コレクションや、古代文明の展示として居場所を確保している。また、たとえば静物画など、平凡な物の美術的描写にしても、それら平凡な物の美学的特徴を気づかせる表現物となっている。美術館をあとにした自分が世界を新たな目でみていることは少なくない。ウォーホルが登場するはるか前に、芸術作品とありふれた事物の境界線は不明瞭になっていたのである。

ウォーホルの作品が別の形で鑑賞されるようになったのは、彼の作品には哲学的意義があるとしたダントーの主張がその発端である。デイリーテレグラフにアートの批評を書いているリチャード・ドーメントは次のようにいう。

> ウォーホルのマリリン（ウォーホルの手による、シルクスクリーンの絵）をレンブラントやティツィアーノの絵画をみるのと同じように鑑賞することはできない。なぜなら、ウォーホルはこれらの画家が関心をもっていたこと、すなわち、肉体的迫真性の表現、個性の追求、絵画による幻想の創造に、まったく関心を示していないからだ。
> ウォーホルはアートにまつわるさまざまな問いを投げかけたのだ。アートはほかの商品とどう違うのか？　芸術作品の独創性、成果、稀少さ、独自性にはいかなる評価を与えたらいいのか[6]？

たしかに、ウォーホルの作品はこれらの問いを投げかけているが、こうした問いは、芸術の哲学において古くから続く課題だった。プラトン以来、なにが物を芸術作品たらしめるのかについて諸説唱えられてきた。ときに精巧な複製や贋作が本物の作品として流通しているという事実は、当然のことながら、どうしてわたしたちは本物に特権を与えるのだろうという疑問につながる。ウォーホルはこの議論を深め、前進させたのだろうか？

ダントー自身は、ウォーホルは議論を深めたのだと主張する。ブリロ・ボックスだけをとっても、芸術作品ではないふつうの物と外観が瓜二つの芸術作品をつくりだしていると議論する。すると、疑問が生じる。「まったくそっくりの2つの物があり、一方は芸術作品で、もう一方はふつうの物であるなどということがありえるのだろうか」。この疑問に答えるためには、ある物を芸術作品たらしめる知覚的特性など存在しない（五感で理解できない物などない）ことを理解しなくてはならないとダントーは指摘する。これは、どのような外観をしていようとも、どんな物でもアートになりうることを暗示している。ただし、あらゆる物が芸術作品であるということではない、とダントーは注意を喚起する。すると今度は、根本的な問題が現われる。ある物を芸術作品たらしめる知覚以外の特徴とはいったいなんなのだろうか？

この問いは、芸術の定義についてのダントー自身の作業と、アートワールドという彼独自の概念につながっていく。アートワールドとは、ある時点で存在する「アートの歴史に関する知識、つまりアート理論の見取り図」のことである。屈指の芸術哲学者であるジョージ・ディッキーは、反響の大きかったアート道具理論のなかでこの概念を用いている。ディッキーの理論は、ある物が芸術作品となるのは、アーティスト、ディーラー、後援者、批評家、アートワールドそのものである理論家に芸術作品であると推薦されたり、認められたりする場合に限られるとする（ダントー自身はアートワールドをこのように位置づけることを受け入れなかった）。

ウォーホルの偉大さを哲学に求めることは、彼が芸術作品とありふれた事物の区別を取っ払ったとする見解と矛盾する。哲学的な擁護論は、芸術の本質についての哲学的難問に焦点を合わせているとはいえ、アートの鑑賞をふたたび難解な知識と美的感覚の問題に帰すことになるからだ。ウォーホルの作品がダントーの哲学的疑問を引き起こしたのはたしかだが、ありふれた物のレプリカであっても同じことは起きたかもしれない。実際、ダントー自身も、1915年にマルセル・デュシャンが配管用具店で購入した便器を展示（泉という作品名がつけられた）したことに対して、同じ疑問を提起したかもしれないと認めている。だが、疑問を生み、それに対するみごとな答をだすことによって知的で美学的な刺激を与えたのは、ウォーホルではなく、ダントーである。

解釈をめぐる取り組みから現われた意味を、芸術作品（あるいはアーティスト）の功績だとするのは誤りである。ある客体の意味をみいだすことと、それに意味を与えることには根本的な違いがある。偉大な芸術作品は、さまざまな種類の理解や鑑賞方法を内に秘めており、わたしたちは作品を経験しながらそれを発見する。

いずれにせよ、ウォーホルが、ほかのアーティストやアート批評家とともに従来のアートの概念が排除してきたアートを創造する新たな道を開拓する役割を担ってきたことについては意見が一致している。だが、芸術的創造の新しいモード（コマーシャルデザインの技術、パフォーマンス、インスタレーション、コンセプチュアル・アート）は、これまでにない、あるいはより質の高い美学的経験を保証するわけではない。ウォーホルやデュシャンらに続いて、ありふれた物が芸術作品として発表されることになるかもしれない。だからといって、それらが満足のいく美学的体験を生みだせるというわけではない。偉大な作品が芸術作品になりうる物の境界線を定めるわけではないが、芸術作品がわたしたちにもたらしうる効果をはっきりと示してくれる。独創的に美しい芸術作品は手本とすべきものだが、だからといって、ピカソの『アヴィニヨンの娘たち』のように、独創的に美しいとはまったくいえなくても、やはり手本となるべき作品が存在しないわけではないとカントは主張しているが、彼の胸の内にあったのはまさにこうしたことである。

ウォーホルが芸術的創造の新しい可能性を開いたことにより、その作品はアートの歴史において重要なものとなり、それゆえ、かなりの関心を呼んだ。だが、ジェロルド・レヴィンソンやほかの哲学者が指摘したように、作品の芸術的偉業（その後の作品へのプラス効果など）と美学的偉業（注目に値する美学的体験の源としての、本質的価値）には大きな違いがある。[7] どうやら、ウォーホルのブリロ・ボックスは偉大な美学的偉業ではなく、偉大な芸術的偉業として考えるべきもののようだ。

しかしながら、こういう対応をすると、「低級芸術」や「大衆芸術《ポピュラーアート》」と呼ばれる、すぐに楽しめるが深みに欠け啓発的でもないとされる作品ではなく、「高級芸術《ハイアート》」と呼ばれる従来の芸術作品が体現する美学的本質に特権を与えることになりがちだ。その特権に対する挑戦としてウォーホルのブリロ・ボックスをとらえるのが、別の解釈である。たとえば、ライターでビジュアルアーティストでもあるゲーリー・インディアナは、ウォーホルは、「アートには高尚なものもあるが、粗野なものもある」という考えを土台とする、従来の「美学的快楽の序列」を拒絶したととらえている。[8]インディアナの見解によると、ウォーホルは、自作のブリロ・ボックス（あるいはキャンベルスープの缶）は、抽象表現主義の傑作（たとえば、ジャクソン・ポロックの『コンバージェンス』）などの「高級芸術《ハイアート》」の作品と同程度の美学的価値を有していると表明しているのであり、ウォーホル自身もそう考えていたのかもしれないとする。ウォーホルの美術界《アートワールド》での成功は、高級芸術と低級芸術という従来の区別を廃することになったというのである。

区別を廃したというこの見解によれば、ブリロ・ボックスはアートの質について新たな発見をもたらしたことになる。それまでは、芸術作品の質は、表現、美、感動という基準で判断する美学的達成度とともに、その外観にも左右されていた。ウォーホル以降は、どんな物でも芸術作品になりえるようになったばかりでなく、芸術的達成度の基準もアートが提示される美学的コンテクストによって変わるようになった。

こうした変遷は芸術の終焉とも呼ぶべき事態を引き起こした。芸術作品をつくりだすことの終焉ではなく、なにが芸術作品の成功をもたらすかについての固定観念がなくなったという意味だ。これは、さまざまな成果をもたらした。アートではないと非難されていた前衛芸術《アヴァンギャルド》の作品（拾ってきただけの、あるいは機械的につくられたオブジェ、なにも描かれていない空白のキャンバス、絵画の消し跡など）は、しかるべきアートワールドで芸術的ステータスを得るようになった。一方で、エリート主義の批評家が軽蔑していた大衆芸術《ポピュラーアート》は、別のアートワールドの基準によって質が高いと評されるようになった。

この「ウォーホルフィーバー」という見取り図は、学者や批評家など、多数の教養あるアート愛好家の見解とぴたりと一致する。これは、個人的に好きなものをこえた評価基準の存在を否定するような、愚直な相対主義ではない。それでも、さまざまな評価を社会的に共有されているコンテクストに対して相対化しているのはたしかである。

つまり、ブリロ・ボックスを偉大な芸術作品ととらえる見方はいくつもあるということだ。（1）芸術作品とふつうの物の区別を取り払うものとしてとらえる（ただし、この見方は結局、平凡の美学なるものが存在するというありふれた考えにつながる）。（2）ブリロ・ボックスをアートの本質に重要な新しい問題を投げかけるものとしてみる（この見方をとると、この作品にアートの本質をみいだした批評家ダントーこそ、その偉大さに重要な貢献をしたことになる）。（3）芸術的表現の新たなモードへの道を開いたのは、ブリロ・ボックスの功績である（だが、そうすると、この作品は美学的ではなく、芸術的に重要ということになる）。（4）ブリロ・ボックスは、美学的本質の基準は特定のアートワールドに対して相対的なものであるという見取り図を特徴とする、新しいアートワールドをつくりだすことにひと役買った。

（4）を受け入れるとすると、ブリロ・ボックスは偉大な芸術作品ということになるだろう。現在の美術界《アートワールド》でもそのように認識されている。事実、美術界《アートワールド》は、ブリロ・ボックスがもたらした「ウォーホルフィーバー」という見取り図自体を大きな芸術的偉業とみているのだ。さて、わたしたちはこの状況を受け入れるべきだろうか？　この問いに答えるためには、典型的な哲学的手法で、「ウォーホルフィーバー」という見取り図が拒絶する従来の考え方の前提条件を吟味しなくてはならない。すなわち、芸術作品のなかには、単一のアートワールドとは関係なく、それ自体をよりすぐれた芸術作品たらしめる、高度な本質的な特質（たとえば、美）があるという前提条件だ。

この問題を提起することにより、わたしたちはウォーホルのブリロ・ボックスについての思索をこえ、あらゆる芸術作品に関連する問題を考えるに至る。このあたりで対象の幅を広げ、音楽も含めて考えていこう。

モーツァルトはビートルズよりもすぐれているか？

民主主義社会は、とりわけ1960年代以降、伝統的な「高級文化」（交響曲、シェイクスピア、ピカソ）は「大衆文化」（ラップミュージック、テレビドラマ、雑誌広告）よりもすぐれているという考えに違和感を覚えるようになってきた。メディアも両者の境目を不明確にしてきた。ロックコンサートとオペラの批評が隣に並び、バットマンの続編についての記事に続いて、チェーホフの芝居についての議論が掲載される。教養があり、格式を重んじる批評家が、プルーストにも漫画にも同じ手法を用いて分析や評論を行う。そして、客観的な芸術的優越性などというものを主張しようものなら、アートについて絶対的な価値判断をしていた日々はもう遠い昔のことだと反論される。このような反論は、わたしが「ウォーホルフィーバー」と呼んだ見取り図が支配的であることのなによりの証拠だ。

こうした見取り図は、民主主義社会においてたいへん魅力的である。というのも、俗にいう高級文化の優越性なるものは、それを享受する特権を主張した貴族階級の気取りを支えていたからだ。たとえば、ヴァージニア・ウルフの傑作といえるエッセイ『Middlebrow（ミドルブラウ）』は、偉大な芸術の鑑賞はインテリぶる人の特権だとした。つまり、生来の美的感覚に加え、たっぷり相続した遺産を使ってアート三昧のくらしを維持する「心の中級知識人」のことだ。[9] 教養のない労働階級に属す人々は、芸術的生活に対する美的感覚も、そのために費やす時間もない。ウルフは、彼女自身のような高級知識人ができない仕事をこなし、自分たちの文化的劣等を受け入れる低級知識人を称賛する。だが、きちんと理解できるはずもない高級文化とされるものに費やすだけのお金を（おそらくは仕事で）稼ぐ3つ目の階級（ミドルブラウ［訳注：中級知識人］）にだけは嫌悪感を剥きだしにする。中級知識人は、「アートだけとか、人生だけとかいうように、1つの物事を追うのではなく、その両方を追い求め、そこにお金や、名声や、権力や、威信といったものが、区別できないほど不愉快なくらい絡みついている」というのである。

高級芸術擁護論を語るには、ウルフがいう「俗物階級」を引き合いにだすまでもない。社会的地位や富との偏向した関係がなくても、直接、美学的特質の点で高級と低級の違いを明確にすることができる（生まれたときに属していなかった文化レベルまで昇りつめるために民主主義社会でのチャンスを利用する人々について語るなら、ウルフがいう「ミドルブラウ」ということばを使ってもいいかもしれない）。

だが、大衆芸術《ポピュラーアート》（大多数の人が楽しめ、彼らに高く評価されているアート）ということばには、かなり教養のある人々しか近づけない難解な芸術より劣るという響きがあるので、高級や低級ということばは誤解を生む可能性がある。芸術の質のよし悪しを伝えるもっとすぐれた尺度を手に入れるためには、芸術的な「不朽の名作《キャノン》」という、使い古された概念について考えてみるのがよいだろう。

このことばは、本物の価値を認めるというよりは、作品の社会的な力を主張し、それを維持することを目的として、選ばれた人が独断で選んだ好みの作品を意味するものと受け取られることが多い。だが、このことばはむしろ、数世紀とはいかなくても、数十年にわたって高い評価を受けてきた芸術作品の一群を指すものとして使うべきである。こうした作品には、高いレベルで展開されてきた解釈や評論が伴うため、それが作品の情緒的、概念的深みの証となっている。

こうした作品は、特定の時代に人気を博したもので、簡単に手に入る作品とは対照的なものであることが少なくない。だが、人気のある作品はすでに不朽の名作《キャノン》の仲間入りを果たしていることが多い。わかりやすい例としてはホメロスの詩作、ギリシャ悲劇、ディケンズである。それとは逆に、古典的人物の手によるさほど重要ではない作品もあり、それらは「人気作品」に近いものだ。となると、非凡な芸術(不朽の名作のなかにある卓越性の見本)と平凡な芸術を比較対照し、両者を連続する美学的特質と定義づけ、それぞれについて人気があるかないかという区別はしないほうがよいことになる。

1つ問題となるのは、芸術的価値は常に相対的であり本質的なものではないという主張に対して、連続性がないことの妥当性をどのように正当化するかである。数世紀経っても未だに解決しない哲学論争をみるかぎり、アートの相対的価値を論破できる見込みは皆無に近い。たとえば、シューベルトの『歌曲集』がビートルズの『抱きしめたい』などよりアートとして客観的にすぐれていることを証明し、そうは思わないすべての人を納得させる美の定義(あるいは、芸術的優越性を示すなにかほかの条件)を証明できるかというと、まず期待できない。だが、純粋な相対的見解をもつ人は実際にはおそらくいないので、そうした証明は不要である。「美的感覚を議論することなどできない」といえばすむことだ。それでも、ことアートのことになると、人は常に議論をしてしまうのだ。

シューベルトのほうがすぐれているという主張に対し、ビートルズのファンは「それは好みの問題だ」という安易な相対主義で反論してくるかもしれない。ところが、たとえば、ビートルズとローリングストーンズの相対的価値について議論するとなると、この相対主義は放棄されがちだ。音楽がより複雑で、オリジナリティーがあり、情緒的ふれ幅が大きく、知的深みがあるので、ビートルズのほうがストーンズよりもすぐれているという主張が可能かもしれない。この場合、客観的基準を示し、そこからあるバンドの優越性を支持する議論へと進めている。そうした基準から議論すること自体が、芸術的評価は個人の美的感覚の問題であるという見解を暗に否定していることになる。自らの見解の理由を示すことは、ほかの人もそれを受け入れるべきだと考えているからである。

自分の好みのほうがすぐれていることを証明するためにファンが用いる基準を考えると、それと同じ理屈で、非凡な芸術作品は平凡な芸術作品よりもすぐれていることを証明できる。もし、ビートルズがストーンズよりも複雑性、オリジナリティー、情緒的インパクト、知的内容の点ですぐれているのであれば、同じ基準により、モーツァルトのアリアはビートルズの歌よりもすぐれていることになる。同様に、ある大ヒット映画がほかの映画よりすぐれているという主張はおそらく、ドラマがもつパワー、登場人物に対する洞察、会話の質の高さといった基準を引き合いにだすことになり、それと同じ基準を用いると、ほとんどすべての大ヒット映画はソフォクレスやシェイクスピアと比較されたら見劣りすることになるだろう。

この見方からすると、クラシック作品の方がポピュラーミュージックよりも美学的価値の点でレベルがずっと高くなる可能性を秘めている理由がわかる。クラシック音楽の作曲家と比較すると、ポピュラー音楽の作曲家は、かなり狭い範囲の音楽的可能性しか活用できない。演奏時間が短く、楽器の種類が少なく、技巧のレベルも低く、作曲技術も比較的単純である。それに対して、クラシックの演奏家は、作曲家が曲に求めるものはなんでも提供できる。一方、ポピュラー音楽の演奏者は作曲家が（ときには演奏者自身が）求めるものに強い制限を加える。もちろん、最低限の能力しか必要としない絶妙な作品もある。だが、いつも能力を制限していると、すぐれた偉業《ハイアート》（偉業の規準がなんであれ）を達成する機会を減らすことになる。このように考えてみると、高級芸術がまさっているのはほとんど自明の理といっていい。

もう一度、ブリロ・ボックスのことを考えてみよう。といっても、ウォーホルの作品ではなく、商業デザイナー（抽象表現主義の画家でもあった）ジェームズ・ハーヴェイの作品のことだ。アーサー・ダントー自身が彼のボックスの美学的価値についてみごとな批評をしている。

この箱には赤い波形の部分があり、それを白い部分が2つに隔てている。白い部分は赤い部分のあいだと箱の周囲を川のように流れている。そして、「ブリロ」という文字が高々と宣言するかのように印刷されている。子音は青い文字、母音は赤い文字で、白い川の上に記されている。波は水と旗をあらわし、赤、白、青は愛国心の色だ。これで清潔さが任務と結びつき、箱の側面を愛国的な公衆衛生の旗に変貌させる。この段ボール箱は、歓喜を運び、独特の形で視覚的レトリックの傑作となっている[10]。

ここでこれを、ダントーが「真に偉大な芸術作品」と評した、ピエロ・デラ・フランチェスカによる15世紀の絵画『キリストの復活』の解説と比較してもらいたい。

このとてつもない絵画は、下半分では重装備の数名の兵士がイエス・キリストの聖体安置所のそばで眠っており、上半分ではキリスト自身が墓から現われるところが描かれている。キリストと兵士たちはそれぞれ別の遠近法でとらえられており、キリストをみるには目を上げなくてはならない。復活は「早朝の陽光」のなかで起きている。文字どおり、そして象徴的な意味でも新しい一日、新しい時代の夜明けだ。キリストが甦ったというのに、兵士たちは眠り込みまったく気づかない。キリストは聖体安置所の蓋を動かそうともしない。死と復活、肉体と魂、人類にとっての新しいはじまりといった概念の複雑さ全体が、人の心を掴んで離さない描写のなかに体現されている。観る者は神秘が起きたところを目の当たりにするのだ。[11]

ジェームズ・ハーヴェイが作ったブリロ・ボックスについてのダントーの解説は、気楽な買い物客だったら見逃すかもしれない器用な職人技やレトリックの力を（おそらくは皮肉を込めて）冷やかしている。だが、ピエロの絵画の分析は、見事な表現と力強い表象を通じて深遠な思想を体現した労作である。表現された内容と、その表現のために用いられた手法は、ピエロの絵画をブリロ・ボックスとは異なるアートワールドに送り込むものだ。

要するに、ホメロスの『イーリアス』、シャルトル大聖堂、バッハのロ短調ミサ曲といった、息をのむほど知的で情緒的な複雑さと深遠さをもつ作品はたしかに存在するということだ。これらの非凡な美学的価値は平凡な芸術をはるかに凌いでおり、特権的な重要性をもってしかるべきだ。

しかし、クラシック音楽とポピュラー音楽を1つの連続する評価のテーブルに載せるならば、両者は同じ基準で評価すべきものであり、表現方法は違っても芸術的な偉大さをもたらすのは同じ性質であるという前提にもとづくことになる。哲学者のブルース・ボーは、ロックとクラシック音楽の比較に着目し、この前提条件は誤っているとする興味深い議論を行っている。

その主張の正しさを示すため、ボーは典型的なクラシック音楽と典型的なロックミュージックを比較した。クラシック音楽の聴衆は座ったまま静かにして、曲の最後のところだけ拍手をする（初心者が恥をかいて覚えることだが、決して楽章の終わりではない)。聴衆はじっとしている。飛び上がったり、踊ったり、腕を振り回したりはしないのだ。独りきりで録音された曲を聞いているときに多くの人がするように、指揮者になりきって指揮棒を振ることもない。どうやら、クラシックは心に訴える音楽らしい。クラシックコンサートのプログラムにはご丁寧にも専門家の解説まで載っていることが多い。この曲で作曲家はなにを成し遂げようとしているのか、その達成を理解するにはなにに耳をすませるべきか、等々。演奏中にそうした解説を読んで今起きていることを理解しようとする人々もいる。もちろん、コンサートを鑑賞できる程度には理解していて、聴くことに集中する人々もいる。

対照的に、ロックコンサートの音楽は聴衆を活気づける。だが、それ以外の人々は退屈して、居眠りしたりもする。大声をあげ、一緒になって歌い、踊る。その音楽には直接的で本能的なインパクトがある。なによりも体に訴えてくる力がある。ボーがいうとおり、ロックは「人の知的判断能力ではなく、体の中枢、消化器官、筋肉、腕や脚の腱に刻まれる」のだ。[12] その結果、すぐれたロックミュージックの条件は、クラシック音楽を評価するときの知的処理をした水準とはかけ離れているとボーは議論している。

ボーは特に、リズム、情緒的表現、騒々しさをその条件としてあげている。リズムはダンスするときの体の動きに相当する。「ひどいロックミュージックとは、聴衆の体が踊りだすように奮い立たせようとして、失敗するものをいう」。情緒的表現は、まずはソロヴォーカルのものであり、「伝わってくる感情の激しさや、表現される感情の微妙なニュアンス」に左右される。これは、シンガーの声の技術的な質とは無関係だ。「最高のロックボーカリストのなかには、マディ・ウォーターズからエルビス、レノン、ジョプリンまで、技術的にはかなりお粗末なシンガーもいる」が、彼らには「身体と直接的に結びつく卓越した技量があり、それがことばで表すには複雑で難しくても、経験した者にはすぐにそれとわかる本能的な反応を引き起こすのだ[13]」。

最後に、ロックの騒々しさは、体をゆさぶるようなパワーを通じて感情を表現する強力な手段である。騒々しくするためだけにそうすると、騒々しさは「ただ、人を圧倒し、ひどく消耗させるだけにもなるが、適切に使えば、表現性を高める。ロックミュージックの一節のなかにはうまく効果を上げるために大音量で演奏しなくてはならないものもある[14]」

ボーは、こうした「身体的」特徴がクラシック音楽でも一定の役割を果たすことは認めるが、クラシックの場合はおしなべて、知的な特徴、特に形態的な特徴が大部分を占めると主張する。「形態」というのは曲の音楽的構造のことであり、これについては、標準的な分析がすでにすぐれた説明を行っている。音楽鑑賞課程用に書かれた人気テキストの抜粋をみてみよう。

ベートーヴェン交響曲第5番の第1楽章は緻密で濃厚である。楽章全体をみても、音も意志表示も過剰ではない。主題《モチーフ》の提示部は、短音、短音、短音、長音ではじまり、この主題がこの楽章のほとんどすべての小節を特徴づける。2番目の主題は金管楽器が鳴ってはじまる。主題そのものは静かに滑らかにはじまるが、それに隠れて、チェロとバスの音にかぶさるように、最初のリズミカルな主題が静かに聞こえてくる。すぐにまた絶頂を迎え、オーケストラすべてがもともとの主題を一緒に奏でて、主題の提示部が終わる。こうした移り変わりのあいだに、2番目の主題を開始した金管楽器の音が徐々に小さくなっていき、やがて1つの和音が弦楽器と木管楽器のなかで静かに響くだけとなる。すると、再現部が際立って力強く、この楽章の導入部の音楽とともに戻ってくる。短い終結部《コーダ》によって、この楽章は力強く終わる。[15]

ボーが示唆しているように、ここでは音楽の身体的・情緒的インパクトにはあまり関心が払われていない。むしろ、作品の構成要素と、それらが互いにどう関連しているかをみきわめることに関心が払われている。このような分析は、受け入れる余地があるだろう。というのも、クラシック音楽はこうした形態のレベルではきわめて複雑であることが多く、この複雑性を理解すれば、クラシック音楽の美の一面がみえてくるからだ。

しかし、形態的構造は、ボーがロック特有のものとみなす、さまざまな身体的特徴（リズム、音量、感情的表現）を支えてもいる。さらにいうと、クラシック音楽の場合、これらの特徴はロックミュージックよりもずっと豊かで強力だ。優雅なワルツ、鼓舞するような行進曲、華やかなメロディーなど、個々の構成要素は、ポピュラー音楽のそれに相当する要素と同じ類の直接的、身体的、感情的効果を与えるだろう。ただし、クラシック音楽の場合はこうした要素を組み合わせ、発展させて、ポピュラー音楽をはるかにこえる情緒的反応をつくりだすことができる。たとえば、ここにマーラーの交響曲第5番についての解説がある。

甲高い管楽器が鳴り響くと、葬送行進曲とともに第1楽章がはじまる。逞しく、無駄がなく、素朴で、映像が目に浮かぶような技巧は擦り落とされている。行進曲に替わって今度は不敵な三重奏、悲痛な悲しみのほとばしりが現われる。続いて葬列が戻ってきて三重奏が続き、足を引きずるようにして、行進曲のゆっくりとのそのそしたペースになる。終盤近くになって、切なる思いに満ちた新しい主題が現われるが、完全な哀しみに包まれたままトランペットが鳴り、第1楽章の終わりを告げる。第2楽章はおおかた、怒ったような獰猛な曲調だが、時折、先ほど奏でた静かで絶望的な曲調にすっと入っていく。一瞬、耳障りな瞬間が訪れ、あらゆる哀しみと怒りが溢れて、めまいを引き起こす。曲調はすぐに落ち着きを取り戻すが、不安がさらに募るように思えてくる。終盤近く、トランペットとトロンボーンが勇ましく、前向きに、金管楽器同士で荘厳な賛美歌曲《コラール》をはじめる。しばらくそれは高まるが、やがて突然、ほとんど不可解なことに勢いを失い、ゆらぎ、ぱたりと消える。これはマーラー流の冷酷なジョークである。ところが、この第5番は最後に悲劇から歓喜へと転じ、第2楽章で打ち負かされたのと同じ金管楽器による賛美歌曲が登場し、フィナーレを陽気な調子で締めくくる。[16]

こうした音楽に釘づけになった聴衆は大声をあげることも、踊ることも、一緒になって歌うこともない。中身があまりに豊潤で、いま起きていることを頭のなかで処理する精神的エネルギーさえ奪われてしまう。

また、感情と知性の区別にはかなりの単純化が伴うことも心に留めておかなくてはならない。現実には、感情は知的コンテクストの一部でもあり、思考は感情的コンテクストの一部でもある。たとえば、脅迫めいた身振りへの反応は、同じような身振りを目にしたときの記憶を伴う恐怖というむきだしの感情と、そうした身振りの意味に向けた自分の信念を結びつけたものだ。結果として、クラシック音楽のずっと豊かな知的内容は、形態的構造や、ときには哲学的、あるいは宗教的思想との関連性も含めて、その情緒的な効果をさらに高めることになる。

どうしてこんなにも多様な音楽が人気を博するのか？　それには単純な理由がある。表現の幅を、誰もが身近に感じる単純な感情に限定しているからだ。さらに今日、ポピュラー音楽は主として愛情、不安感、苦悩といった思春期の若者の感情に訴えており、だからこそ、彼らの支持を勝ち取っている。そうした若者は、今後もポピュラー音楽の喜びや慰めの記憶をありがたく思い続け、自分たちの時代の音楽だけを流すラジオ局に耳を傾けるだろう。こうした入手しやすく、ノスタルジックな音楽を「人生のＢＧＭ」に仕立てるのは簡単だ。だが、人気の原因そのものは、実はその音楽の美学的制限に依存しているのである。

ここまでのところで、芸術的価値には序列があるという考えが立証されたように思える。しかしながら、その考えはどうやら多くの音楽ファンの経験に、そして、知識が豊富で教養のある人々の経験に反しているようだ。一例として、ザ・ニューヨーカーの著名な音楽評論家アレックス・ロスの意見を検討してみよう。

音楽はあまりにも個人的なメディアなので、価値の絶対的序列を支持することはできない。最高の音楽とは、世界にはこれ以外の音楽はないと思わせてくれるものだ。今朝のわたしにとっては、シベリウスの5番がそれだった。昨日の深夜はボブ・ディランの『ローランドの悲しい目の乙女』だった。明日はまったく別の曲だろう。記憶をランク付けすることができないように、好きな音楽をランク付けすることもできない。それでも、よし悪しを見分けることのできる人々は「君が好きなこの音楽はクズだ。それより、わたしたちの偉大な、芸術マニアならではの音楽を聴きたまえ」というだろう。そういう連中は、自分の考えを改めない人とはやっていけないだろう。音楽は愛するに値するものだということを忘れているからだ。愛するに値するものなら、それは偉大なものであるはずだ。それ以外にいうべきことはない。[17]

ロスのいうことには真実がある。人は芸術作品を愛するが、その理由はさまざまだ。たとえば、ビートルズは覚えやすいメロディー、からかうような歌詞、クールな態度、音楽的冒険心、政治的主張、そして今では彼らが喚起する記憶で、人々を魅了する。もっと一般的なことをいうなら、当時の映画、テレビ番組、ヒットソングが魅力的なのは、現在、もっとも活気にあふれ、魅惑的に思えるものを連想させるからだ。「わたしたちの今の生き方」に語りかけてくるのである。こうした理由の多くは、作品の純粋な美学的性質とは関係ない。同じことは非凡な芸術作品についてもいえる。非凡な芸術作品はその美学的価値によってというよりは、むしろ、アーティストの個性の表現として、あるいは魅力的だった時代を喚起させるものとしてわたしたちを惹きつけるのかもしれない。

ロスの考えを支持する哲学的分析がある。[18]この分析はまず、ある物の一般的な価値と、個人にとってのその物の重要性の区別からはじまる。仮に、ホメロスを原作どおりギリシャ語で読むことは、翻訳で読むよりもはるかにすぐれた詩的経験であるとしよう。このように仮定したからといって、その体験を積むことがわたしにとって重要ということにはならない。ホメロスの時代のギリシャ語を学ぶという膨大な労力に対する正当な対価となるようなものが、そうした読書から得られるとはとうてい思えない。シェイクスピアについて同じことをしても有益ではないだろう。ホメロスはギリシャ語で読むほうが翻訳で読むよりも価値があるという点についてはは賛同するかもしれないが、正確に結論を述べるならば、オリジナルの言語で読むことは「わたしにとって」重要ではない。

それと同様に、クラシック音楽をすぐに鑑賞できるだけの予備知識（あるいは、ピエール・ブルデューのことばを使うなら、「文化資本」）が欠けている人は、ずっと親しみやすいポピュラー音楽のほうが自分の人生にとっては重要だと思うはずだ。さらにいうと、クラシック音楽ならいかなる類のものでも鑑賞できる人々にとってさえ、ほかの形式の音楽のほうが重要となるかもしれないのだ。

こうした思考の筋道をとおっていくと、非凡な芸術作品の美学的優越性の意味を制限しなくてはならなくなる。もっとも、非凡な芸術作品は誰もが生活の一部にしなくてはならないとか、まして、充実した人間生活には不可欠であるということではない。「君が好きなこの音楽はクズだ。それより、わたしたちの偉大な、芸術マニアならではの音楽を聴きたまえ」というエリート主義はたいがい間違っているし、説得力に欠ける。

だが、わたしたちの多くにとっての危険なのは、平凡なアートへの愛情はとても気楽で、とても心地よく、周囲の環境次第でかなり助長されることから、美学的な力は大きくても、親しみやすさの点で劣る非凡なアートの世界を黙殺してしまいがちであることだ。平凡なアートのファンに声をかけて非凡なアートを勧めるのであれば、その論拠はいかに愛すべき部分があるかをみてもらうことになるはずである。

わたしたちはロスが指摘した点を受け入れ、俗物《スノブ》になることなく、非凡なアートの優越性を保つことができる。だが、偉大な芸術作品については、美学的優越性以外にも多くのことが主張されている。

プラトン、ヘーゲル、マシュー・アーノルドなど、伝統を受け継いできた堂々たる偉人たちは、偉大な芸術作品には美学的価値のみならず、道徳的な価値もあると主張する。プラトンが示唆したように、これは、偉大な芸術作品は人格を向上させ、人をより勇敢に、あるいはより公正にするからかもしれない。あるいは、ヘーゲルが考えたように、人生の精神的な意味をより深く理解することにつながるからかもしれない。だが、アーノルドの熱狂ぶりはこれをはるかにこえるものだ。「これからますます多くの人が自分のために人生を解釈し、自分を慰め、自分の心を支えるために、詩に目をむけなくてはならないと気づくだろう。詩が存在しなかったら科学は不完全なままだろう。そして、今、宗教や哲学として通用しているものの大半は、詩に取って代わられるだろう」[19]

今日このような考えはすたれており、強制収容所の所長にもベートーヴェンやシューベルトの愛好家がいたとか、血に飢えた専制君主が芸術家のパトロンだったとか、人文科学の教授はほかの科目の教授と比べて配偶者への貞節さが劣っているなどと非難され、はねつけられることも少なくない。こうした非難はえてしていい加減な論客の主張にすぎないが、アートの人間的な価値を真剣に支持する人でさえ心をかき乱されるものである。たとえば、文芸批評家のジョージ・スタイナーは、「夜にはシューベルトを聴き、朝になると拷問を行っていた」ナチ党員がいたことにショックを受け、「人文科学がなぜ、人を人らしくしないのか」という疑問に日を追うごとに苛まれ、ついには「答はみつからない」という結論に達したという[20]。

著名な音楽学者リチャード・タラスキンは、この点をさらに深める。スタイナーは答がないといったが、タラスキンは次のように述べる。

答がないのは、問いかけが間違っているからだ。今ではあまりにも明らかなことだが、シューベルトを愛すればよりよい人間になれると教えたところで、教わった人々に伝わるのは虚栄心だけであり、かえって人道とは正反対の態度をとらせてしまう。21世紀の夜明けに道徳の選択肢として美意識の好みをあげるとは、なんとも腹立たしいことだ[21]。

この議論は、シューベルトの非凡な音楽を愛せる能力はその人がすでに道徳的にすぐれていることの当然の帰結だといっているに等しい（少なくとも、タラスキンはそう決めつけている）。わたしとしてはむしろ、シューベルトを愛することで、より高い道徳レベルへの移行に資する体験への道が開かれるのだといいたい。シューベルトの音楽は喜びの源であるばかりでなく、すべての非凡なアートと同じく人々を自分の殻から抜けださせ、世俗的な欲望の充足をこえた価値（美、歓喜、高尚さ）を理解させてくれるものなのだ。

非凡なアートを経験することによって、わたしたちは自分の道徳的判断を破壊し、振る舞いを堕落させるような、利己的な悩みを超越することができる。歴史的にはそうした超越の源は宗教だったが、信仰に対する現代のさまざまな障害を考えると、今の世界では非凡なアートがその重要性を増している（そして、わたしたちは偉大な芸術が宗教的意識の発展において果たすことのできる大きな役割を心に留めておくべきである）。

だが、道徳観の変貌は、シューベルトの音楽を愛したことの結果であり、その原因ではない。また、この愛による必然的な結果でもない。わたしは非凡なアートを単に楽しむ以上のことはしないだろうし、このような楽しみ方ができることを自分の道徳的優越性の証ととらえることもおそらくない。人が向上する機会は悪化する機会にもなりえる。とはいえ、わたしが悪くなったとしても、それはわたしが善を拒絶したからであり、善が本当は善ではなかったからではない。

つまり、非凡なアートには、満足の行く形の美学的喜びの源として価値があり、その喜びが超越性へと変貌する道徳的経験への道を開くのだ。これは、そのような芸術に社会が特権的な地位を与えていることの正当な根拠となる。

それほど超越的ではないところとしては、非凡なアートは、わたしたちが日常生活のなかでみつけるものとはまったく異なる考え方、感じ方、生き方をみせてくれる。たとえば、愛やセックスに対するわたしたちの考えは、触れることのできる文化の習俗《モーレス》から生まれるものだ。多くの人にとって、触れることのできる文化といえば、大衆市場の映画、テレビ番組、音楽である。もし彼らが、シェイクスピア、ジェーン・オースティン、プルーストと出会うことができたなら、現在の習俗の長所や短所がわかるかもしれない。とりわけ、思春期の青年が抱く反抗への衝動は、彼らが反発しているまさにその文化が提供する紋切型で大衆商品化された反抗への道に基礎をおくものではなく、非凡なアートによるそれ以外の見方に基礎をおくほうがずっとマシである。

結局のところ、非凡なアートは美学的にも道徳的にも平凡なアートにまさる。それがわたしの結論だ。だからといって、平凡なアートは美学的、道徳的価値をもてないというわけではない。それどころか、平凡なアートのほうが非凡なアートよりもずっとわたしたちのニーズに合う場面が多い。それとはいえ、非凡なアートはわたしたちの社会で強烈な存在感をもつ。教育システムを通じて万人に紹介されるべきであり、そのことによって非凡なアートから利益を得る人が、文化資本を得ることができるようにしなくてはならない。逆に文化資本をすでにもつ人に対しては、非凡なアートを日常生活の一部とするようにうながすべきである。当然の帰結として、社会は必要なサポートをして、非凡なアートをどこでも誰でも鑑賞できる、親しみやすいものにするべきだ。

ウォーホルフィーバーという見取り図は、この最後の目標を達成する大きな助けとなっているのである。

前衛芸術《アヴァンギャルドアート》と大量芸術《マスアート》

ウォーホルのブリロ・ボックスに体現されているアートの見取り図に戻ることにする。現在の見取り図は平凡なアートと非凡なアートの区別を受け入れる余裕はないが、ノエル・キャロルが大量芸術《マスアート》と呼ぶ状態（前衛芸術《アヴァンギャルド》とは対照的なもの）には達している。[22] 前衛芸術はわざとこれが芸術だろうかという問いを投げかけ、それによって、鑑賞者がアートの本質について抱く先入観に疑問を投げかける。大量芸術は今日、大衆芸術のなかの支配的な形式となっている。映画、テレビ番組、ラップミュージック、YouTube、コマーシャル、製品のパッケージなどといった形でその作品は大量生産され、ほしいと思う人なら誰でもすぐに手に入れられる。

大量芸術と前衛芸術の区別は、低級芸術と高級芸術の区別と皮肉な形での一致をみる。前衛芸術はエリートによってつくられるが、その難解な作品はしばしば桁外れの価格で売られるものの、大量芸術のような普遍的な魅力に欠ける。もっとも、こうした区別には反するが、前衛芸術の作家はそれなりに大量芸術への嗜好をもっており、大量芸術を自らの作品に取り込み、高級芸術としての特権を損なってしまうことが少なくない。実際、だからこそ、ブリロ・ボックスは前衛芸術のお手本といえる。これは、商業アートの複製を高級芸術の作品として上手にみせれば高級芸術と低級芸術の区別はつかないという、エリートによる哲学的主張の正しさを立証しているのだ。

だが、前衛芸術が大量芸術に熱を入れているにもかかわらず、一般大衆は前衛芸術にほとんど見向きもしない。せいぜい、大量芸術を再現あるいは模倣した作品（ウォーホルの箱やスープの缶、ロバート・ラウシェンバーグのイラスト）を、本物を鑑賞するかのごとく鑑賞する程度だ。それも、アートの本質についての作品のアイロニーや微妙な哲学的主張のためではなく、慣れ親しんでいて、鑑賞しやすいという理由からである（これには、ウォーホルたちの作品はアーティストの手によるものとすぐにわかることが多いため、本当の知識がなくても精通しているようにみせられるという点がひと役買っている）。その結果、現代の前衛芸術は、その目論見とは裏腹に、愛好家同士の狭い仲間うち以外の者の芸術的経験にはあまりインパクトを与えていない。

しかし、評価の定まった不朽の名作とみなされる非凡なアートには、もっと大きなインパクトがある。事実、あまり高価ではない書籍、録音された音楽、大ヒットした博物館の展示会を考えると、非凡なアートであっても鑑賞しやすい作品は、ある意味で大量芸術の一部となっている。ただし、難解な傑作、とくにハイモダニズムの傑作は低迷しており、かえって、その格別な難解さが際立った特徴の1つとなっている。アルノルト・シェーンベルクや彼の後に続く作曲家による無調音楽への形ばかりの歓迎が、創案されてから1世紀以上続いているのがよい例である。

それと同時に、大量芸術はますます鑑賞者のあいだに根付き、従来から存在する非凡なアートの深み、複雑さ、微妙さを取り込むようになってきた。今や非凡なアートのレベルに近づき、大量芸術の鑑賞者だった人も非凡なアートを鑑賞する能力をつけはじめている。

大量芸術が、それ自体とその鑑賞者を非凡なアートの不朽の名作の領域に近づける一方で、前衛芸術は大半の人々の美学的体験とはますます無縁になってきている。だが、それでも2つの局面においてその重要性に変わりはない。1つは、その飽くなき実験的作業が新しいアートの創造手法を編みだし、従来の美学的価値を狙う者がそうした手法を拠り所にしていることだ。そして、もう1つは、その「どんなものでもアートになりうる」という押しの強さが、過激なほど斬新な創作物のみならず、あまり寛容ではない環境下だったら模倣だ、反動的だと酷評されかねない伝統的な作品をも正当化してしまうことである。アンディ・ウォーホルの世界は従来の非凡なアートの終焉ではなく、大量芸術の世界でも繁栄するための原動力だったのだ。

次章では、扱うテーマはまったく異なるものの、やはり、学術的哲学者の専門家としての仕事が、議論の的となっている問題について専門家ではない人の思考をいかに助けられるかについての事例を示したい。アメリカでおそらくもっとも激しく議論されている問題、すなわち、堕胎の道徳性についての問題である。

第9章　人工妊娠中絶は殺人か？

まずは、一般原則と個別事例の区別からはじめる。いかなる原則が堕胎は道徳的か否かを決するかについては意見が分かれるものの、嬰児殺しが不道徳で、レイプの場合の堕胎は不道徳ではないことについては意見が一致している。その後、ジェフ・マクマハンによる、胎児は人ではないという議論、ジュディス・ジャーヴィス・トムソンによる、胎児が人だとしても女性には自分の体をコントロールする権利があるので、堕胎のなかには社会倫理に反しないものもあるという議論、ドン・マーキスによる、胎児には人としての生命をもつ可能性があるのだから堕胎は間違っているという議論を紹介する。

ある堕胎事例が道徳的かどうかを議論する際、極端な選択尊重論や生命尊重論から距離をおくためには、これら3つの哲学的議論のすべてが必要となる。これらの議論のうち正当と認められる部分をつなぎ合わせると、堕胎をめぐって対立する見解の距離が縮まってくる。

続いて、堕胎をめぐる論争に宗教的信仰が果たす役割を考察する。リチャード・ローティの一節を借りると、「信仰」の教義的公約は、「議論を中断させてしまう発言」になりうる。だが、公的な事柄はすべての当事者が受け入れる前提に頼るべきであるという主張は誤りである。重なり合うコンセンサスと内在的批評という概念を引き合いにだすことにより、前提を共有していなくても有益な議論が可能であることを検討する。

最後に、合法性と道徳性の違いをみていくことで、堕胎の道徳性についての意見の不一致が、必ずしもそれを律すべき法律上の不一致につながるわけではないことがわかる。

生命尊重論と選択尊重論

世論調査によると、アメリカ国内で堕胎についての意見はかなり割れている。回答者のおよそ半数が生命尊重論、残り半数が選択尊重論への支持を表明している。[1] 両者の論争は、胎児は人なのかという論点に集中している（ここでは、科学的な正確さよりもわかりやすさを重視し、受精卵から出産まで、妊娠の全段階を網羅することばとして「胎児」を使うことにする）。この論点への回答は、さらに深い論点に左右される。それは、「人とはなにか」というものだ。

強硬な生命尊重論の見解（受胎の瞬間から、そこには完全な道徳的権利をもった人間が存在するというもの）は、人というのは、人間へと発達するようにプログラムされたＤＮＡをもつ、生物学的意味における有機体であるとする。法哲学者のロバート・ジョージや生命倫理学者のパトリック・リーは次のように述べている。「受精卵の段階からその先ずっと、胎児は自分のなかに必要なすべての内部情報をもっているし、それを人間という有機体の成熟段階まで発達させる素質ももっている」。[2] こうした点を考慮して、彼らは、胎児は人であって、罪のない人を故意に殺害するのは殺人であり、殺人は道徳的に間違っているのであるから、堕胎は道徳的に間違っていると議論する。強硬な選択尊重論の見解（出産前に、人としての完全な道徳的権利をもった人間は存在しないとする）は、人とは、人間のＤＮＡをもった有機体以上の存在であると議論する。人間のＤＮＡをもった有機体は生物学的には人間だが、人となるためには道徳的地位がなくてはならず、それは生物学的に決定されるわけではない。人とは、「ある程度の理性や自我を意識する存在」である。[3]

　こうしたことばでは、堕胎をめぐる論争は解決できない。人とはなにかをめぐっては、驚くほど仔細な哲学論争が何世紀も続いており、重要な見解をいくつも生んできた。それでも、この論点の答をだすには至っていない。プラトン、トマス・アクィナス、ジョン・ロック、イマヌエル・カントといった思想家が解決できなかった論点を、世論が解決すると期待するほうが馬鹿げている。

　暗礁に乗り上げてしまうのは、一般論をみつけようとするからである。概論レベルでの意見の不一致は解決しようがない。だが、一般的原則ではなく、特定の事例に目を向けることで進展する場合もある。そしてこれこそ、堕胎に取り組むときの方法論ではないかと思う。人であることの内容や権利についての一般的な論点はとりあえずおいておき、具体的な論点について意見が一致しているところからはじめることにしよう。1つは、レイプの場合と母体の状態が危険な場合に堕胎は社会倫理に反しないという見解、もう1つは、出産後に嬰児を殺すのは社会倫理に反するというものだ。生命尊重論か、選択尊重論かと尋ねると意見は五分五分に分かれるのに、母親の生命を守る必要性がある場合やレイプの場合の堕胎は圧倒的多数の人が支持しており（前者は83パーセント、後者は75パーセントが支持）、嬰児殺しはすべての人が受け入れないとする。[4] 意見が一致している極端な事例から議論を進めていけば、堕胎について広く受け入れられる見解を練りあげることができるはずだ。

ここからの議論では、堕胎について洞察力が鋭く、影響力のある研究を行っている3人の哲学者、ジェフ・マクマハン、ジュディス・ジャーヴィス・トムソン、ドン・マーキスの見解に注目していく。

マクマハンの選択尊重論

ジェフ・マクマハンは、堕胎擁護論を、出産前の段階からはじめる。[5] まず登場するのは、精子と卵子の結合から発達した、意識する能力を支える十分な構造をもたない有機体だとマクマハンはいう。続いて、脳と中枢神経系が意識を維持できるほど発達すると、「形象化された心」が現われる。ここでようやく、胎児は意識をもった存在となる。だが、長いこと継続的に存在し、将来の目標のために行動する自分を意識するのが人であるという意味においては、この段階の胎児はまだ人ではない。実際、マクマハンがいう意味においては、新生児でさえ、人になるにはさらに発育しなくてはならない。

こうした見取り図を描いたうえで、マクマハンは次のように問う。生命体が、生き続けることに関心を抱くのはいつだろうか？　物（たとえば、石）には意識する能力がないとすると、物は、自らの存続も含めなにに対しても興味をもてず、破壊されたところで傷つきようがない。マクマハンはさらに、意識があっても、将来があるという感覚がなく、今この瞬間をすごしているという自覚もない存在にとって、存続はほとんど重要性がないと考える。終焉が存在にとって災いとなりうるのは、その存在の現在と将来の状態の関連性に強い意識が向かう場合だけだ。存在が将来に対してまったく関心をもっていないのであれば、そのものにとって終焉はほとんど意味がない。

ここからマクマハンは、堕胎の道徳性についての議論に入る。第一に、意識する能力をもたない胎児にとって、死はおそらく重要なことではないので、損失ではない。意識する能力があり、（おそらく実際に意識のある）妊娠後期の胎児でさえ、心理的連続性や将来があるという感覚はほとんどないだろう。胎児には死ぬことによって失うものがほとんどない。したがって、そうすることがはなはだしい害を避けることになるのであれば、堕胎に対する反対論は成り立たないはずだ。マクマハンは、胎児が育つほど堕胎によって回避される害の程度が大きくなければならないとするが、どの時点においても、堕胎がまったくの間違いだとはしていない。堕胎がまったく間違っているというためには、胎児が、心理的連続性と将来に対する感覚や関心をもった（マクマハンがいう意味での）人でなくてはならない。だが、マクマハンも認めているように、完全に成熟した胎児であってもこの条件は満たさない。

本人も認めていることだが、マクマハンの主張は、嬰児殺しを認めることになるという反論にさらされる。新生児は胎児ではないが、いまだ人でもないことになるからだ。両者の違いは「場所的」なものにすぎない。胎児は子宮内におり、新生児はその外にいる。未熟児として生まれた子供は、まだ生まれていない胎児よりも発育がかなり遅れていることがあるとマクマハンは指摘する。

もっとも穏便な選択肢は、母体を救う場合を除き、妊娠後期になってからの堕胎は社会倫理に反するという主張に賛同することだろう。だが、マクマハンはその選択に伴う問題を指摘する。たとえば、成人のチンパンジーは少なくとも人間の新生児と同じ精神レベルにあると考えられる。必要とあれば、子供をもつ女性の生命を救うためにチンパンジーを殺してその心臓を女性に移植することに反対する人はまずいないだろう。しかし、人間の新生児と同じ発育段階にある人間以外の動物の生命を絶つことに躊躇しないのであれば、なぜ新生児を殺すことは慎むべきなのだろうか？　すぐに思いつく答は、新生児は、チンパンジーよりもずっと高度な精神レベルに達する可能性があるというものだ。だが、重い知的障害をもった子供はそうした可能性をもたないかもしれない。そうなると、チンパンジーとのあいだの公平さという問題が残るとマクマハンは指摘する。

こうした歪んだ哲学問答の馬鹿馬鹿しさをあざ笑いたくなるかもしれない。いかに知能が発達した動物であろうと、人間の子供とは別の道徳的レベルにあることは常識でわかるはずだ。動物を殺してもかまわない場合はあるが、人間の嬰児を殺すことはどんな目的のためであっても間違っており、マクマハンは単純な問題を複雑にしているだけだと思うことだろう。

だが、この混乱を招いたのはマクマハンではない。わたしたちの常識が混乱しているのだ。わたしたちは、正当な目的のためにチンパンジーを殺すのは道徳に反しないが、人間の嬰児を殺すのはそうではないと考えている。だが、重い知的障害をもった子供を殺すことはチンパンジーを殺すよりひどいことだといいながら、いかなる特徴がその理由となるかを明確にすることができない。大人の生命を救うために子供を殺すのは間違っているという常識的見解は維持できるが、その目的のためにチンパンジーを殺すことも同じ程度に間違っていると主張する動物保護活動家に対して、反論することばがない。道徳面での違いがないとしても、チンパンジーよりも人間を優先すると答えることもできなくはない。だが、それでは、自分が属する人種のほうが好きだからという理由で、ほかを差別し、自分たちの人種を優遇する人種差別主義者とどこが違うのだろうか？　動物の種に対する偏見は、人種差別と変わらないように思える。

いずれにせよ、選択尊重論は、殺すことが過ちとなるレベルに子供が達する可能性について言及をはじめると苦境に陥る。同じことは、初期・中期の胎児にも当てはまる。より高度なレベルに達する可能性を理由として嬰児を殺すことは間違っているというのであれば、同じ結論を胎児についても下していけないはずがない。人間以外の動物によって投げかけられたこの疑問に取り組んでいくと、数多くの堕胎の道徳性を支持する主張の土台がゆらぐことになる。

こうした理由により、マクマハン、そして、ピーター・シンガーなど選択尊重論を支持するほかの哲学者は、嬰児殺しを無条件に糾弾することは避けたほうが無難であるとする。彼らは、嬰児殺しを受け入れられるのは尋常ではない状況だけであるとする点で意見が一致している。しかし、つじつまを合わせるためには、妊娠後期の堕胎も制限する必要があると主張しなくてはならない。たとえば、重い身体的、精神的障害をもつ胎児を妊娠後期に堕胎するのを認めるのであれば、同様の障害をもつ嬰児の殺害も認めなくてはならなくなる。いずれにしても、マクマハンの選択尊重論が支持できないことを証明するには、嬰児殺しの道徳性を考慮しなくてはならないことがわかるだろう。

トムソンの選択尊重論

マクマハンの立場は胎児の生きる権利が中心となっていた。選択尊重論を支持する多くの論者は、堕胎を適切に論じるためには、自分の体に起きることをコントロールする女性の権利にも等しく注目することが必要だと主張する。マクマハンの選択尊重論の議論で直面した難しさに照らし合わせたとき、この視点がとりわけ重要となる。堕胎の道徳性を論じるマクマハンの主張は、胎児に示す道徳的考慮の度合いをいかに低くするかにかかっていた。だが、そのように考えていくと、胎児と新生児（あるいは高い知性をもつ人間以外の動物）を道徳的に区別することが難しくなった。

仮に、女性が自分の体をコントロールする権利は、胎児の生命に対する権利より重要であるとしよう。この視点には利点が2つある。胎児が人だとしても堕胎は社会倫理に反しないといえる場合があること、そして、嬰児殺しの問題を回避できることだ。

この論法を展開した代表例がジュディス・ジャーヴィス・トムソンによる評論、『堕胎擁護論』（"A Defense of Abortion"）である。[6] トムソンは冒頭で、奇妙な（しかし、とても得るところが多いとあとからわかる）想定について考えてみてほしいと語りかける。

朝、目が覚めると、あなたは、意識を失った男性と同じベッドで背中合わせに寝ていることに気づく。意識を失った男は有名なバイオリニストだった。実は、そのバイオリニストが命にかかわる腎臓病を患っていることが判明したため、音楽愛好家協会がありとあらゆる医療記録を調べあげ、彼を助けることのできる血液型のもち主があなたしかいないことを突き止め、あなたを誘拐し、バイオリニストの循環器系をあなたにつなぎ、あなたの腎臓を使って、彼の血液から毒素が抜けるような状態にしたのである。そして今、医師があなたに告げる。「音楽愛好家協会があなたにしたことについては申し訳なく思います。前もってわかっていたら、こんなことはさせませんでした。いずれにしても、彼らはこのようにしてしまいました。このバイオリニストはあなたとつながっています。あなたから外してしまうと、彼は死んでしまいます。ですがご心配なく。わずか9カ月のことですから。彼は全快し、そうしたら安全にあなたから外すことができるのです」

トムソンの疑問はこうだ。バイオリニストとつながれている管を外し、それによって彼を死なせてしまうのは道徳的に間違っているのだろうか？　トムソンの答は、間違っていないというものだった。そして、その答はきわめて常識的に思える。「たしかに、つながれたままでいてあげられたら、とても親切なことである」とトムソンはいう。だが、そこまで親切にしてあげる義理はない。この事例では、自分の身体に起きていることをコントロールする権利は、著名なバイオリニストの生きる権利よりも優先されると、間違いなくいえるだろう。

この事例に対するほとんどすべての人の反応は（その途方もない非現実性は別として）、こうした例は、女性のコントロールが及ばない（レイプの場合のような）例外的な妊娠の事例にしか該当しないというものだった。となると、この事例は大半の堕胎とは無関係ということになってしまうのだろうか？　トムソンもこの点に気づいていたが、それでもこの事例は堕胎の道徳性を考えるうえでの出発点になると主張する。一時的に疑問を保留しこの先を読めば、トムソンの正しさがわかるはずだ。

バイオリニストの例がまず示しているのは、人には生きる権利があり、（このバイオリニストや、胎児のように）自分がおかれた状況に気づいていないからといって、他者にその人を殺す権利があるわけではないということだ。人を殺すのが正しいことになるとしたら、考えうる理由としては、その人があなたの命を脅かしている場合がある。たとえば、その人が精神病を患っていて、いまにもあなたに襲いかかるかもしれない。そうした場合であれば、たとえ相手が自分の子供だとしても、あなたには自分を救うためにその人を殺す権利があるかもしれない。となると、妊婦の生命を多大な危険にさらす状態があったら、堕胎によってその状態を終わらせてもかまわないということになるだろう。

もちろん、これは堕胎に強く反対する人々のあいだでも共通の見解となっている。だが、胎児が母親の生命を脅かしていなかったらどうだろう？　胎児を臨月までお腹のなかで育てても母親の生命が脅かされることにはならない場合、胎児の生きる権利は母親が被る苦痛にまさるのだろうか？

バイオリニストの想定事例には教えられるところが多い。バイオリニストを救うために多少の不都合に耐える義務があったとしても、自分が死ぬかもしれないことを行う義務がないのは明らかである。もっといえば、バイオリニストと9カ月間管でつながれていなくてはならない義務がないのも明らかだ。生きる権利は、他人を死に至らしめかねない手段でその人の身体を利用する権利まで内包しているわけではない。もう一度繰り返すと、この点については大半の人が認めている。これまでみてきたように、大半の人々は、レイプによって妊娠した場合の堕胎は許されると考えているのだ。

トムソンの分析は、レイプの場合や母親の生命が危機に瀕している場合の堕胎は社会倫理に反しないとする結論に達しているが、これはどちらかといえば、あまり論争にはなっていない論点だ。では、もっと難しい主張についてはどうだろう。

ここでわたしたちはトムソンによるバイオリニストの例からさらに進んで、妊娠に対する女性自身の責任の問題を取り上げる。トムソンは、責任の問題は複雑であり、判断は事例によって異なることを示唆している。その一方で、女性が子供を望まず、受胎を防ぐために信頼できる避妊方法を用いていたならば、その女性に責任はなく、妥当な理由による堕胎は社会倫理に反するものではないと考えている。

もちろん、なにを正当な理由とみなすかは多くのことに左右される。妊娠するたびに経験してきたイライラや痛みを避けたいというだけで十分な理由となるのだろうか？　それとも、吐き気からとてつもない苦痛に苛まれそうだとか、数カ月間ベッドに寝たきりになりそうだといった、もっと重大な理由がなくてはならないのだろうか？　さらに、受胎を回避するために女性はどこまでしなくてはならないのかという難しい問題もある。ピルを飲み忘れたら、あるいは情熱のおもむくままに我を忘れたら、その女性には責任があるということになるのだろうか？

レイプ以外にも、妊娠を受け入れなくてはならないほどの責任が女性にはない場合があるとトムソンは主張する。だが、トムソンはまた、女性自身の責任で堕胎することが社会倫理に反してしまう可能性も認めている。トムソンがいうには、わたしたちにできるのは「せいぜい、堕胎が不当な殺人となる可能性もあると立証するくらいのものだ。仮にそうした事例があったとしても、どれがそうであるかを正確に特定するとなると、かなり議論の余地がある」。いい方に躊躇があるものの、トムソンの議論の筋道を追っていくと、堕胎のすべてが道徳的である、というわけではないことを示唆しているのは明らかだ。たとえば、自分の意志で妊娠した女性が、妊娠8カ月になってから、お気に入りのドレスをパーティーに着て行くために堕胎手術を受けたら、社会倫理に反することになるだろう。

トムソンは、自分が胎児は人であると仮定しているのは議論のためにすぎないと記している。彼女は、このように仮定したとしても、堕胎が場合によっては許されることを示そうとしたのである。トムソン自身の見解は、妊娠初期においては胎児は明らかに人ではなく、そのことによって初期の堕胎はより容易に擁護できるとしている。しかしながら、この主張からは、計画的に妊娠したのにささいな理由で妊娠後期になってから堕胎することを、道徳的に正当化できなくなる。

マクマハンとトムソンは堕胎の道徳性について、もっとも有力な2つの哲学的議論を展開している。胎児の本質からの議論と、母親の権利からの議論だ。いずれの議論も単独では、すべての堕胎が道徳的であることの証明にはなっていない。胎児の本質に関するマクマハンの見解を受け入れるなら、その議論は胎児が新生児の精神レベルに達するまでであれば、堕胎は道徳に反しないというものになる。だが、その段階以降の堕胎を許容するためには、嬰児殺しが社会倫理に反しないことを受け入れなければならない。母親の権利から議論を展開するトムソンは、たとえ胎児が人であるとしても、堕胎は社会倫理に反しないとしている。だがトムソンは、堕胎が間違っている場合もあることを認めなくてはならない。出産により女性があまり害を被らない場合もあるし、女性に妊娠について十分な責任がある場合もあるからだ。

ここで紹介した論者ふたりによる選択尊重論は、互いを補完し合うようにみえる。マクマハンは、十分成長した胎児が新生児と同等の生きる権利をもつ妊娠後期を除き、堕胎はすべて道徳的だとしている。トムソンは、仮に胎児に生きる権利があるとしても、自分の体をコントロールする女性の権利のほうが優先されるとしている。2つの議論を組み合わせると、あらゆる堕胎が道徳的に許されることになるように思えてくるかもしれない。

だが、先にみてきたように、自分の体をコントロールする母親の権利が胎児の生きる権利に優先しない場合もあることをトムソンは認めなくてはならない。そうした場合（たとえば妊娠後期の胎児の場合）を考えると、どちらの議論もあらゆる堕胎の道徳性を証明するものではないことになる。たとえ、これら2つのすぐれた選択尊重論を組み合わせたとしても、女性が自分の妊娠について十分に責任があり、妊娠状態を終結させる例外的な理由がないのであれば、妊娠後期における堕胎は常に社会倫理に反することになる。

マクマハンとトムソンによる選択尊重論の議論を考慮したうえで、次のような議論を組み立てることができる。

（1）嬰児殺しは常に道徳的に間違っている。
（2）妊娠後期の堕胎は道徳的には嬰児殺しに等しい。ただし、
　（a）母親の生命が危ぶまれている場合と、
　（b）妊娠について母親に十分な責任がない場合は除かれる。
（3）妊娠後期の堕胎のなかには、（a）にも（b）にも該当しないものがある。
（4）したがって、妊娠後期の堕胎は道徳的に間違っている場合がある。

もっともすぐれた選択尊重論の主張を行っても、堕胎のなかには社会倫理に反するものがあると

いう結論は避けられないというのが結論だ。しかし、これからみていくように、生命尊重論のもっともすぐれた主張も同様の問題に直面する。

マーキスの生命尊重論

堕胎を否定する強力な哲学的主張を行うには、生命に疑問の余地のない権利を与え、しかも胎児の発育段階すべてに存在する特徴を探さなくてはならない。生物学的に人間であることが生きる道徳的権利をもたらすのだと証明するのは容易ではない。確固たる意味で人であるなら道徳的権利が付与されるが、妊娠初期の胎児をそうした意味合いで人であると証明するのは難しいからである。

ドン・マーキスの『なぜ堕胎は不道徳なのか？』（"Why Abortion is Immoral?"）が、この問いに答えている。[7] マーキスはまず、人や権利についての混乱した論点は脇にやり、人を殺すことでどのような害が生じるかと問いかける。この問いには明解な答があるとマーキスはいう。「人の命を失わせることは、そうした行為がなかったらその人の将来を構成したはずのあらゆる経験、行動、計画、楽しみをその人から奪ってしまう」。簡単にいうと、あなたがわたしの命を奪ったら、あなたはわたしの将来を奪うことになる。人の本質や権利について深く熟慮することはさておき、このことだけをとっても、なぜ人を殺すことが悪いことなのかがわかる。

堕胎をめぐる議論が、胎児は人であるか否かという問いに影響されるのは部分的であるという反論も可能だ。胎児が人であるかどうかがはっきりしないのであれば、人を殺すことがなぜ悪いのかという理由の説明になるはずがない。だが、ここでマーキスの提言は力強さを発揮する。妊娠初期の胎児は人間ではないとしても、胎児が生き続けたとしたらその将来の姿は人間であり、充実した人間生活を送ることになる。最近受精した卵子には、そのような将来に向かう自然な道が待っている。それは、なにかの介入を受けない限りやって来る未来である。これから子供になりうる胎児には、受胎以降人間としての将来があるという事実は、堕胎に反対する正当な理由となる。

マーキスは自分の見解を次のようにうまくまとめる。「胎児には属性（将来人間になる可能性）がある。大人の人間がその属性をもっていたら、その大人を殺すことは悪いことなのだから、堕胎は間違っているといえる」。この発言は、ほぼ全般的な堕胎禁止を支持するように思える（例外は、正当防衛のような、成人を殺すことを許容する場合に限られる）。

しかし、マーキスは自ら重大な制約を課している。マーキスによると、彼の議論は「堕胎を道徳的に許容できるかどうかは、胎児の道徳的地位次第で成否が決まるという想定を条件としている」というのだ。マーキスは胎児の「生きる権利」しか考慮しておらず、自分の体をコントロールする母親の権利など、ほかのことは考慮していない。トムソンの議論でみてきたように、母親のそうした権利が胎児の生きる権利に優先する場合がある。一般的な大人の人間と胎児には違いがある。自分の存在がほかの人間との身体的つながりに依拠しているのは胎児だけだ。トムソンが示したように、母親がこのつながりに十分な責任がなく、つながりによってひどく傷つくような場合には堕胎は許容できるものとなる。胎児の生きる権利から導くマーキスの議論は、トムソンの議論が許容する堕胎を排除するものではない。

さらに問題がある。マーキスの議論は、人間となる潜在能力を理由として、胎児の生きる権利に段階的な変化はないと仮定している。そうすると、受胎後2週間の胎児や、さらにいうなら受精した卵子の生きる権利でさえ、成人の生きる権利と同等ということになる。実際、もっとも熱心な生命尊重論者でさえ、この両者を道徳的に同等なものとはみてはいない。一例をあげると、こうした生命尊重論者は妊娠の約30パーセントで発生する自然流産（多くの場合あまりにも初期に起きるため、わからないのがふつうだ）を防ぐための行動をとっていない[8]。仮に若者の30パーセントが死亡し、その原因が不明だとしたら、人々は医療の危機ととらえ、そうした死亡を防ぐための研究に何十億ドルも費やすはずだ。ところが、妊娠初期の胎児をめぐるきわめて似かよった問題に直面しながら、わたしたちはなんの手も打っていない。つまり、わたしたちは妊娠初期の胎児に、生まれた子供と同程度の生きる権利があるとは思っていないのだ。その結果、相対的に母親の権利のほうがずっと強く、堕胎は時期が早いほど道徳的には受け入れられやすくなっている。

堕胎についての賛否両側からの哲学的主張をじっくり検討してみると、選択尊重論と生命尊重論は、激しい社会論争が示唆するほどは対立していないことがみえてくる。両者とも堕胎の絶対的禁止には反対しており、母親の健康がかなり脅かされている場合や、母親がレイプの被害者である場合の堕胎を許容している。さらにいうと、選択尊重論は、妊娠後期の堕胎の大半は非道徳的だとする生命尊重論を受け入れるべきであるし、生命尊重論も、多くの妊娠初期の堕胎は道徳的に許容できることに賛同すべきである。となると、両陣営が立場を表明しているスローガン（「女性には常に選択権がある」と「堕胎は殺人だ」）は、どちらも間違っていることになる。具体的な事例をめぐる意見の不一致は残るかもしれないが、両者の立場を擁護する主張は、社会論争にみられる二極化の十分な根拠とはなっていない。

堕胎と信仰

堕胎をめぐる議論の特徴について、1つだけ、ここまで触れずにきたことがある。多くの生命尊重論者が宗教的根拠から堕胎に反対している点である。堕胎が非道徳的であることは、聖書あるいは教会を通じて、神が明らかにしていると彼らは考える。

多くのアメリカ人は、公共政策の議論に宗教が入り込む余地はないと考えている。この考えについての妥当な系統的論述としては、哲学者リチャード・ローティが私的領域と呼んだものの一部として宗教をとらえるものがある。私的領域というのは、個人として、あるいは同じ考えをもった人々の自発的な共同体（たとえば、教会）の一員として自分に関係するものをいう。対照的に、政治的生活は公的領域であり、これは宗教などの問題について多様な見解をもつ個人で構成された政治的共同体の一員として自分に関係するものをいう。市民社会を維持したいのであれば、宗教への情熱は政策論争から排除しなくてはならない。

宗教を社会論争から排除することは、歴史的に2つの対立する見方からアメリカ人を惹きつけてきた。対立する宗教の主張はすべて等しく馬鹿げており、したがって、すべて等しく無視すべきだと考える人もいる。一方、少なくとも自分たちの宗教観は正しく重要であるが、対立する見解が政治的に勝利することを怖れて、宗教的主張はすべて公的領域から引っ込めるという休戦に同意した人もいる。堕胎論争のとげとげしさは、そうした休戦の必要性をうかがわせる。

具体的な神学上の教義についてとりあげるのであれば、公的生活をめぐる討論に宗教が入り込む余地はない。ほとんどのアメリカ人はそう考えている。実体変化、予定説、三位一体説、教会の権威の本質などのキリスト教の教義が、政治的議論にふさわしい議題だと考える人はまずいないからだ。宗教が社会論争に登場するのは、主として、堕胎など道徳的問題についての見解としてである。

だが、道徳問題についてとはいえ、宗教的見解が社会論争でなんらかの役割を果たすべきなのだろうか？　ここで別の検討事項が関連してくる。効果的な議論には、議論に参加するすべての人が受け入れる前提が必要となりそうだということである。聖書や法皇の権威だけを拠り所とする宗教は、信じることも信じないこともそれぞれに異なる市民を集めた社会論争にふさわしくない。「わたしの宗教はこういっている」ということばは、なにかを信じている理由の説明にはなるかもしれないが、その宗教を受け入れない人々との議論の場ではなんの役目も果たさない。そうした訴えをしても、リチャード・ローティがかつていったように「議論を中断させてしまう発言」にしかならない。

しかし、すべての参加者が共有する（あるいは共有しているはずの）一連の前提から行われる社会論争のモデルというのは、現実的ではない。そうした一連の前提など、ほとんど存在しないのである。社会論争の目的は、市民の下位集団のあいだで断片的な合意をつくりだすことだ。完全な市民権をまずアフリカ系の人々に与え、続いて女性に与える必要性についての最終的な合意は、まったくバラバラだった根拠をその結論に向けてまとめるところから生まれたものだった。すべての人は神の子として平等なのだから、当然だと考える人もいれば、人間の本質として自明の理だとする人もいる。またその一方で、人間を等しく扱う社会の全体的価値観を根拠とする人もいた。すべての人が同じ議論によって納得したと考えるべき理由はなにひとつない。むしろ、人々がそれぞれ異なり、両立さえしない理由から同じ結論を受け入れるという、ジョン・ロールズが重なり合うコンセンサスと呼んだ状況があったのである。

さらに、プリンストン大学で宗教学を教えるジェフリー・スタウト教授が内在的批評と呼ぶ重要な役割がある。[9]これは、あなた自身の前提がわたしの結論を裏づけていることをわたしが証明できるときに生じる。たとえば、回勅（訳注：教皇からカトリックの全司教に送られる書状）のなかに、保守的なカトリックさえ納得するような、資本主義に対する宗教的批判が書かれているのを、宗教とは無関係のリベラル派がみつけたとしよう。いま話している論点に戻ると、カトリック教会（もっとも有力な生命尊重論者）は長いあいだ、神の啓示の助けを借りずに理性によって議論すること自体が、堕胎の非道徳性を立証していると主張してきた。そうした議論に対する批判は、カトリックによる堕胎の否定をゆるがすのに大いに役立つかもしれない。

重なり合うコンセンサスと内在的批評を組み合わせれば、たとえ広く共有された前提がなくても、うまく議論を組み立てることができるかもしれない。さらにいうと、自分の立場の根拠を慎重に説明すれば、ほかの人にも自分がいっていることをもっとよく理解してもらい、もしかしたら、もっと尊重し、認識してもらえるかもしれない。ジョン・ロールズが指摘しているように、民主的議論は、論争中の具体的な論点についての意見の一致だけでなく、意見は違っても、市民のあいだに連帯感を築くことも目標とすべきである。[10] 表現さえ的確であれば、宗教的前提の率直な言明にはそうした効果がある。自分が拒否する前提から展開される議論が、自分が受け入れる前提から展開される結論に向けた議論の筋道と似ているように思えることさえある。たとえば、わたしたちはすべて神の子であるという事実から平等に向けた議論に導かれて、人類というまったく世俗的な概念から似たような議論を組み立てることがあるかもしれない。

こうした事例から連想するのは、共通の前提から展開する議論のモデルを、信じる人も信じない人もいるなかでいい交わすというスタウトのモデルにおき換えることだ。それは、「それぞれの当事者が自分の前提をよいと思う程度にできるだけくわしく、好きなことばで表現し、お互いの見方を理解しようと努め、自分の取り組みを批評の可能性にさらす意見の交換」である。[11]

宗教的前提を社会論争に組み込むことをよしとする有力な主張について考えていくと、多くの宗教批評家が、世俗的なリベラル派がそうした前提をご法度とすることになぜ異議を唱えるかが理解できる。だが、宗教をもち込む権利を主張することは、不誠実さを伴う可能性がある。現代社会の突出した特徴なのだが、宗教の信仰者は、宗教的主張をしようにも、公の場で説得力ある主張をする能力に欠けている。この点、あっけらかんとして神の存在に懐疑的な世俗的不可知論者の姿勢と、宗教の信仰者の姿勢はあまりにも非対称的である。宗教的主張のための究極的な「正当化」は個人の信仰であり、同じ信仰を共有しない人が納得するようにいい表すことは不可能だ。個人が信じる個人的権利の根拠にはなるかもしれないが、それ以上は無理である。

世俗的なリベラル派は、民主主義社会における議論に宗教的前提の受け入れを要求するのは、信仰に基礎をおく主張に分不相応な社会的信用を付与する手段ではないかと疑う。そう疑うのも無理はない。この疑いを晴らしたければ、宗教の信仰者は前述した積極的な方法で信仰上の主張を用いるべきである。もちろん、似たような点はマルクス主義や自然主義といった世俗的な「信仰」にも当てはまる。

宗教を信仰する人のなかにも、堕胎についての合理的な思考をなんとも思わない人はいるだろう。だが、信仰（信念）を基礎とする見解でさえ、実のある合理的な議論の一部になりうるのである。

道徳性と法律

ここまで、堕胎は正しいのか間違っているのかという堕胎の道徳性について考えてきた。最後の分析では、堕胎を合法とすべきかどうかについて議論する。いかなる法律も、道徳的な振る舞いを規定するものではない。道徳を立法化することはできない。友人を邪険にするとか、配偶者にうそをつくなど、不道徳な振る舞いでありながら、法律で禁じられていないものはたくさんある。一方、殺人から万引きにいたるまで、違法とするのが当然の行為がある。つまり、法律と道徳には違いがあるのであり、堕胎の道徳性についての意見の不一致を法律に取り込み、堕胎を合法、あるいは違法とする必要はないということだ。

いかなる堕胎も殺人であるとする強硬な生命尊重論を受け入れるならば、合法とか、道徳的とかいう区別はどうでもよいことになる。どんな場合でも堕胎が殺人であるのならば、それは違法とすべきだ。だが、実際は、堕胎には道徳的に間違ったものがあると考える人の多くが、すべての堕胎が間違っているわけではないと考えている。また、堕胎にもっとも強硬に反対する人々でさえ、あらゆる胎児を新生児のようにとらえているわけではないこともみてきた。

妊娠初期であったとしても、堕胎が道徳的であるためには確固たる理由がなくてはならない。その点については同意してよいだろう。9カ月間体を動かしづらくなるとか、妊婦用の服を買わなくてはならなくなるのが嫌だからというのは、妥当な理由にはなりえない。だが、法律を制定して、そうした決断を押しつけることは可能なことなのだろうか？　また、仮に堕胎が合法と認められるような一般的な条件を定めることができたとして、特定の事例において条件が満たされているかどうかは誰がどう判断するのだろうか？

どうやら、レイプの場合、母親の健康が重大な危機に瀕している場合、胎児に重い障害がある場合を除き（そして、これらの場合を除き妊娠後期の堕胎は禁じたうえで）、堕胎を行うか否かの決断は、母親の良心に任せるのが最適であるということになりそうだ。これらの除外条件に該当しないときは、待機期間を設けたり、医療や倫理に通じたカウンセラーに相談させたりすることにより、よりよい決定につながるよう心がけるべきだろう。

もちろん、以上の話は堕胎の合法化に向けた、あまり押しつけがましくない枠組みがたどり着く先を試行的に描いてみたにすぎない。ほかにも可能な枠組みが数多くあるのだが、いま述べた可能性は、ロー対ウェイド事件の裁定で明らかにされた仕組みとかなり似ている。わたしが描いた枠組みに賛同していただけるなら、本書で展開した理論構成に沿った堕胎をめぐる思考の結末は、現状のままであることを容認できるというコンセンサスにつながるだろう。

これは取るに足らない結末などではない。この考えは、あらゆる堕胎を拒絶するか、それともあらゆる堕胎を受け入れるかという両極端の堕胎論争をこえたところに道をみいだそうというものだ。わたしたちはまず、人の本質や権利をめぐる、いつ果てるともない議論からはじめたりはせず、レイプの場合や母親の健康が危ぶまれる場合には堕胎は正当化されること、そして、嬰児殺しは常に間違っているという見解からこの議論を開始した。そうした一般的に受け入れられている前提からはじめて現状維持という結論に達したことは、おたがいを悪者扱いする「本当の信仰者」たちの怨恨をわきに追いやり、安定した社会的コンセンサスを形成していくことになるはずだ。

第10章　哲学にできること

ニューヨークタイムズの哲学コラム『ザ・ストーン』には、ほぼ毎日、何百人という読者からコメントが届くのだが、いつも数名の読者から、哲学なんてなんの役にも立たない退屈な「象牙の塔《アイボリータワー》」の頭の体操であり、哲学者以外の人に関係あることはなにひとつ書かれていないというコメントが送られてくる。タイムズのコラムニストで、著名な文芸批評家でもあるスタンリー・フィッシュまでもが、学術分野としての哲学は、「特殊で偏狭な思考形式であり、その命題は哲学というゲームの領域においてのみ重みと価値をもっている」と発言している。[1]

ここまでの9つの章は、こうした非難に対するわたしなりの回答である。最後の章では、一般大衆の関心事となっている問題を考えるにあたり、哲学に期待できる（あるいは期待できない）ことについて、明解なことばで考えていきたい。

議論は、哲学を行うことから形而上学のレベルで哲学について省察することへ移行する（とはいえ、これもメタ哲学という、一種の哲学である）。まずは、哲学の基礎付け主義からはじめる。これは、哲学は人生の疑問に決定的な回答を与えることができるとする考えだ。わたしは、哲学をこのようにとらえる見方に反対であり、現実の世界でもっとも重要な事象については、根拠なき信念をもつことが避けられないと考える。哲学の務めは「世界を解明する」ことではなく、自分の信念のために知的保全を行うことである。そして、そのように保全された信念こそ、基本的な考えとなるはずだ。プラトン、アクィナス、デカルトらの史実にもとづく事例は、この概念を例証するものだ。
最後は、哲学が今日、わたしたちのためになにができるかに目を向ける。議論の中心となるのは、ウィルフリド・セラーズによる自明な世界像と科学的世界像の区別である。そして、哲学の関心は、自明な世界像のなかの意味と価値についての疑問と、この2つの像がいかに関連するかをうまく理解することにあると議論していく。

哲学にできないこと

はっきりした見取り図を描く前に、哲学に期待すべきではないものに目を向け、地ならしをしなくてはならないだろう。

デカルトは（『方法序説』で、また『省察』ではさらに徹底的に）、自分やほかの17世紀の思想家が数学や自然科学の分野で使いはじめた手法では、哲学が発展を遂げなかったことを嘆いている。デカルトの発言からは、哲学は、独特の体系的知識を徐々に確立することで、ほかのすべての真実のための厳密な基盤を提供するものだという印象を受ける。これを行うには二段階の作業が必要になる。一段階目は、現在信じている考えを批判的にみる懐疑的議論をまとめ、厳密な批判に耐えられない考えを捨ててしまうことだ。これにより、疑いの余地なく、これから議論を積み上げていくための土台となる考えだけが残ることになる。二段階目は、一段階目の作業で残った合理的な疑いを挟めない主張を基礎として建設的な議論を展開し、おぼつかなかった主張を確固たるものとすることだ。

デカルト自身が実際にこうした作業をしていたかはともかく、これは魅力的な考えである。事実、多くの野心的で楽観的な思想家を哲学に引き寄せることになった。だが、デカルト以降の哲学の偉業は、この作業の信憑性を失わせたことにある。

実は、次のセクションを読めば、デカルトが実際に行った作業はまったく別のものだったと考えるべき正当な理由があることに気づくはずだ。それでも、デカルトがあらゆる真実についての確固たる基盤を提供するという哲学の理想を示したことに変わりはない。そこで、この有名な手法とその目標については、「デカルトの」ではなく、「デカルト学派の」と呼ぶことにする。

デカルト学派の第一段階は、偏見や無知を疑うのであれば十分納得いく作業であるが、その手法は、あまりにも明らかな考えについても反論の根拠を探すよう要求する。たとえば、物質界というものが存在し、わたしと同じ経験をしている人間がほかにもいると信じていたとする。だが、そこに真実があることをわたしは本当に理解しているのだろうか？　自分の思考が及ばない世界をただ夢みているだけではないだろうか？　わたしにみえるのはほかの人間の身体だけなのだから、どういう理由でそうした身体とつながる心があると考えなくてはならないのだろうか？　このような疑問に答えるためには、物質界とほかの人の心の存在について、厳密な哲学的議論が必要となりそうだ。

だが、実際のところそのような議論は必要ない。物質界やほかの人が存在すると信じる以外に、選択肢がないからだ。奇妙な哲学的思考を停止すると、懐疑的な議論が疑問視するものを再び信じはじめることになる。これはもっともなことだ。なぜなら、ディヴィッド・ヒュームが指摘したように、わたしたちはみな、哲学者である前に人間であるからだ。この事実を受け入れることにはなんの問題もないし、実際これは、論破できないものだ（この事実に対する哲学的反論を論理的に論破できるかどうかはともかく）。

デカルト学派の第二段階は、第一段階よりさらに妥当なもののように思える。正しくて説得力のある議論によって裏づけされていない考えなど、信じられるはずがない。しかしここで、第1章で論じた意見の不一致についての議論を思いだしてもらいたい。ある考え方が論議の的となっているという事実だけでは、それを切り捨てる理由にはならないというのが結論だった。考え方のなかには、自分の個人的な特性や本来の姿と密接に関連しているかもしれないものがあるので、たとえ自分とは異なるほかの人々の考えが間違っていることを証明できなくても、自分の考えを捨てる必要はないと述べた。そうした自分の考えは信念なのであり、ヴィトゲンシュタインがいったように、

「思考の鍬を振るう」ところなのだ。信念。それは、疑問視する議論の前提よりもたしかなものだ。

最近、さまざまな哲学者が具体的な事例においてヴィトゲンシュタインの主張を支持している。そのひとり、リチャード・ローティは、全体主義による民主主義否定論に対抗するすぐれた議論がない限り、政治体制を民主主義に委ねるのは適切ではないと考えるのは間違っていると指摘している。アメリカ人は、ナチスが間違っていたという決定的な証拠がなかったとしても、ナチスと戦ったのは正しかったと確信しているだろう。ジョン・ロールズも同じように、公正な社会のためのルールをつくるにあたっては、なにが公正でなにが公正でないかについての、偏見のない考えを定めるところからはじめるべきだと考える。アルバン・プランティンガは、哲学をよく知っている有神論者が、対立する学術的異論を知ったなら、そうした異論はすべて説得力に欠けることを最後には理解するだろうと論じた。だからといって、プランティンガには神についてのなんらかの信念をもつ資格はないと主張できる理由があるだろうか？

ヒュームやほかの多くの哲学者が拒絶しているのは、わたしが哲学の基礎付け主義的概念と呼ぶものだ。この概念を拒絶すると、哲学的省察によって正当化されない信念を抱く権利が生じることになる。哲学がなんの論拠も必要としないものを証明する手段だとするなら、哲学など無用である。

わたしたちはデカルト学派の理想を捨て、哲学の機能を考え直してみなくてはならない。これがなにを意味するかを理解するために、以下の思考実験を考えてほしい。デカルト学派の意味における哲学的取り組み（大きな論点について、合理性を基礎とするコンセンサスをつくりだすことに取り組む知的な学問分野）が消滅した、あるいはもともと存在しなかったとしよう。そのとき、なにが起きるだろうか？　それでも人々は神、自由、不道徳、道徳を信じるだろうか？　もちろん信じるだろう。人間はひとたびある特定の知的文化レベルに達すると、宗教、行動規範、政治システムとともに、その根底に流れる信念をつくりだす。ここに欠けているものがあるとしたら、それは、そうした信念は哲学者による議論で確立するのが望ましいという考えだ（これは、現代の西洋社会ではほとんどの人に受け入れられていない）。人々はそうした信念を（プランティンガのことばを借りるなら）本来的に基本的なものととらえる。これは、議論や論拠がなくても正しく受け入れられる信念という意味だ。

ただし、基礎付けとなる哲学のない世界が、宗教、倫理、政治などについての基本的信念についてまったく考えない世界というわけではない。それらの事柄についての本来的に基本的な信念が哲学による正当化を必要としないとしても、知的保全は必要である。一般的には、その保全自体が哲学的思考を伴っている。ほとんどの人は自分が大切にする信念をもっとよく理解し、そうした信念から論理的な結果を導きだし、意見を異にする人々からの異議に応えることに関心をもっている。こうした理由で、信念に哲学的な基礎を求めない世界は、それでもなお、哲学的思考がもたらす知的資源から恩恵を受けているのだ。

哲学がしてきたこと

古代ギリシャ以来、哲学的思考は西洋社会において中心的な役割を果たしてきた。この事実を理解する方法は2つある。一般的な方法は、多くの教科書や課程で認められているとおり、哲学の歴史をひとつの永続的な取り組みととらえるものだ。つまり、哲学者が思索を継承しながら一連の問題について論考し、さまざまな解決策を提案してきたととらえるのである。たとえば、聖アンセルム、アクィナス、デカルト、パスカルによる有神論の立証を読み、ヒューム、ラッセル、ジャン＝ポール・サルトル、J・L・マッキーによる反有神論と比較検討して、神が存在するかどうかの問題について学ぶ。あるいは、心と身体の問題については、プラトンやデカルトの二元論的見解と、ギルバート・ライルやダニエル・デネットといった最近の哲学者による二元論批判を読み解く。倫理・道徳については、プラトン、アリストテレス、エピクテトス、カント、ミルといった著名な哲学者の論に、道徳性そのものに反論するニーチェを加え、倫理的義務の本質を探究する。

一方で、歴史を追わずとも、偉人たちが一連の基本的問題への正しい解決策について論じ合っているという印象も受ける。同じような見方は、現在の大半の哲学の根底を流れている。宇宙の本質についてはプラトンやアリストテレスの見解を、倫理についてはミルやカントの見解を、知識についてはデカルト学派やヒュームの見解を擁護したり、反駁したりする。

　哲学に対するこうした見方は、歴史と無関係な幻想ではない。教養があり、鋭い感性をもつ哲学史学者のなかにも、研究対象としている思想家を現在の論争のなかで取り上げる人がいる。ただし、そのように取り上げると、思想家たちの思索を実際に導いた信念や関心から離れてしまい、大幅な抽象化を行わざるをえなくなる。

　たとえば、プラトンが生きた世界は数学が発展を遂げる初期段階にあり、民主主義は大失敗に終わった実験にすぎず、ホメロスら詩人は押しも押されもせぬ宗教的権威であり、ソフィスト（訳注：哲学・倫理学などの教師）は既成の価値に挑む人たちであり、哲学は自然科学の元祖、あるいは倫理的な生き方だった。プラトンは数学を知識の一種として受け入れ、古代アテネの民主主義に強く反対し、宗教や既成の価値を広く支持し、友人であり師でもあるソクラテスを哲学的生活の規範と仰いだ。プラトンの哲学は、これらを「首尾一貫した全体像にまとめる取り組み」として、つまり、一種の知的保全の取り組みとして理解するのが妥当である。

　この取り組みを理解し評価することはできるが、その想定や関心はわたしたちのそれとは遠くかけ離れている。たしかにプラトンは、概念の区別、立論の方法、現実、知識、価値の包括的見取り図という知的ツールをつくりだした。だが、その具体的な論述や議論は、異なる歴史的コンテクストから発生しているわたしたち自身の哲学的問題とは無縁である。プラトンによる魂の不滅や、正義の生活の優越性についての議論を再現しようとすると、このことが明らかになる。プラトンに対する論評で、その議論の不適切さが繰り返されているのは理解に難くない。おそらく、明白さや信憑性についてのわたしたちの概念が、プラトンのそれとはまったく異なっているのだろう。そう考えると、高水準の抽象的概念は別として、プラトンが問題視したことがわたしたちのそれと同じではないのも説明がつく。

歴史を追わないモデルで考えてみると、プラトンは偉大な哲学者ではあるが、優秀な哲学者ではない。基本的な概念の区別（外観と現実、意見と知識、理性と理解）を例示し、挑発的な理論（形式理論、知識想起理論）を構築し、また、みごとな知的想像力（洞窟の比喩、時間線の分岐、二輪戦車を駆る人物）をもっている。ところが、その脆弱な議論（不完全な推論、疑問の残る前提）は、永続的な問題を解決してくれるものではない。もっとも、プラトンの議論を知的保全（結果を導き、人々が共有していない信念について内面的には矛盾しない抗弁を構築すること）としてとらえるなら、その議論はきわめて立派なものといえるだろう。

1つだけ例をあげると、プラトンは、『パイドン』のなかで魂の不滅について述べたソクラテスの議論を決定的なものとみなしたようだ。この議論の基本的な考えは、魂は身体に生命をもたらす根源であり、なにかに属性（性質）をもたらす根源自体はその属性を失わない。したがって、死は生命の反対であるから、生命をもたらす根源である魂は死ぬはずがないというものだ。

　この議論のみごとな分析の1つに、古代哲学を専門とするすぐれた歴史学者ドロシア・フリードによるものがある。フリードはさまざまな解釈上の問題点や反対論を処理したうえで、この議論は健全なものにもなりうるとした。このような結論に達するためには、魂は物質（単なる属性ではなく、それ自体の属性をもった物）であると想定しなくてはならない[2]（この主張を立証するためには、フリードの分析と議論にかなりの紙面を割くことになるので、ここではそれに立ち入らない）。

　ところが、ソクラテスは魂が属性ではなく物質であるという証拠を示していないので、この議論は成功していない、とフリードは主張する。つまり、ソクラテスは、身体（それ自体は物質）が生命をもたらす別の物質（魂）とつながってはじめて生きていることになる点を示していないというのだ。魂は、生きているという身体の属性にすぎず、身体が朽ち果てれば、魂もそうなる可能性が残されている。プラトンの二元論は、魂の不滅を支持する根拠なき前提なのだ。

　歴史を追わない立場に立つならば、話はここでおしまいとなる。さらにいえば、フリードが指摘するように、プラトン自身もこのことに賛同するかもしれない。というのも、プラトンは別のところで、すぐれた哲学的議論は常にこれから議論しようとする内容の本質を説得力ある形で定義することからはじめなくてはならないと主張しているからだ。魂に関する議論であれば、魂についての説得力ある定義（ここでは、魂は物質であるという定義）からはじめなくてはならない。そうした定義が欠けている以上、プラトンは議論が失敗に終わったことを認めるはずだというのである。

だが、プラトンは信念の知的保全に取り組んでいたのだと考えるのであれば、この議論はきわめて効果的だったことになる。プラトンは、人間は2つの物質が融合してできているという彼自身の信念から、魂は決して滅びないという重要な結論が導かれることを証明したのである。プラトンは誰も疑問視できない前提から魂の不滅についての決定的な証明を狙っていたのかもしれないが、自分自身の確固たる信念にもとづき、魂の不滅という論点に答えることに成功したのである。

次に、トマス・アクィナスの仕事にみられるまったく別の事例をみてみよう。中世においてキリスト教徒として生きたアクィナスは、カトリック教会の基本的教義を信念ととらえた。だが、早い段階から、キリスト教徒の知識人たちは、異教徒であるギリシャ哲学者たちによる、自分たちの信念を明確にし、発展させ、擁護するという考えを用いてきた。「理解を求めるという信念」（彼らなりの知的保全）という大仕事である。アリストテレスの著作をラテン語に翻訳することでこの大仕事には膨大な知的資源が提供され、アクィナスによる神学体系は、堂々たるキリスト教の教義とアリストテレス哲学の集大成となった。

アクィナスは、アリストテレスの第一哲学を自明の真理として受け入れた。さらに、こうした自明の真理を出発点に自然哲学的論法を用いることで、キリスト教の信条体系の重要な部分を立証できると考えていた。しかも、人間の本質についての知識から倫理原則を導く自然法の道徳性のみならず、神の存在や本質を哲学的に立証できると考えた。また、アクィナスはそうした哲学による裏づけは必須ではないとも考えた。つまり、そうした支えは信念にとって有益ではあるが、任意の補足にすぎず、信念はそれ自体でキリスト教にとって不可欠な自然的、超自然的真実をもたらすというのである。

　アクィナスはさらに、アリストテレスがキリスト教信仰の弁明を展開する際に重要な道具とした、さまざまな概念の区別や手法をみいだしている。たとえば、実体と偶然をアリストテレスが区別したことにより、アクィナスはワインとパンにみえるものが、なぜキリストの血と肉になりえるのかを説明することができた。純然たる論理的可能性として、キリストの本質的な姿、つまり、神の子としての実体が、ワインとパンという非本質的な（偶発的な）属性を表すことができるというわけである。こうしたことは当然、自然の法則には反する。自然の法則は特定の実体がもちうる属性の種類に制限を課すからだ。だが、自然の法則は論理の法則ではない。アクィナスにいわせると、「神の全能は奇跡的にそうした法則を一時停止させることができる」ということになる。

　こうした主張は、根拠のない神学的教義《ドグマ》を守るためのこじつけに思えるだろう。だがアクィナスは、この主張に対し、わたしたちが物理学の難しい公式に対して抱くような考えをもっていたのかもしれない。科学哲学者バス・ファン・フラーセンが述べたように、「三位一体と魂、個性原理、形而上的実体、第一実体《プライムマター》、潜在的可能性といった概念は、まごつくようなものだろうか？　閉じた時空、事象の地平面、ブートストラップモデルといったことばの想像を絶する他者感と比べれば、影が薄い[3]」

アリストテレスの哲学は、形而上学的神学の論理的一貫性を擁護するためだけでなく、アクィナスがキリスト教の道徳的教えの理解を深めるうえでも役に立った。アリストテレスが考えたのと同じように、キリスト教徒は、道徳が幸福へと導いてくれ、幸福は廉潔な生き方によって達成されると考えた。しかし、アリストテレスが、幸福は人間社会でのくらしを通じて達成される自然状態とみなしたのに対し、アクィナスにとっての幸福は、神の恵みを通じて涵養される美徳をもたなくては達成できない、神との霊的一体化という究極的な超自然的状態を意味した。アクィナスはアリストテレスの倫理的思考を変えようとして、正義、勇気、自制、知恵といった古い異教徒の美徳と、信仰、希望、慈悲というキリスト教の神学的美徳を一体化させる、キリスト教徒としての見解をつくったのである[4]。

全体的にみると、アリストテレス学派による世界の見取り図は、何世紀にもわたるキリスト教的思考にとって、知的な面で快適なコンテクストとなっている。

プラトンやアクィナスなどの古代や中世の哲学者が、哲学以前の信念の知的保全に取り組んでいたことは認めてもかまわないだろう。だが、現代の哲学者、とくにデカルトはどうだろうか？　よく知られる逸話が語るように、哲学以前のあらゆる信念を徹底的に批判したのがデカルトである。デカルトは、疑いうるすべての信念を一括りにしたうえで、懐疑的な問いかけに影響を受けない信念だけから手をつけていったのではないだろうか。

これは興味をそそる見取り図であり、デカルトの『省察』(Meditation)の最初の数ページではっきりと示されている。そのなかでデカルトは、「自分の人生で一度だけ、すべてを捨てて基礎からやり直す必要があると理解し」「自分の意見をすべて捨て去ることに真摯に無条件で打ち込む」と誓っている。[5]

さらに続けて、自分はもしかしたら夢をみているのかもしれないと述べることで、感覚的経験から導いた自分の信念をすべて疑問視している。物質界ととらえていたものが幻想かもしれないというのだ。もっとも、この疑問はデカルトの信念を、物体ではなく概念の世界である数学の真実のなかに残すことになる。ところが、そこでデカルトはかなり強大な悪魔なら、数学の真実についてさえ自分を騙してしまうかもしれないと指摘する。デカルトは完全な懐疑主義に陥ったようにもとれるが、やがて彼は、いかに悪魔でもデカルト自身が存在する事実については騙すことができないと指摘する。自分が存在すると考えている限り、自分は存在する。なぜなら、我思う、故に我あり(cogito, ergo, sum)だからだ。

デカルトは、この疑う余地のない真実(自我の思惟作用)からさらに進んで、それまでの信念の本質的核心を再構築したといわれている。彼はまず、真実の判定基準を導きだした。自分にとってはっきりとほかと異なってみえるもの（デカルトは自我の思惟作用をこのようにとらえる）は、それもまた真実であるはずだ。そうでない場合は、自我の思惟作用が誤っているのかもしれない。デカルトはこの判断基準を用いて、因果関係にまつわる真実を立証し、さらには、完全な存在として理解している神にまつわるデカルトなりの概念は、神自身によってデカルトのなかでもたらされたはずだと証明する。要するに、ある概念には、その内容と同じ程度の現実性（この場合は完全性）をもった原因が必要になるということだ。

デカルトはまた、自分の心は思考する物以外の何物でもなく、自分の身体は空間的に広がった物以外の何物でもないのだから、思考と空間的広がりはまったく別の物であり、両者は別々に存在しているだろうと議論している。そうなると、身体は死んでも心は生き残るという不滅性は、実現可能ということになる。最後にデカルトは、善良なる神が誤りに向かわせる特質を与えるはずはないのだから、自分の生来の強い精神的傾向は信じられるものであり、外的な物質界は存在すると考えると議論する。こうしてデカルトは、絶対的に確実な基礎の上に、それまでの信念の中核を再構築したと主張できそうだ。

ところが、そううまくはいかない。デカルトがいう自我の思惟作用が絶対的に確実であることには多くの人が賛同するところだ。自分は存在しないなどと、どうして真剣に主張できるだろうか（もっとも、この存在する「我《われ》」がなにかについては大きな疑問がある。それは永続的に存在する人なのか、あるいは瞬間的な考えにすぎないのか……）。しかし、それ以外の多くの点で、デカルトの議論は破綻している。

神の存在を支持するデカルトの議論は、疑問の余地が残るあいまいな原則を受け入れるよう求めている。どのような考えにも原因があることは認めても構わないとしよう（実際は、外的物質界が存在することが疑わしい以上に疑う余地がある）。しかし、ある考えの原因には、その内容と同じくらい現実性があるはずだと決めつけることがどうしてできるのだろうか？　そのように決めつけることが、自我の思惟作用と同じくらい明確に真実であるというのは、馬鹿げているように思える。同じことは、心は単なる考える器官であるとか、身体は単に空間的な広がりをもつ物であるとか、考えることと空間的広がりは相互排他的であるといったデカルトの主張についてもいえる。

何世代にもわたり、解説者たちは創意工夫の才を余すところなく発揮して、デカルトの主張の正しさを示す説得力のある方法を探してきた。だが、そうした議論はよくできたものであっても不自然であり、往々にして、デカルトが『省察』を厳密に論理的に統合したと思われるところを破壊していた。『省察』は、わたしたちの中核的な信念を哲学的に正当化しようとする勇敢な試みとして支持できるが、その試みは無様な失敗であることに気づくという結果になっている。デカルトほどのすぐれた数学者が、なぜ、あれほど貧弱な議論しかできなかったのだろうか？　そして、あれほど説得力に欠ける論考なのに、どうしてわたしたちはデカルトを偉大な哲学者と考えるべきなのだろうか？

その答は、よくいわれる見解には反するのだが、デカルトの関心は、自我の思惟作用と神の存在を厳密に立証することからはじめて、心と身体の分離、外的世界の存在へと続く一連の議論を行うことにあったわけではないからだとわたしは考えている。[6] デカルトは実は、人間の理性の力について信念、つまり、デカルトがさまざまな反論に対して明確化し、発展させ、擁護したい信念からはじめている。

これは、アリストテレスや彼を支持した中世の哲学者とは異なり、わたしたちの知識は感覚的経験から導かれるわけではなく、感覚とはまったく無関係の、直接的な理性による洞察力から導かれるという信念である。現代科学の始祖のひとりが経験よりも理性を重視するというのは意外に思えるかもしれない。科学は経験に依存しているとはいえ、数学で定式化されるのは、合理的に制御された実験室内の経験だけである。科学は実験から構築されるのだが、実験というのは信頼性に欠ける日々の経験の合理的説明となっている（科学は、日常経験に対する手厳しい批評家である。たとえば、わたしたちは経験から、太陽が地球のまわりを回っていると考えてしまうことを思いだしてほしい）。アリストテレスは単なる経験を信用しすぎたために科学者としては失敗したとデカルトは考えた。そして、成功する科学は理性の優越性を認識し、実験を設計し、数学を自然界に適用しなくてはならないとしたのである。

デカルトの時代の知的混乱は、ミシェル・ド・モンテーニュやその他大勢の人を、自分たちは本当に物事を理解しているのだろうかと自問する懐疑論へと導いた。ちなみに、モンテーニュの金言は「クセジュ——わたしはなにを知っているのだろう（いや、なにも知らない）」である。『省察』のなかでデカルトは、懐疑論を論駁するためには、感覚ではなく理性からはじめなくてはならないことを立証しようとした。第一の省察のなかでデカルトは、懐疑的な反論が、外的世界の存在の有無そのものも含め、自分の感覚が伝えるあらゆるものをいかに疑問視するかを示している。ところが、第二の省察では、わたしたちの感覚がまったく信頼性に欠けるとしても、自分が存在することや、自分の心の内容は知っているという結論を述べている。その後さらに、理性を信頼することがいかに神の実在、心と物の本質、さらには物質界の存在についての知識を生むかを例示した。

デカルトは、直接的な合理的洞察力を知識の基盤として受け入れれば、その洞察力を用いて、経験だけに頼っていては答えられない懐疑論からの反論に答えられると考えたのである。ただし、デカルトが「懐疑論に反駁」しようと試みたというのは、この意味だけである。デカルトの取り組みは、理性そのものを正当な根拠とすることを求める極端な懐疑論に答えることではなく、アリストテレスやその信奉者による「実証的」取り組みよりも、デカルト自身の「合理主義者的」取り組みのほうが卓越していることを証明することだった。科学的真実は経験ではなく、理性を基礎としているという自らの信念を、デカルトはこのように擁護し、展開したのである。

こうして、過去の偉大な哲学者のなかにも、その哲学モデルを知的保全ととらえることのできる人がいることがわかった。最後に、今日の世界で哲学に期待できることについての全体像に戻ることにしよう。

いま哲学にできること

わたしたちの多元主義的社会においては、宗教、科学、倫理、政治、芸術についての信念がかなり多岐にわたっている。こうした知的多様性の世界では、自分の信念を明確化し、発展させ、擁護しなくてはならないという難題、すなわち、知的保全の必要性に直面する。知的保全のための知的資源の多くは、過去2500年のあいだに哲学者たちが成し遂げたものである（その具体例については、前章までに数多く取り上げてきた）。

知的保全には、2つのことが必要となる。まず、自分たちの信念を疑問視する反対論に対処することである。これまでに、さまざまな例証を行ってきた。すべてが善である全能の神を信じる人々は、神の論理的一貫性と悪の現実性を証明しなくてはならないだろう。事実、宗教哲学はこの論点に関係する論考にあふれている。また、神の存在を支持する議論は明らかにすべて誤りであると考える無神論者は、推敲を重ねた手の込んだ宇宙論的議論や設計議論のどこが間違っているかを立証しなくてはならない。同様に、特定のアート作品の美学的優越性という問題に取り組んでいる人は、好みについての相対主義や、それについての思索から生じる問題に対処するにあたり、難題を突きつけられていると感じることだろう。また、堕胎をめぐる論争で対立する立場にいる人々は、相手側の最強の議論に反駁しなくてはならないはずだ。

知的保全にとって必要なことの2つ目は、わたしたちの信念が意味すること、あるいは、論理的にそれに付随するものを明確にすることだ。これについても、ここまでの論考が具体例を示している。わたしたちは、科学的知識の価値についてはたしかな信念をもっているが、物理学から経済学、教育心理学に至るまで、さまざまな科学分野の認知的権威についてはどのように理解すべきだろうか？　幸福の意味とはなんだろうか？　仕事に対する両面感情的な姿勢はどうすれば明確にできるのだろうか？　資本主義こそが望ましい経済システムであるという信念は、あらゆる形の社会福祉を排除することになるのだろうか？　どうすれば、資本主義システムの職業的需要と一般教養教育の価値を両立させることができるだろうか？

哲学の役割は、個々の知的問題に対処するために、共通点のない多種多様な介入を行うことだけに留まらない。哲学の際立った機能と価値を現代の世界に反映させるという取り組みには統一性がある。この統一性とその価値を表す最良の手段は、20世紀最高の哲学者のひとりであるウィルフリド・セラーズが考案した、重要な哲学的概念の区別についてじっくり考えてみることである。それは、セラーズの表現を借りるならば、人間性の自明な世界像と科学的世界像の違いである。[7]

自明な世界像には「人間的なレベルで、わたしたちがわたしたち自身について知っていることの大半が含まれる」とセラーズはいう。そこには「人、動物、下等動物といった慣れ親しんだものや、川や石といった単なる物質的なものも含まれる」[8]。わたしたちはその像の中心にあり、そのほかはすべてわたしたちの認識や思考の対象となっているのだ。

哲学は、はじまったときから、自明な世界像に関心をもってきた。「哲学における永続的伝統と呼ばれるもの（永遠の哲学）は、知的な意味で、忌憚なくこの像の構造を理解し、そのなかでの自分の位置を熟慮し、理解するための試みと解釈できる」[9]。当初哲学とされたものは、すべての一般的な知識を追い求めていた。だからこそ、アリストテレスの「哲学」には、物理学、生物学、心理学、社会学など、今日の人々なら「特別科学」に分類するに違いないトピックについての話が含まれていた。これらの特別科学がやがて独自の方法論を開発し、哲学の論理的、概念的な技術よりも実証的な観察や実験を重視するようになり、別々の学問分野となったのである。

だが、哲学はこうした特別科学の分野に関心を抱き続け、研究結果が自明の枠組みの全体構造にいかに収まるかを理解しようと努めてきた。科学そのものは自明な世界像の1つの特徴であり、科学の結果がその像の内容を修正し、磨き上げる。たとえば、太陽系の中心にあるのが地球ではなく太陽であることを発見したのは科学である。

やがて特別科学から分離した哲学は、特別科学の分野に収まらない論点だけを取り上げるようになった。例をあげてみよう。わたしたちの行動は自由だろうか？　心はどのように身体と関係しているのだろうか？　死はわたしたちの実在の終焉だろうか？　わたしたちの振る舞いを導く、客観的な倫理規範があるだろうか？　さまざまなタイプの政治組織をどのように評価したらよいだろうか？　知識とはなにか？　知識を手に入れる最良の方法はなにか？　芸術的評価は常に主観的だろうか？　これらの論点はどれもまだ決定的な解決に至っておらず、論点についての信念を探求する最良のツールを案出するだけでもさらなる論考が必要である。

しかしながら、ようやく（とくに17世紀以降に現われた「新科学」についていえることだが）科学者は、慣れ親しんだ客体の振る舞いを説明すると考えられる原子や遺伝子など、わたしたちの目には小さすぎてみえない「理論的実在」という別の世界を発見した。セラーズの指摘によると、この科学的世界像は「競争相手《ライバル》の像である。そうした視点からすると、自明な世界像は不適切ではあるが、実際には有益な現実と似たものであり、科学的世界像のなかに適切な類似性をみいだす」という[10]。これは、新たに現われた微小な実体は、自明な世界像における単なる追加的客体ではないからである。科学者たちは、自明な客体の振る舞いを、微小な実体の複雑性と関連づけて考えることによって説明する。たとえば、気体分子運動論は気体を分子が複雑に配置された状態と説明する。物理学者アーサー・エディントンは、原稿を執筆するときに使った2つのテーブル（1つはふつうのテーブル、もう1つは科学的なテーブル）を描いた有名な一文のなかで、この2つの像という難題を巧みに表現している。

2つのテーブルのうち、1つは何年も前から慣れ親しんでいるものだった。伸長式で、比較的長持ちするものだ。着色されていて、なによりもつくりがしっかり《サブスタンシャル》していた。科学的テーブルのほうには、ほとんどなにもなかった《エンプティ》。そのなにもない状態に散らばっていたのがおびただしい数の電荷で、それがもの凄い速度で走りまわっていた。だが、すべてを合わせた容積はテーブル自体の容積の10億分の1にも満たない。わたしの2番目のテーブルに実質的《サブスタンシャル》なものはなにもなかった。ほとんどなにもない《エンプティ》空間といってよかった。[11]

エディントンは、現代の哲学的思考についての基本的な論点、つまり、いかに自明な世界像と科学的世界像の関係を理解するかを例示している。結局、テーブルは1つであるし、世界も1つしかない。しかし、現実的なのは自明な世界像だろうか、それとも科学的世界像のほうだろうか？　あるいはセラーズが考えているように、世界を哲学的な大観的見解で2つのイメージを合わせる方法があるのだろうか？

いずれにせよ、セラーズはこういっている。「哲学者が突きつけられているのは、全体を結びつけるとそのまま理解できる、1つの複雑な多次元的見取り図ではない。それぞれが世界のなかの人間の完全な見取り図であると称しつつ、別々に精査すると、その人間が1つのビジョンに融合する、本質的に同じような複雑な秩序をもつ2つの見取り図を突きつけられているのだ」。しかし、この対峙のリスクは大きい。「人間は自明な世界像で自らをとらえる存在」なので、「自明な世界像が大観的見解で存続しないならば、人間自身も存続しないだろう[12]」

セラーズの2つの像は、現在の知的風土において哲学になにができるかを理解するためのすぐれた基準となる。これまで常にそうであったように、哲学は自明な世界像から発生する基本的問題について論考する。こうした問題には、セラーズが永遠の哲学と呼ぶもので対処することになる。たとえば、宇宙の起源、道徳の基盤、人間の知識の限界といった問題と格闘するわけである。しかし、哲学はまた、自明な世界像と科学的世界像をいかに関連づけるかという、今日、とくに緊急の課題となっているものにも直面している。

先述したように、こうした問題に簡単に答えられる取り組みが2つある。互いに対立するが、同じくらい心惹かれる取り組みだ。自明な世界像だけが現実的であり、科学的世界像は自明な実体の振る舞いを予測する有益な方法を提供する、単なる抽象的なモデルにすぎないというもの、あるいは逆に、現実的なのは科学的世界像だけであり、自明な世界像（感覚的性質、主観的経験、価値など）の特徴は単なる外観であり、科学の理論的実体の複雑性で代わりがきくものだというものである。

第1の選択肢を選んだ場合、現実の問題として扱わずに、科学的世界像が説明や予測について驚くほど成功していることをどうして理解できるだろうか？　仮に、気体が分子の集合体のような動きをみせたら、どうして分子の集合体ではないなどといえるだろう。一方、2番目の選択肢を選んだ場合、セラーズが示唆したように、わたしたちを現在のような人間という存在にならしめるすべて（経験や価値観）を排除することになってしまわないだろうか？

自明な世界像と科学的世界像の違いを正確に説明することは、21世紀の哲学の主たる論点となりそうなので、ここでその説明をくわしくしようなどというつもりはない。ただ、科学だけで説明することはできないと思われる主張があるということは強調しておきたい。

この2つの世界像を両立させるために答えなくてはならない問題は、自明な世界像という概念のなかに現われてきている。「人間は原子の複雑な集まりと同一か？」という問いには、「人間」ということばがなにを意味しているかを知らなくては答えられない。そして、「人間」を純粋な科学的用語で定義することは、自明な世界像なしで済ますと仮定するなら、論点を前提として扱うことになる。一方、自明な世界像の点で人間とはなにかをきちんと理解すれば、人間は原子の複雑な集まりにすぎないことを示すことができるだろう。いい換えると、「人間は原子の複雑な集まりか？」

という問いは、自明な世界像の枠のなかから投げかけなくてはならないのである。そこでは、自明な世界像の知覚力を通じて経験している人間に言及しながら、そうした人間が原子の複雑な集まりである可能性はあるかと問いかけていることになる。

第3章に登場した、わたしたち人間は自由なのかを神経学的に判断する試みも、この点を強調していた。神経科学は、一見自由にみえるわたしの手首の動きは、それに先行する脳内のできごとが原因で決定されたことを示しているように思えた。だが、神経科学による説明だけでは、わたしたちが自明な世界像において理解するような意味で、この原因が自由を排除していることを証明できないだろう。つまり、科学的世界像には存在しない自由の意味を、哲学的に理解することが必要となるのである。

哲学は、重要な問題に対して思索することで答えようとすることから、冷笑されることが少なくない。重要な問題は考えること（たとえば、概念を理解すること）ではなく、みること（観察、実験）によって追求すべきであるというのだ。しかし、みることを要する問題にしても、どこをみて、なにを探すのかを知るためには、まずは問題の意味を理解しなくてはならない。したがって、哲学に対するそのような揶揄は、事実を見逃している。コンピューターがどういう物かもわからずにコンピューターをみることはできない。たとえみたところで、目に入るのは金属とガラスの塊にすぎない（それも、金属とガラスがなんであるかをある程度理解していればの話である）。さらに、純粋に理論的な学問である数学が存在していることは、ただ考えるだけで得られる重要な真実があることを示している。こうした特徴をもつのは数学だけだと考える理由があるだろうか。

したがって、概念（意味）への関心は、いかなる実りある知的企てにも不可欠な要素である。特定の科学分野の狭い限界のなかであれば、その不可欠な概念的理解は簡単に手に入るかもしれない。気体とはなにか、液体とはなにかについての哲学的な分析はおそらく不要であろう。しかし、ひとたび科学が空間、時間、因果関係、自由といった概念、すなわち自明な世界像の思考に深く複雑な根を張る考えを取り込んだら、こうした概念への哲学的思索という知的資源がかかわるようになる。これは、相対性理論や量子論の歴史がみごとに例証している点であり、ハンス・ライヘンバッハなどの哲学者やニールス・ボーアなどの哲学的教養のある科学者が、物理学の基本概念に対して大きく貢献している。

さらに重要なのは、科学者が行う記述的で説明的な話は、自明な世界像の規範的次元について、本質的なことはなにも語らないことに留意しなくてはならないことだ。あらゆる規範的判断を放棄するつもりでもない限り、そのような判断を非実証的に論考する必要性を認めなくてはならない。人間という種にも適応できることがわかった願望や性向が倫理学の原則であると、進化論的倫理学の擁護者は主張するかもしれない。だが、実証的証拠をいくら積み重ねたところで、このような定義がわたしたちが倫理的規範をつくる際に実際に話し合っている内容と一致していることを立証できない。進化論的倫理学の定義を維持したいのであれば、倫理的規範がわたしたちにとってどのようなものであるかを哲学的に理解することが必要なのだ。

科学というメソッドが成功したので、そのメソッドを至るところに適用したくなるのもわからなくはない。ここで古いジョークを思いだしてもらいたい。鍵をなくした男の話だ。男は鍵を自宅の裏で落としたのに、正面玄関のランプの下を探し続けている。なぜかと訊かれて、男が答える。だって、そっちの方が明るいから。

ことばの意味についての真実は、そのことばをどのように使うべきかを教えてくれるという広い意味では規範的であるとセラーズは指摘する。規範性という概念を広く考えると、哲学はあらゆる規範の問題に関心をもつ学問分野であって、言語の使用から倫理的、美学的判断に至るまで、わたしたちが行うべきあらゆる問題を精査するものとして理解できるとセラーズはいう。

自明な世界像の規範的次元は、まさにこの像にとって不可欠であり、科学的世界像が代わりになることはできないとセラーズは主張する。「個人をそれ以上単純化できないことは、『こうあるべきである』を『こうである』に単純化できないということだ」[13]。そして、ここまでみてきたように、人間という存在は、自明な世界像のすべての局面が本質的に関連する結節点である。

だが、規範の問題を自明な世界像が支配していることと対をなすように、世界の諸々の活動を動かす原因について、そしてそこになにがあるかについては、すべての問題を科学的世界像が支配しているとセラーズは断言する。そして、「自明な世界像による人の概念的枠組みは、科学的世界像と両立させるのではなく、そこに合体させなくてはならないものだ。したがって、共同体と個人の意図を伝える言語で科学的世界像を豊かにしなくてはならない」[14]という。つまり、セラーズの「大観的見解」というのは、科学的世界像の存在論と自明な世界像の規範を組み合わせたもののことである。

この2つの世界像を関連づける方法について疑問をもち、それがなんであるか（存在論）と、それがどうあるべきか（規範性）の違いをセラーズのように明確にすることは果たして可能なことだろうかと思うことがあるかもしれない。だが、どのような説明をするにせよ、わたしたち自身やわたしたちの世界を理解するためには哲学が必要である。さらにいうと、哲学は、もしもそれが人間性を丸ごと理解するためにあるのだとしたら、歴史、文学、アートといった、ほかの人文学的な理解様式と交流しながら発展していかなくてはならないものだ。第3章での論考で示したように、いわゆる「人間科学」で行われている多くのことが、自明な世界像を理解する人間的な企てに実際に貢献している。このことを考えると、哲学は従来の人文科学との接触と同じくらい、これらの学問分野とも緊密な接触を続けなくてはならない。

さて、哲学にはなにができるのだろうか？　独立した学問としては、哲学にできることは少ない。

専門化を呼びかける昨今の風潮には抗うことになるが、孤立主義は知識を得るすべての手法《モード》とかかわってきた哲学の伝統に反する。さらに、ひとたび哲学の基礎付け主義を否定してしまったら、ほかの学問の研究をそれぞれの領域において判断したり、規制したりすることがなくなってしまう。哲学の役割は、セラーズのことばを借りるなら、「最広義での物事が、最広義でのつながりをどのようにしてもっているか」を理解する取り組みにおいて、哲学自体を含むあらゆる学問の成果を調整し、統合することにある。[15]

科学志向社会という現代の状況において、これは現代の哲学を三方面からの取り組みとしてとらえることを意味する。1つ目は、哲学の永続的テーマの思索を通じて自明な世界像を理解するという歴史的取り組みを継続する取り組みとして。2つ目は、現代科学が成し遂げたことを系統的に組み立てる取り組みとして。そして3つ目は、2つの世界像を最良の形で組み合わせたものを構築し、科学的世界において人間はいかなる存在であるかについての完全な見取り図をつくりあげる取り組みとしてである。

哲学的基礎付け主義を拒否したことから、わたしたちは、自明な世界像や科学的世界像をめぐる基本的な問いへの決定的な回答を哲学に期待することはできなくなった。だが、こうした疑問についての基本的信念を理解し、擁護し、修正する知的資源を与えてくれるという作業なら哲学におおいに期待できる。このように理解するなら、哲学は、人間としてのわたしたちの独自性や本来の姿に不可欠なものとなる。

Journal of Philosophy 86 (1989): 183-202.

8. Gina Kolata, "Study Finds 31% Rate of Miscarriage", *The New York Times*, July 27, 1988.

9. Jeffrey Stout, *Democracy and Tradition*, (Princeton, NJ: Princeton University Press, 2004), p. 69.

10. John Rawls, *Political Liberalism*, (New York: Columbia University Press, 1996).

11. Stout, *Democracy and Tradition*, pp. 10-11.

第10章

1, Stanley Fish, "Does Philosophy Matter?", *The New York Times* (online), August 1, 2011.

2. Dorothea Frede, "The Final Proof of the Immortality of the Soul in Plato's" 'Phaed' 102a-107a", *Phronesis* 23 (1978): 27-41.

3. Bas van Fraassen, "Empiricism in the philosophy of science", in *Images of Science*, ed. P. Churchland and C.A. Hooker, (Chicago: University of Chicago Press, 1985), p. 258.

4. It's worth noting that some contemporary Aristotelians who carry none of Aquinas' theological baggage still see his work as improving on Aristotle's. Philippa Foot, for example, said: "Often [Aquinas] works things out in far more detail than Aristotle did, and it is possible to learn a great deal from Aquinas that one could not have got from Aristotle. It is my opinion that the Summa Theologica is one of the best sources we have for moral philosophy, and moreover that St. Thomas's ethical writings are as useful to the atheist as to the Catholic or other Christian believer" (Virtues and Vices and Other Essays in Moral Philosophy, University of California Press, 1978, 2).

5. René Descartes, *Meditations on First Philosophy*, translated and edited by John Cottingham, (Cambridge: Cambridge University Press, 1996), p. 17.

6. John Carriero, *Between Two Worlds: A Reading of Descartes Meditations*, (Princeton, NJ: Princeton University Press, 2009).

7. Wilfrid Sellars, "Philosophy and the Scientific Image of Man" in his *Science, Perception, and Reality*, (London: Routledge and Kegan Paul, 1963), Chapter 1.

8. Ibid., p. 9.

9. Ibid., p. 18.

10. Ibid., p. 20.

11. Arthur Eddington, *The nature of the physical world* (London: Macmillan, 1929), pp. ix–x.

12. Sellars, "Philosophy and the Scientific Image of Man", pp.4, 18.

13. Ibid., p. 39.

14. Ibid., p. 40.

15. Ibid., p. .1.

第8章

1. Peter Schjeldahl, "Going Pop: Warhol and His Influence", *The New Yorker* (online), September 24, 2012.

2. Rainer Crone, "What Andy Warhol Really Did", *The New York Review of Books* (online), February 20, 2010.

3. Arthur Danto, *Beyond the Brillo Box*, (Oakland CA: University of California Press, 1992), p. 6.

4. Roberta Smith, "The In-Crowd Is All Here: 'Regarding Warhol' at the Metropolitan Museum", *The New York Times* (online), September 13, 2012.

5. Danto, *Beyond the Brillo Box*, p.139.

6. Richard Dorment, "What Is an Andy Warhol?", *The New York Review of Books* (online), October 22, 2009.

7. See Jerrold Levinson, "Evaluating Music" in his *Contemplating Art* (Oxford: Oxford University Press), 2006.

8. Gary Indiana, *Andy Warhol and the Can That Sold the World*, (New York: Basic Books, 2010), p. 62.

9. Virginia Wolff, "Middlebrow" (1942), in *Collected Essays*, Volume 2, (New York: Harcourt, Brace & World, 1967).

10. Arthur Danto, *What Art Is*, (New Haven, CT: Yale University Press, 2013), p. 41.

11. Ibid., p. 125.

12. Bruce Baugh, "Prolegomena to Any Aesthetics of Rock Music", *The Journal of Aesthetics and Art Criticism* 51 (1993), 26.

13. Ibid., p. 27.

14. Ibid., p. 28.

15. Jeremy Yudkin, *Understanding Music*, 7th Edition, (San Francisco: Peachpit Press, 2013), p. 207.

16 This description is based on excerpts from Philip Huscher's program notes for the Chicago Symphony Orchestra performance of Mahler's Fifth Symphony in May, 2010.

17. Alex Ross, "Listen to This", *The New Yorker*, February 16 and 23, 2004 (online).

18. Theodore Gracyk, "Valuing and Evaluating Popular Music", *The Journal of Aesthetics and Art Criticism* 57 (1999): 205-220.

19. Matthew Arnold, "The Study of Poetry" (1880) (online, poetryfoundation.org).

20. Peter Applebome, "A Humanist and Elitist? Perhaps", interview with George Steiner, *The New York Times* (online), April 18, 1998.

21. Richard Tarushkin, "The Musical Mystique", *The New Republic* (online), October 22, 2007.

23. Noel Carroll, *A Philosophy of Mass Art*, (Oxford: Oxford University Press, 1998).

第9章

1. "Abortion", gallop.com (online).

2. Robert P. George and Patrick Lee," Embryonic human persons", EMBRO Reports April 2009 (online ncbi.nlm.nih.gov)

3. Frances Kamm, Review of Jeff McMahan, *The Ethics of Killing: Problems at the Margins of Life*, in *The Philosophical Review* 116 (2007): 273.

4. "Abortion", gallop.com (online).

5. Jeff McMahan, *The Ethics of Killing: Problems at the Margins of Life*, (Oxford: Oxford University Press, 2002).

6. Judith Jarvis Tomson, "A Defense of Abortion", *Philosophy and Public Affairs* 1 (1971): 47-66.

7. Don Marquis, "Why Abortion Is Immoral",

5. Clark, ed., *Philosophers Who Believe*, p.36.

6. Ibid., p. 38.

7. Morris ed., *God and the Philosophers*, p. 37.

8 . Ibid., p. 23.

9 . Ibid., p. 25.

10 . Ibid., p. 28.

11. Clark, ed., *Philosophers Who Believe*, pp.51-52.

12. Ibid., p. 52.

13. Morris ed., *God and the Philosophers*, p. 78.

14. Ibid., p. 80.

15. Ibid., p. 78.

16. Ibid., p. 79.

17. Clark, ed., *Philosophers Who Believe*, p.199.

18. Ibid., p. 181.

19. Ibid., pp. 199-200.

第6章

1. Pope Leo XIII, *Rerum Novarum*, Encyclical, 1891 (available online).

2. Robert Nozick, *Anarchy, State, and Utopia*, (New York: Basic Books, 1974): pp. 42-45.

3. Aristotle, *Nichomachean Ethics*, book 10, chapter 7.

4. Bertrand Russell, "In Praise of Idleness" (1932).

5 Robert and Edward Skidelsky, *How Much Is Enough? Money and the Good Life*, (New York: Other Press, 2012).

6. John Rawls, *A Theory of Justice*, 2nd edition (Cambridge MA: Harvard University Press, 1999), section 15.

7. Jon C. Messenger, Sangheon Lee, and Deirdre McCann, *Working Time Around the World*, (London: Routledge, 2007), p. 23, fig. 3.1.

8. Milton Friedman, *Capitalism and Freedom*, (Chicago, IL: University of Chicago Press, 2002).

9. Ibid., p. 133.

10. Ibid.

11. Ibid., p. 34.

12. Christopher McMahon, *Public Capitalism: The Political Authority of Business Executives*, (Philadelphia: University of Pennsylvania Press, 2013).

第7章

1. Philip Kitcher, "Education, Democracy, and Capitalism," in Harvey Siegel (ed.), *The Oxford Handbook of Education*, (Oxford: Oxford University Press, 2009): 300-318.

2. Sam Dillon, "Report Finds Better Scores in New Crop of Teachers", *The New York Times* (online), December 12, 2007.

3. Sam Dillon, "Top Test Scores From Shanghai Stun Educators", *The New York Times* (online), December 7, 2010.

4. Richard Arum and Josipa Roksa, *Academically Adrift: Limited Learning on College Campuses*, (Chicago: University of Chicago Press, 2010).

5. Diane Halpern and Milton Hakel, "Applying the Science of Learning," *Change*, July/August, 2003, 37-41.

6. Derek Bok, *Higher Education in America*, (Cambridge, MA: Harvard University Press, 2013), p. 187.

7. Nora S. Newcombe, "Biology Is to Medicine as Psychology Is to Education: True or False?" in D. F. Halpern and M. D. Hakel (eds.), *Applying the Science of Learning to University Teaching and Beyond*, (San Francisco: Jossey-Bass, 2000): pp. 9-18.

8. Bok, *Higher Education in America*, p. 50.

13. Haggard and Libet, "Consicous Intention and Brain Activity", p. 61.

14. Sonja Lyubomirsky, *The How of Happiness: A New Approach to Getting the Life You Want*, (New York: Penguin, 2008).

15. John Gertner, "The Futile Pursuit of Happiness", *New York Times Magazine*, September 7, 2003 (online).

16. Jonathan Haidt, *The Righteous Mind: Why Good People Are Divided by Politics and Religion*, (New York: Pantheon, 2012).

17. Ibid., p. 85.

18. Ibid., p. 86.

19. Ibid., p. 105.

20. Ibid., p. 137.

21. Hugo Mercier and Dan Sperber, "Why do humans reason? Arguments for an argumentative theory", *Behavioral and Brain Sciences* 34 (2011): 57-111.

22. Michel Foucault, *History of Madness*, edited by Jean Khalfa, translated by Jonathan Murphy and Jean Khalfa, (London: Routledge, 2006).

23. Ibid., p. 515.

24. Paula Span, "Grief Over New Depression Diagnosis", *The New York Times* (online), January 14, 2013.

25. Lawrence Krauss, *A Universe from Nothing: Why There Is Something Rather Than Nothing*, (New York: Free Press, 2012).

26. David Albert, "On the Origin of Everything", *The New York Times Book Review*, March 26, 2012, p. 20.

27. Ross Andersen, "Has Physics Made Philosophy and Religion Obsolete?" Interview with Lawrence Krauss, *The Atlantic* (online), April 23, 2012.

第4章

1. Richard Dawkins, *The God Delusion*, (New York: Mariner Books, 2008), p. 101.

2. Ibid., p. 104.

3. Ibid., p. 105.

4. Ibid., p. 115.

5. Mark Webb, "Religious Experience" in *the Stanford Encyclopedia of Philosophy* (online).

6. William James, *Varieties of Religious Experience*, (Rockville, MD: Arc Manor, 2008; first edition, 1902), p. 51.

7. Dawkins, *The God Delusion*, p. 188.

8. Ibid., p. 189.

9. Ibid., p9. 188-189.

10. David Hume, *Dialogues Concerning Natural Religion*, 2nd ed., (Indianapolis, IN: Hackett, 1988), p.30.

11. Dawkins, *The God Delusion*, p.82.

12. Sam Harris, *Letter to a Christian Nation*, (New York: Vintage, 2008).

13. Ibid., pp. 51-52.

14. Ibid., p. 55.

15. Ibid.

第5章

1. Alvin Plantinga, *Does God Have a Nature?*, (Milwaukee, WI: Marquette University Press, 1980).

2. Una Kroll, "Women Bishops: What God Would Want", *The Guardian* (online), July 11, 2010.

3. Kelly James Clark (ed.), Philosophers Who Believe, (Downer's Grove IL: InterVarsity Press, 1993); Thomas V. Morris (ed.), *God and the Philosophers*, (Oxford: Oxford University Press, 1994).

4. Morris ed., *God and the Philosophers*, p. 184.

8. John Bargh, "What have we been priming all these years? On the development, mechanisms, and ecology of nonconscious social behavior", *European Journal of Social Psychology* 36 (2006): 147-168.

9. J. A. Bargh et al., "Automaticity in social-cognitive processes", *Trends in Cognitive Science*, 16, no. 12 (2012): 593-605.

10. Richard H. Thaler and Cass R. Sunstein, *Nudge: Improving Decisions About Health, Wealth, and Happiness*, (New York: Penguin, 2009).

11. Benjamin M. Friedman, "Guiding Forces", *New York Times Sunday Book Review*, August 22, 2008 (print and online).

12. "Where is behavioral economics headed in the world of marketing?", *Nudge Blog* (online), October 9, 2011.

13. Nancy Cartwright, "A philosopher's view of the long road from RCTs to effectiveness", *The Lancet* 377 (April 2011): 1400-1401 .

14. Nancy Cartwright, "Will This Policy Work for You: Predicting Effectiveness Better—How Philosophy Helps", *Philosophy of Science* 79 (2012): 973-989.

15. Nancy Cartwright and Jeremy Hardie, *Evidence-Based Policy: A Practical Guide to Doing It Better* , (Oxford: Oxford University Press, 2012), pp. 124-126.

16. Jeffrey B. Liebman, "Building on Recent Advances in Evidence-Based Policymaking", April 2013 (online brookings.edu)

17. Raj Chetty, John N. Friedman, and Jonah E. Rockoff, "The Long-Term Impact of Teachers" (online obs.rc.fas.harvard.edu)

18. Nicholas D. Kristof, "The Value of Teachers" *New York Times*, January 11, 2012 (online).

19. Nate Silver, *The Signal and the Noise: Why So Many Predictions Fail—But Some Don't*, (New York: Penguin, 2012), Chapter 12.

20. "Is there a scientific consensus on global warming?" (online skepticalscience.com).

21. Alfred North Whitehead, "Immortality", in Paul A. Schilpp (ed.), *The Philosophy of Alfred North Whitehead*, (New York: Tudor, 1951), p.700.

第3章

1. Matt Warman, "Stephen Hawking tells Google 'philosophy is dead'", *The Telegraph* (online), May 17, 2011.

2. Frank Jackson, "Epiphenomenal Qualia". *Philosophical Quarterly* 32 (1982): 127–136.

3. David Chalmers, *The Conscious Mind*, (Oxford: Oxford University Press, 1996).

4. Daniel Dennett, "The Zombic Hunch: Extinction of an Intuition?", in A. O'Hear (ed.), *Philosophy at the New Millennium*, (Cambridge: Cambridge University Press, 2001), 37.

5. Daniel Dennett, *Intuition Pumps, and Other Tools for Thinking*, (New York: W. W. Norton, 2013), p. 291.

6. Ibid., p. 292.

7. Ibid., p. 350.

8. Ibid., p. 353.

9. Valerie Gray Hardcastle, "The Why of Consciousness: A Non-Issue for Materialists", in Jonathan Shear (ed.), *Explaining Consciousness—The 'Hard Problem'*, (Cambridge, MA: The MIT Press, 1997), 61.

10. Quoted in Kerri Smith, "Neuroscience vs Philosophy: Taking Aim at Free Will," *Nature* 477, (2011): 23-25.

11. Patrick Haggard and Benjamin Libet, "Conscious Intention and Brain Activity," *Journal of Consciousness Studies*, 8 (2001): 47-63.

12. Michael McKenna, "Compatiblism" in the online *Stanford Encyclopedia of Philosophy*.

参考文献

第1章

1. "Nothing to Do with the Deficit", Eschaton.com, December. 13, 2012.

2. John B. Taylor, "Obama's Permanent Spending Binge", *Wall Street Journal* (online), April 22, 2011.

3. Paul Krugman, "2021 and All That," *The Conscience of a Liberal* (online), April 27, 2011.

4. John B. Taylor, "Paul Krugman vs. Economic Facts, *Economics One* (online), April 26, 2011.

5. "Niall Ferguson on Why Barack Obama Needs to Go," *Newsweek* (online), August 20, 2012.

6. David Frum, "Why I'll Vote for Romney," *The Daily Beast* (online), November 1, 2012.

7. "McCain blasts 'bizarro' Tea Party debt limit demands", *CBS News* (online), July 28, 2011.

8. Paul Krugman, "Mystery Man", *Conscience of a Liberal* (online), July 29, 2011.

9. Elizabeth Drew, "What Were They Thinking?", *New York Review of Books*, August 18, 2011.

10. Paul Krugman, "Cogan, Taylor, and the Confidence Fairy", *Conscience of a Liberal* (online), March 19, 2013.

11. John B. Taylor, "Spending Rise Has Much to Do with Policy", *Economics One* (online), April 28, 2011.

12. Paul Krugman, "How Did Economists Get It So Wrong?", *New York Times Magazine* (print and online), September 2, 2009.

13. David Christensen, "Disagreement as Evidence: The Epistemology of Controversy", *Philosophy Compass* 4, no. 5 (2009): 756-767.

14. These points were all raised by perceptive readers of a column on political disagreement I wrote for The Stone: Gary Gutting, "On Political Disagreement", *The New York Times* (online), August 2, 2012.

15. Bernard Williams and J.J.C. Smart, *Utilitarianism: For and Against* (Cambridge: Cambridge University Press, 1973), pp. 93-100.

第2章

1. Thomas Kuhn, *The Structure of Scientific Revolutions*, 3rd edition (Chicago: University of Chicago Press, 1996 [first edition, 1962]).

2. "Vitamin D May Prevent Arthritis", *WebMD News Archive* (online), January 9, 2004.

3. "Can Vitamin D Prevent Arthritis", *Johns Hopkins Health Alert* (online), January 11, 2010.

4. Gene Pittman, "Vitamin D May Not Relieve Arthritis Pain", *Reuters Health*, January 8, 2013.

5. Christopher Weaver, "New Rules for Giving Good Cholesterol a Boost", *Wall Street Journal* (online), January 7, 2013.

6. John A. Bargh et al., "Automaticity in social-cognitive processes", *Trends in Cognitive Science* 16 (2012): 593-605.

7. Tom Bartlett, "Power of Suggestion", *Chronicle of Higher Education* (online), January 30, 2013.

謝辞

ザ・ストーンへの執筆を誘ってくれたサイモン・クリッチリーと、毎回、鋭い目とすぐれたセンスで助けてくれた非凡な編集者ピーター・カタパーノには感謝している。

　第4章と第5章の一部は、わたしの論文 "Religious Agnosticism", Midwest Studies in Philosophy 37 (2013), 51-67. からの抜粋である。

　哲学者の同僚である、カール・アメリクス、ドン・ハワード、ジェリー・レヴィンソン、ジェフ・マクマハン、ポール・ウェイスマンにも感謝する。本書のさまざまな箇所について彼らからコメントをもらったおかげで、多くの誤りや不適切な表現を避けることができた。本書の執筆において常に知恵を授けてくれた妻のアナスタシア・フリエル・ガッティングにはとくに感謝している。難局にぶつかるたび、前に進むために必要なことば、説明、議論を返してくれた。

　内容が大きく向上したのは、次にあげるノートルダム大学の優等学位生たちとのゼミで、草稿を題材として活発な議論を交わしたおかげだ。名前をあげることで謝意を表したい。ガブリエル・ディヴィス、ジョセフ・デルカ、マデリン・フェルツ、クリスチャン・ゴルスキ、エリン・ハットラー、キャサリン・ヘイマン、アンドリュー・ジェナ、メアリー・コプティク、クレア・コスラー、マシュー・オンダーズ、トマス・プラッガ、ペトラ・ランタネン、エリオット・ランブルグ、アリッサ・スクロットマン、ルーカス・サリヴァン。

また以下の方にも御礼を申し上げる。W・W・ノートンの編集者ブレンダン・カリーには、本書全体のスタイルと正確なラインエディティングについておおいに役立つ指導をしてくれたことについて。さらに寛大で敏腕な彼のアシスタント、ソフィー・デュヴェルノワに。タラ・パワーズには、入念な原稿の編集整理について。また、ルイーズ・マタレリアーノ、ナンシー・パルムキスト、アンナ・マゲラスにも。アン・ホーキンスにはよき助言と激励に対して。

最後に、家族にも感謝している。すばらしい子供とその配偶者である、ターシャとアンドリュー、エドワードとアンジェラ、トムとアンドレアに。愉快な孫のクサンダーとシャーロット。そして誰よりも、わたしたち全員を愛し支えてくれる、妻のアナスタシアに。

いま哲学に何ができるのか?

発行日　2016年8月10日　第1刷

Author　ガリー・ガッティング

Translator　外山次郎（翻訳協力：株式会社トランネット http://www.trannet.co.jp/）

Book Designer　川添英昭

Publication　株式会社ディスカヴァー・トゥエンティワン
〒102-0093 東京都千代田区平河町2-16-1 平河町森タワー11F
TEL 03-3237-8321（代表） FAX 03-3237-8323
http://www.d21.co.jp

Publisher　干場弓子

Editor　堀部直人

Marketing Group
Staff　小田孝文　中澤泰宏　吉澤道子　井筒浩　小関勝則　千葉潤子　飯田智樹
佐藤昌幸　谷口奈緒美　山中麻吏　西川なつか　古矢薫　原大士　郭迪
松原史与志　中村郁子　蛯原昇　安永智洋　鍋田匠伴　榊原僚　佐竹祐哉
廣内悠理　伊東佑真　梅本翔太　奥田千晶　田中姫菜　橋本莉奈　川島理
倉田華　牧野類　渡辺基志　庄司知世　谷中卓

Assistant Staff　俵敬子　町田加奈子　丸山香織　小林里美　井澤徳子　藤井多穂子
藤井かおり　葛目美枝子　伊藤香　常徳すみ　イエン・サムハマ　鈴木洋子
松下史　永井明日佳　片桐麻季　板野千広　阿部純子　岩上幸子　山浦和
小野明美

Operation Group
Staff　池田望　田中亜紀　福永友紀　杉田彰子　安達情未

Productive Group
Staff　藤田浩芳　千葉正幸　原典宏　林秀樹　三谷祐一　石橋和佳　大山聡子
大竹朝子　井上慎平　林拓馬　塔下太朗　松石悠　木下智尋　鄧佩妍
李瑋玲

Proofreader　文字工房燦光

DTP　朝日メディアインターナショナル株式会社

Printing　共同印刷株式会社

ISBN978-4-7993-1940-6